ENTRE DEUX PARAVENTS

PETITES RÉCRÉATIONS SCÉNIQUES
DE SALON & DE FAMILLE

P. G.

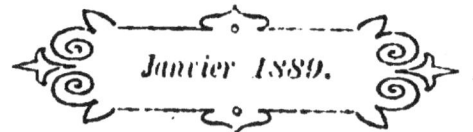
Janvier 1889.

AVRANCHES
Imprimerie Typographique et Lithographique de Henri Gibert
rue des Fossés, 4 & 6.

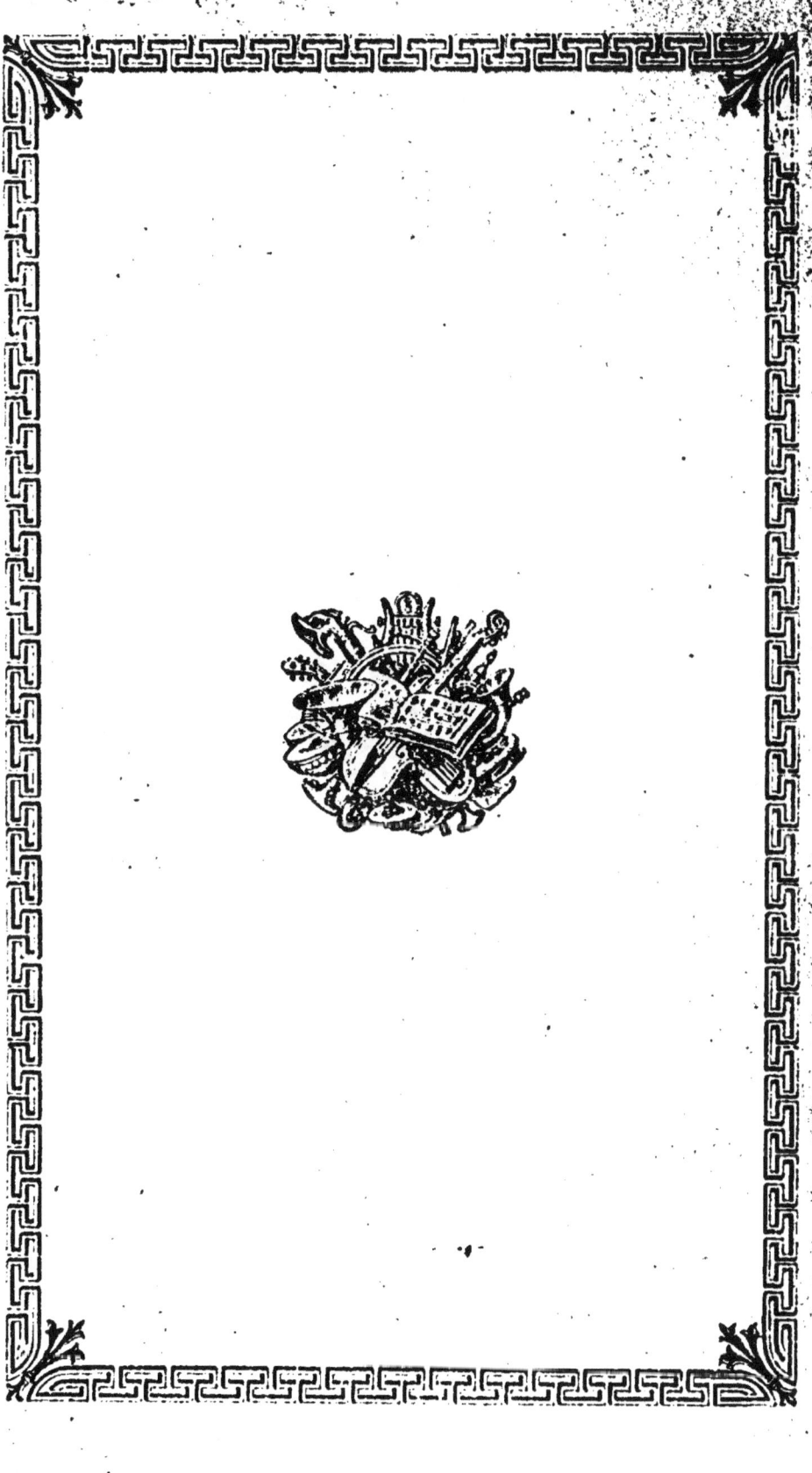

ENTRE
DEUX PARAVENTS

Petites Récréations scéniques, de Salon et de Famille

ENTRE
DEUX PARAVENTS

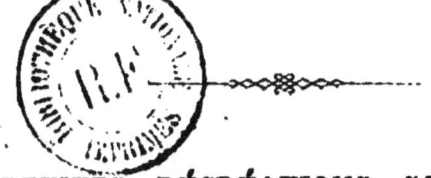

PETITES RÉCRÉATIONS SCÉNIQUES

DE SALON & DE FAMILLE

P. G.

AVRANCHES

Imprimerie Typographique et Lithographique de Henri Gibert
rue des Fossés, 4 & 6.

L'AMOUR

ET

L'AMOUR-PROPRE

―――—+*+—―――

Comédie en un acte, en vers.

―――—+*+—―――

Amantium iræ amoris integratio est.
Terent. Andria.

PERSONNAGES

CÉLIMÈNE, jeune veuve.
DORANTE, amoureux de Célimène.
LE CHEVALIER, ami de Dorante.
DORINE, servante de Célimène.
PASQUIN, valet de Dorante.

(La scène est à Paris, chez Célimène).

L'AMOUR & L'AMOUR-PROPRE

SCÈNE Ire

CÉLIMÈNE, DORINE

DORINE

Madame, en vérité, je ne sais que penser
Des soupirs qu'aujourd'hui je vous entends pousser :
Au gré de vos désirs et de votre espérance
Tout semble aller pourtant ; après trois mois d'absence
C'est aujourd'hui qu'enfin Dorante est de retour,
Dorante à qui vous lie un mutuel amour.
Bien impatiemment vous paraissiez attendre
Ce retour fortuné de l'amant le plus tendre
Et pendant tout le temps que ce procès maudit
L'a forcé loin de vous de rester malgré lui,
Maintes fois je vous vis et triste et dépitée
Du retard qu'éprouvait l'union projetée
Entre vous. Et pourtant un flot d'admirateurs
Près de vous s'empressait. Leurs hommages flatteurs,
Si bien faits après tout pour distraire une femme,
Ne semblaient qu'importuns aux ennuis de votre âme
Et leur encens, leurs vœux, leur hommage pressant,
Ne pouvant adoucir vos regrets de l'absent,
Semblaient vous fatiguer au lieu de vous distraire.
Aujourd'hui, que défait d'une fâcheuse affaire,
Dorante enfin revient, que vous allez le voir
Bientôt combler vos vœux et remplir votre espoir,
Vous soupirez madame ?

CÉLIMÈNE

Hélas ! oui, je soupire
Et j'en ai trop sujet, puisqu'il faut te le dire.
Non pas que d'un retour qui vient combler mes vœux
Aujourd'hui, cependant, mon cœur ne soit heureux ;
Dorante, je l'avoue, a toute ma tendresse,
Je l'aime et cet amour cause seul ma tristesse
Et je soupire enfin en songeant aujourd'hui
Combien peu j'ai sujet de me louer de lui.

DORINE

Quoi ne croiriez-vous plus à son amour extrême ?

CÉLIMÈNE

Oh ! je crois bien encore assurément qu'il m'aime,
Mais il m'aime après tout, je le vois maintenant,
Avec calme, Dorine, et raisonnablement,
Avec tranquillité, comme aime tout le monde.
Ce n'est pas là l'amour, la passion profonde
Que j'osais me flatter de pouvoir inspirer ;
Ce n'est pas là celui que semblaient m'augurer
Ses protestations, ses brûlantes instances,
Qui sûrent, faible cœur, vaincre mes résistances
Lorsque je lui promis de lui donner ma main.
Non, il ne m'aime pas, je le vois trop enfin,
Comme je désirais qu'on m'aimât. Sa tendresse,
A l'entendre, c'était un délire, une ivresse,
Un feu brûlant, que sais-je ? ah ! ce n'est, maintenant
Rien moins, je le vois bien, non, c'est tout simplement
De l'amour.

DORINE

Par ma foi, je sais plus d'une femme
Que ce simplement là contenterait, madame.

CÉLIMÈNE

De l'amour, il est vrai ; mais, à ce que je vois,
Un bien paisible amour, bien calme et bien bourgeois,

Et non pas celui-là qui seul peut satisfaire
Les rêves délicats d'une âme non vulgaire
Depuis qu'il est parti, comment depuis trois mois,
Dorine, à peine a-t-il écrit cinq ou six fois ?
Ses lettres, il est vrai, parlent de sa tendresse,
Mais je n'y trouve pas cette ardeur, cette ivresse,
Ni cette impatience enfin d'être éloigné,
Ce trouble, cette peur de se voir oublié,
Ni cet effroi jaloux des vœux et des hommages
Qui doivent m'entourer, inséparables gages
D'un cœur vraiment épris.

DORINE

Cela prouve qu'il croit,
Madame, à la constance au moins de votre foi.

CÉLIMÈNE

Autant qu'à son mérite au moins, je l'imagine,
Et bien plus qu'au pouvoir de mes charmes, Dorine.

DORINE

J'y suis enfin : le cœur peut être satisfait,
Mais l'amour-propre, lui, ne l'est pas tout à fait.

CÉLIMÈNE

Devons-nous donc hélas ! trop faibles que nous sommes,
Etre dupes toujours des vains serments des hommes ?
Autant qu'entre la crainte et l'espoir constamment
Une femme sait bien retenir son amant,
C'est un sujet soumis, empressé, plein de zèle,
Ou plutôt c'est, Dorine, un esclave fidèle,
Implorant humblement, comme un très grand bonheur,
Un sourire, un regard, la plus mince faveur,
Employant son esprit, son âme tout entière,
Toutes ses facultés à s'efforcer de plaire,
Cherchant à prévenir sa moindre volonté,
Son plus petit caprice, et jamais rebuté. —

Est-il position plus douce et plus charmante
Pour une femme ? — Oh ! mais sitôt que l'imprudente
A laissé dans son cœur lire un jour, c'en est fait,
Dès qu'elle a laissé voir, trop faible, qu'elle aimait,
Tout aussitôt, l'esclave, abandonnant la gêne,
Fier et libre secoue une importune chaîne ;
Adieu l'obéissance et les soins empressés,
Le dévouement, le zèle et les transports passés ;
Dans une quiétude affligeante et parfaite
Il s'endort, désormais sûr de notre défaite ;
Dans son propre mérite et notre lâcheté
Il se confie alors avec sérénité
Et cesse enfin de prendre une inutile peine
Pour un bien dont il croit la conquête certaine.

DORINE
Les hommes sont si fats.

CÉLIMÈNE
Oui, c'est en vérité
Ce calme injurieux, cette sécurité,
Qu'on voit d'une façon claire et désespérante
Percer dans cette lettre écrite par Dorante,
Par laquelle il m'annonce aujourd'hui son retour,
Qui semble presque avoir refroidi son amour
Et qui fit naître en moi ces amères pensées
Que par tous mes efforts je ne puis voir chassées.

DORINE
Vous sembliez pourtant, autant que j'ai pu voir,
En lisant cette lettre, heureuse, hier au soir,
Vous paraissiez joyeuse et vous voilà chagrine.

CÉLIMÈNE
Il est vrai ; mais qu'hélas ! j'étais folle, Dorine.
Oui, s'il s'était offert à moi dans ce moment,
Dans ma joie imprudente à ce retour charmant,
Joyeuse dans ses bras je me fusse élancée.

O ciel ! qu'aurais-je fait, malheureuse insensée ?
Mais au lieu des transports de l'accueil d'autrefois,
Auquel j'ai droit pourtant de m'attendre, je crois,
Si je n'avais trouvé, comme il pourrait se faire,
Qu'une réception froide et calme, au contraire,
Bien tranquille en un mot ; qui sait ? peut-être un ton
Et de condescendance, et de protection.
Mais j'aurais donc montré, songe quelle imprudence,
Moi, tout l'empressement en cette circonstance ;
Les avances, Dorine, ainsi de mon côté,
Vois un peu quelle honte, eussent toutes été.
Et peut-être eût-il pris un peu le plaisir même
De faire le cruel.

DORINE

    Ah ! quel péril extrême !
Madame, en vérité, je n'y songeais pas, moi,
Mais c'eût été terrible, à présent je le voi.
Oh ! vous l'échappez belle.

CÉLIMÈNE

    Aussi je viens de prendre
Un parti courageux pour garder et défendre
L'honneur de notre sexe. Oui, qu'il tremble qu'enfin
Son triomphe, après tout, ne soit pas si certain ;
Que de maint soupirant me voyant entourée
Il compte sa victoire un peu moins assurée ;
Qu'il voie, étant resté loin de moi si longtemps,
Que j'ai pu supporter l'absence et ses tourments
Tout comme lui ; que même il tremble et qu'il redoute
De se voir préférer un rival, et sans doute
Nous le verrons alors, comme par le passé,
Redevenir craintif, soumis, tendre, empressé ;
D'être vraiment aimée alors je serai sûre,
Car sa sécurité me parait une injure.

DORINE

Oui, madame, je vois que vous avez raison,
Il faut qu'il en implore à vos pieds le pardon,
Il faut qu'à vos genoux au plus tôt il l'expie,
Votre gloire l'exige ; oui, qu'il tremble, supplie,
Avant de voir ses vœux comblés par vos faveurs,
Ce ne sera pas trop tôt même de quelques pleurs.

CÉLIMÈNE

Précisément, Dorine. Aussi qu'avec réserve
Je vais le recevoir. Il faut que je l'observe,
Je veux le voir venir et régler mon accueil
De manière à lui faire abjurer son orgueil.

DORINE

Fort bien. Mais en ces lieux voilà qu'il va paraître,
Pour commencer, je crois...

CÉLIMÈNE

     N'y devrait-il pas être
Déjà depuis longtemps, s'il sentait en effet
L'ardente passion dont il m'entretenait ?
A peine de retour, cet amant si fidèle
Devrait-il donc avoir pensée autre que celle
De venir se jeter à mes pieds à l'instant.

DORINE

Pour ne pas plus que lui montrer d'empressement,
Si vous vouliez m'en croire, on le ferait attendre
Une heure ou deux ; ici bientôt il va se rendre,
Il ne serait pas mal de vous laisser enfin
Désirer quelque temps et d'aller ce matin
Faire avant qu'il n'arrive un petit tour en ville.

CÉLIMÈNE

Penses-tu que vraiment la chose soit utile ?
Je suis impatiente et l'avoue aujourd'hui
De me trouver, Dorine, au plus tôt avec lui,

Attendu mes projets, et n'ai de promenade
Nul désir.
DORINE
Voulez-vous donc qu'il se persuade
Que cette impatience est toute en sa faveur
Et s'aille prévaloir d'un désir si flatteur ?
CÉLIMÈNE
Non, ton avis est bon ; surmontons ma faiblesse,
Je sors une heure ou deux ; il faut que je lui laisse
Le temps de faire encor jusques à mon retour
Quelques réflexions, et moi-même, à mon tour,
Je veux pouvoir un peu songer à la manière
Dont je dois aujourd'hui l'aborder la première. *(Elle sort).*

SCÈNE II

DORINE, PASQUIN

DORINE
Bon, justement déjà j'aperçois le valet.
De madame sachons seconder le projet,
A la fatuité blessante et ridicule
De ces messieurs donnons sur les doigts sans scrupule.
Laissons-le m'aborder.
PASQUIN, *entrant*
Eh ! Dorine, bonjour.
Grâce au ciel, à la fin nous voici de retour.
Ce n'est pas malheureux, pas vrai ? — maudite affaire
Qui rendit un voyage importun nécessaire
Et nous força soudain à partir au Congo
Si fort à contretemps, tout près du conjungo.

Mais je te suis rendu, console-toi, ma chère,
Car cette fois enfin c'est pour longtemps, j'espère ;
De l'absence tu peux oublier les ennuis.
Mais je dois satisfaire autant que je le puis,
Avant de me livrer aux transports d'allégresse,
A mainte question dont la foule se presse
Sur tes lèvres, je vois. — Eh ! bien notre procès ?
Gagné, ma chère enfant, victoire et plein succès.
Le voyage ? — Excellent, n'en sois point inquiète,
Il est fait sans encombre. Et ma santé ? — parfaite.
Mais tu ne réponds rien. Le plaisir, je le voi,
Te coupe la parole. Ah ! cela se conçoit,
Pauvre petite, au fait, après trois mois d'absence,
C'est un siècle cela, vois-tu, quand on y pense.

DORINE
Trois mois ! votre voyage a-t-il duré trois mois ?

PASQUIN
Pas un seul jour de plus ni de moins, tu le vois.

DORINE
Dieu, comme le temps passe.

PASQUIN
    Eh ! quoi ?

DORINE
      Vraiment, à peine
Vous croyais-je parti depuis une semaine.

PASQUIN
Sais-tu bien que le mot n'est pas des plus flatteurs ?
Mais bah ! j'en suis bien sûr, tu maudis nos lenteurs.
Plus d'une fois aussi tu regrettas, sois franche,
Le bouquet que Pasquin t'apportait le dimanche.
Hein, friponne ?

DORINE
    Oh ! ma foi, du côté du bouquet,
Rassure-toi, mon cher, non rien ne me manquait ;

Car le galant Frontin, réparant ton absence,
A depuis quelque temps la même complaisance.

PASQUIN

Frontin ! — Mais, redoutant un pénible trajet,
D'une commission alors qu'on te chargeait,
Tu t'es dit quelquefois en soupirant, ma chère :
Pasquin m'eût épargné la peine de la faire.

DORINE

Je dois te l'avouer, Lafleur jusqu'à présent
Envers moi s'est montré tout à fait complaisant,
Il ferait tout Paris, sans même prendre haleine,
Pour m'épargner à moi la plus légère peine.

PASQUIN

Lafleur ! — Mais au salon alors que par hasard
On prolongeait le soir la veillée un peu tard,
Tu ne m'avais pas là pour charmer ton oreille
Par d'aimables propos, et d'une longue veille
Pour te faire trouver le temps un peu plus court,
Tu regrettais Pasquin qui te faisait la cour.
Hein, sournoise ?

DORINE
          Oh ! ma foi, je veux être sincère,
Scapin s'en acquittait d'admirable manière.

PASQUIN
    (A part).   (Haut).

Quoi ! Scapin ! — Ah ! traîtresse. — Eh ! je comprends, parbleu
Que le temps t'ait paru durer ainsi fort peu.
Peste, on a su pour vous l'abréger, ma commère.
Mais nous recauserons de tout cela j'espère.
De mon maître en ces lieux je devance les pas,
A me suivre lui-même il ne tardera pas,
Et, bien que de retour depuis une heure à peine,
Sera dans un instant aux pieds de Célimène.

DORINE

Elle est en promenade et sans doute en ces lieux
Ne sera de retour que dans une heure ou deux.

PASQUIN

Elle est en promenade.

DORINE

Oui.

PASQUIN

Mais de la venue
De mon maître une lettre hier l'a prévenue.
Sans doute quelqu'amie a su la décider.

DORINE

Du tout, elle était seule.

PASQUIN

Elle ne peut tarder
A rentrer en ce cas, sachant combien mon maître
Brûle de la revoir.

DORINE

Sans doute ; mais peut-être
Elle aura rencontré là quelque cavalier,
Le comte, le marquis ou bien le chevalier,
Qui voudra l'arrêter.

PASQUIN

Ce chevalier, ma mie,
Ce comte, ce marquis, qui sont-ils, je vous prie ?

DORINE

De galants jeunes gens qui viennent chaque jour
Et font à ma maîtresse assidûment leur cour.

PASQUIN

C'est charmant.

DORINE

Je crois bien. Grâce à leur prévenance,
On supporte céans assez bien l'existence.

Ils mettent tour à tour pour sa distraction
La nature et les arts à contribution ;
A l'envi chacun brigue un regard favorable,
S'efforçant par ses soins de se rendre agréable :
Le matin un bouquet ou quelque madrigal,
Le spectacle le soir, les soupers ou le bal
Sont des attentions de leur galanterie.
Ici l'on se croirait en pays de féerie ;
Nous n'avons pas le temps de former un désir.
Est-il pour une femme un plus charmant plaisir
Que de faire mourir, et telle est notre vie,
Ses sigisbés d'amour, ses rivales d'envie ?

PASQUIN

Peste quelle gaillarde ! — Ah ! je vois aujourd'hui
Que ta maîtresse a pu supporter son ennui
De notre éloignement assez bien.

DORINE

Mais sans doute.

PASQUIN

Et tous ces soupirants, ma mie on les écoute ?

DORINE

Dame, alors qu'on s'entend répéter chaque jour
Qu'on est belle et qu'il faut pour vous mourir d'amour...

PASQUIN

Cela peut devenir quelque peu monotone.

DORINE

Mais pas trop, je t'assure ; on arrive à l'automne
Avant que d'être las des parfums du printemps.

PASQUIN

Bien. Mais quel est celui de ces amants constants
Qu'on favorise ?

DORINE

Peuh ! j'ignore.

PASQUIN

Oh ! la discrète,
Qui saura les secrets si ce n'est la soubrette ?

DORINE

C'est que c'est tantôt l'un, tantôt l'autre en effet,
Cela dépend souvent, mon cher, du temps qu'il fait.

PASQUIN

Plaît-il ? jamais ma foi je n'entendis admettre
Qu'on réglât ses amours d'après son baromètre.

DORINE

S'il fait beau, le comte est pour nous accompagner,
Le matin à cheval, un parfait cavalier ;
S'il pleut, le chevalier sait fort bien nous distraire
Par son esprit si vif ; et s'il faut au contraire
Faire briller sa grâce au bal, c'est le marquis
Qui danse un menuet avec un goût exquis.

PASQUIN

Fort bien, chacun son tour ainsi l'un après l'autre,
Ce matin c'est le mien, ce soir, marquis, le vôtre.
Pourtant je gagerais qu'il en est un des trois
Qu'on favorise et que c'est le marquis.

DORINE

Tu crois ?
Pourquoi cela ?

PASQUIN

Parbleu, c'est le plus sot, ma chère,
Cette qualité-là vaut bien qu'on le préfère.

DORINE

Tu perdrais ta gageure.

PASQUIN

Oh ! veux-tu parier,
Si ce n'est le marquis, que c'est le chevalier,
Voyons ?

DORINE
Eh ! mais, mon cher, cela pourrait bien être.
PASQUIN
J'en étais sûr ; il est grand ami de mon maître
Et doit par conséquent être plus empressé
Que pas un autre à voir son bonheur traversé.
DORINE
D'un ami tu n'as pas opinion fort bonne.
PASQUIN
Bien moins d'une maîtresse encore, ma mignonne.
DORINE
Des reproches, de la jalousie.
PASQUIN
                    Oh ! non pas.
A mon maître je cours annoncer de ce pas
Qu'il peut se dispenser de venir.
DORINE
                    Au contraire,
Il fera grand plaisir.
PASQUIN
                En vérité ; pour faire
Le numéro quatre, oh ! je pense cependant
Qu'il ne s'en souciera, ma mie, aucunement.
Mais le voici déjà, je crois.
DORINE
                    Prie-le d'attendre
Et dès que ma maîtresse en ces lieux va se rendre
Je m'en vais ordonner que l'on ait à l'instant
A l'avertir qu'ici Dorante enfin l'attend. *(Elle sort).*

SCÈNE III

DORANTE, PASQUIN

DORANTE
(A la cantonnade). (Il entre).
C'est bien, je l'attendrai. — J'aurais pu, j'imagine,
Me presser un peu moins.

PASQUIN, *à part.*
Ça m'en a bien la mine,
Il avait tout le temps.

DORANTE
Enfin je vous revois,
Chers témoins des serments, du bonheur d'autrefois,
Lieux charmants habités par celle que j'adore,
De si doux souvenirs tout parfumés encore.

PASQUIN, *à part.*
Je crains que ce parfum ne soit fort éventé.
Comment lui découvrir la triste vérité ?

DORANTE
Te voilà, Pasquin.

PASQUIN, *soupirant.*
Oui, monsieur.

DORANTE
L'impatience
De revoir Célimène après trois mois d'absence
Ne m'ayant pas permis de t'attendre, j'accours
Pressé de retrouver au plus tôt mes amours.
Qu'il est doux l'instant qui près d'elle me ramène
Pour toujours !

PASQUIN, *soupirant.*
(A part).
Oui monsieur. — Il me fait de la peine.

DORANTE

Inneffables transports du bonheur d'aujourd'hui,
Etes-vous trop payés par quelques mois d'ennui ?

PASQUIN, *soupirant.*

Oui, monsieur,

DORANTE

Ah ! ça, mais quelle diable de mine
Fais-tu donc ? Quels soupirs à fendre ta poitrine ?
Je ne remarquais pas ton air d'enterrement,
On voit chacun heureux alors qu'on est content.
Parle, brave Pasquin, morbleu je m'intéresse
A tes chagrins et veux soulager ta tristesse.

PASQUIN

Ah ! monsieur, tout le sexe est trompeur et léger.

DORANTE

Peste ! voilà, sais-tu, sévèrement juger.
Ce sont donc des chagrins d'amour, voyons, ta belle,
Pauvre garçon, est donc une ingrate cruelle ?

PASQUIN

Hélas ! on m'a trahi, monsieur, indignement.
Qui l'aurait cru ? Dorine...

DORANTE

Ah ! je te plains, vraiment.

PASQUIN

Après m'avoir juré, moi qui croyais en elle,
Que jusques à la tombe elle serait fidèle,
Trois pauvres mois d'absence en sont venus à bout.
Cette fidélité n'a pas duré beaucoup
Plus de temps, si j'en juge à ses façons légères,
Qu'il ne nous en fallait pour franchir les barrières.
La perfide !

DORANTE

En effet, de sa part c'est fort mal ;
Mais si je puis du moins écarter ton rival...

PASQUIN

Mon rival ! Eh ! monsieur, j'en ai demi-douzaine.

DORANTE

Diable ! c'est différent. Va, ce n'est pas la peine
De t'affliger ainsi, mon garçon, dans ce cas :
Ce n'est qu'une coquette et qui ne valait pas
Ton amitié. Morbleu ! console-toi bien vite,
A bon marché du moins encor t'en voilà quitte,
Car il pouvait se faire aussi bien qu'en partant
Tu l'eusses épousé, cet objet si constant.

PASQUIN

Vous avez raison, mais, malgré sa perfidie,
Je l'aime et l'aimerai, je crains, toute ma vie.

DORANTE

Quelle sottise affreuse ! Allons, tu trouveras
Des Dorines parbleu plus que tu n'en voudras.
Ta belle t'oubliant, le parti le plus sage
Est de faire comme elle, oublier la volage.

PASQUIN

Vous en parlez, monsieur, à votre aise, mais bah !
Votre conseil est bon, puisqu'elle me dauba,
Je saurai l'oublier. — Certes, à le bien prendre,
Qu'une femme nous trompe, il ne faut pas se pendre

DORANTE

Certainement,

PASQUIN

   Ce sont des choses après tout
A quoi l'on doit s'attendre et c'est être bien fou
Que d'en perdre la tête.

DORANTE

   Eh ! sans doute.

PASQUIN

      Il faut faire
Comme l'ingrate qui nous oublie, au contraire,

Et sans se consumer en vains regrets, aller
Auprès d'un autre objet vite se consoler.
N'est-il pas vrai, monsieur?

DORANTE

Assurément, que diable.
Je suis ravi, Pasquin, de te voir raisonnable.

PASQUIN

Et moi je suis ravi de vous voir maintenant
Comme vous faites là, parler si sensément.
Je vois que, professant un principe si sage,
Vous allez me donner l'exemple du courage ;
Car je puis vous conter que Dorine n'a fait
En cela qu'imiter sa maîtresse en effet.

DORANTE

Maraud, qu'oses-tu-dire ?

PASQUIN

Oh ! de votre colère
Accablez-moi, monsieur, si cela peut vous plaire,
Mais mon zèle l'emporte et m'oblige aujourd'hui
A vous en avertir, ici l'on vous trahit.

DORANTE

Cela ne se peut pas, elle dont la tendresse....
Morbleu, tu mens, coquin.

PASQUIN

Souvent, je le confesse,
Vous voyez que je suis sincère, et si jamais
J'ai dit la vérité, c'est, je vous le promets,
En ce moment.

DORANTE

Alors on t'a trompé sans doute.
C'est une calomnie indigne qu'on l'écoute ;
Tu devais, je ne puis t'en soupçonner l'auteur,
Fermer du moins l'oreille à ce propos menteur.

Si cette trahison si cruelle et si noire
Est véritable, à qui jamais pourrai-je croire ?

PASQUIN

Elle ne l'est que trop, monsieur. Quel intérêt
Dorine aurait-elle eu, si ce n'était pas vrai,
A me conter ici de pareilles sornettes ?
Comme il est assez peu dans les mœurs des soubrettes
De garder les secrets avec fidélité,
Tout à l'heure, ici même, elle m'a raconté
Le train de vie aimable et fort joyeux que mène
Depuis notre départ à Paris Célimène :
Les fêtes, les soupers et les distractions
Qui de ses soupirants sont des attentions
L'aident à supporter les ennuis de l'absence ;
Un sémillant marquis, un comte aussi, je pense,
Surtout, dois-je le dire, un certain chevalier
D'un cœur qui ne devait jamais vous oublier
Se disputent l'accès ; on reçoit sans colère
Leurs vœux et leur encens, il est si doux de plaire.

DORANTE

Que dis-tu, malheureux ? Si d'un pareil oubli
J'étais sûr, j'en mourrais de douleur et d'ennui.

PASQUIN

Mourir, monsieur ! vraiment, à la philosophie
Il vaut mieux recourir, je vous le certifie.

DORANTE

Ah ! les femmes, Pasquin, j'aurais dû le songer,
N'aiment pas comme nous. Hélas ! leur cœur léger
Ignore un sentiment profond, inaltérable
Et par la vanité la plus impitoyable
Est toujours dominé. Trop malheureux le jour
Où l'amant imprudent a mis dans son amour

Son espoir, son bonheur, et sa vie, et son âme,
Pour n'avoir en retour dans le cœur d'une femme
Qu'une part aussi mince et que lui ravira
Le premier fat venu qui la flagornera.

PASQUIN

C'est bien l'occasion, je pense, à l'instant même,
D'appliquer là, monsieur, votre excellent système,
Et si vous m'en croyez, nous partirons soudain,
Nous consoler ailleurs de leur cruel dédain.

DORANTE

Partir, sans la revoir ! oh ! jamais ce courage
Si j'étais assuré d'un si sensible outrage.
Mais non, ce front si pur et ces regards charmants
N'offrent pas le reflet d'indignes sentiments.
S'il était vrai pourtant, la femme est si légère,
Si mon amour profond, sérieux et sincère
Ne devait que fournir à l'orgueil féminin
La simple occasion d'un triomphe mesquin,
Ce serait bien cruel et quelle récompense
D'une si vive ardeur et de tant de constance.
Non, je veux la revoir, mais du moins mes efforts
De mon cœur pourront bien comprimer les transports,
Je saurai sur la sienne en réglant ma conduite
L'observer tout d'abord, et si je vois ensuite
Que je suis oublié, je n'éclaterai point
En reproches amers, mais je veux avec soin
Cacher mon désespoir sous la feinte apparence
Du calme le plus grand et de l'indifférence.
Notre sexe n'est pas, je lui prouverai bien,
Toujours à la merci des caprices du sien.

PASQUIN

Morbleu ! voilà parler, monsieur, à la bonne heure.
Pour rendre la leçon plus complète et meilleure,

Serait-il pas bien vu qu'à d'autres désormais
On adressât ses vœux ?

DORANTE

Quant à cela, jamais,
Si Célimène a pu trahir ainsi ma flamme,
Plus d'espoir de bonheur désormais pour mon âme,
Ce coup brise et détruit mon rêve le plus cher
Et si mon désespoir, que je saurai cacher,
Ne me met au tombeau, je fuis et je me cache
Aux regards d'un vain monde à qui rien ne m'attache,
Je romps avec un sexe ingrat et dangereux
Que je devrai haïr et... je me fais Chartreux.

PASQUIN

Oh ! ne vous faites pas Chartreux, je vous supplie.

DORANTE

La voici, laisse-nous. — O ciel ! quelle est jolie !

SCÈNE IV

CÉLIMÈNE, DORANTE

DORANTE

Agréez mes respects...

CÉLIMÈNE

Eh ! Dorante, bonjour,
Je suis charmée ici de vous voir de retour.

DORANTE

On n'est pas plus polie.

CÉLIMÈNE

Heureusement, j'espère,
Votre petit voyage en somme a pu se faire,
A cela près pourtant de quelques jours d'ennui
Au fond d'une province insipide.

DORANTE

       Mais oui,
Assez bien, Dieu merci, mille grâces, madame,
Mais je me félicite et du fond de mon âme
De ne pas concevoir en cela, pour ma part,
Une appréhension semblable à votre égard,
Une femme jolie et jeune oh ! peut sans craintes,
A Paris, de l'ennui défier les atteintes.

CÉLIMÈNE

Il est vrai que Paris est une ville au moins
En ressources féconde, agréable en tous points.

DORANTE

Paris est une ville où sans peine on oublie.

CÉLIMÈNE

Plaît-il ?

DORANTE

    Que le temps vole et fuit.

CÉLIMÈNE

         Ville polie
Où les distractions de fait ne manquent pas.

DORANTE

Et vous savez, madame, en profiter. Hélas !
Vous autres habitant la grande capitale,
Vous êtes tout imbus d'une erreur bien fatale ;
Un préjugé si fort occupe vos esprits
Qu'il n'est pas de salut pour vous hors de Paris.
On peut vivre pourtant, on vit même, au contraire,
En province bien mieux qu'à Paris ; je préfère
Le calme qu'on y trouve et la tranquillité
A tout ce tourbillon de la grande cité.
Là, madame, on parcourt, sans fatigue et sans peine,
Le chemin de la vie, au pas on s'y promène,
Tandis qu'il semble ici qu'au galop enlevé
On y coure la poste en brûlant le pavé.

CÉLIMÈNE
Ainsi vous vous plaisiez là-bas ?
DORANTE
Beaucoup, sans doute.
Comment ne pas aimer ce repos qu'on y goûte,
Repos charmant du corps ainsi que de l'esprit,
Loin d'un monde exigeant, des tracas et du bruit,
Cette paix qu'on savoure au sein de la nature ?
CÉLIMÈNE
Regarder couler l'onde et pousser la verdure,
Voir les bergers naïfs souffler dans leurs pipeaux
Pendant que sur les prés vont beuglant les troupeaux,
Les bergères sauter sur l'herbe verdoyante.
Vous êtes devenu bien pastoral, Dorante,
Il fallait donc, avec cet amour et ce goût,
Qui pour la vie aux champs vous poussa tout à coup,
Il fallait vous fixer dans ce séjour champêtre.
DORANTE
C'est aussi mon projet.
CÉLIMÈNE
Prochainement ?
DORANTE
Peut-être.
CÉLIMÈNE
Fort bien, ce n'est pas moi jamais, assurément,
Que vous convertirez à votre sentiment,
Car un ennui profond, invincible me gagne
Quand j'ai passé huit jours entiers à la campagne.
DORANTE
Diable, voilà qui rend impossible à peu près
Toute exécution de nos anciens projets,
Dont au reste peut-être il ne vous souvient guère.
CÉLIMÈNE
Quoi donc ?

DORANTE
Vous ignorez?...
CÉLIMÈNE
Oh ! non pas, au contraire,
Projets de mariage, oui, j'y suis maintenant.
Vous y pensez encore, hein ? Sérieusement,
Regardez-moi, voyons.
DORANTE
Pour que je les oublie,
Ce n'est pas le moyen.
CÉLIMÈNE
De la galanterie.
Et bien, moi, voyez-vous, je suis franche et je veux
Vous mettre à votre aise, eh ! cela vaut-il pas mieux ?
Une autre vous dirait que, triste et délaissée,
Sur vous s'est constamment concentré sa pensée,
Que pendant votre absence, affreuse à son amour,
Elle n'a soupiré qu'après votre retour ;
Que sais-je ? Il est des gens pleins de la fantaisie
De faire du roman et de la poésie.
A quoi bon ? Dans un livre, eh ! je le sais, vraiment,
Tous ces jolis discours sont d'un effet charmant,
Mais avec un ami quand dans la vie on cause,
N'est-il pas plus sensé de rester dans la prose ?
DORANTE
Sans nul doute, madame, oui, vous avez raison,
La poésie ici serait hors de saison,
Ces grandes phrases-là, selon moi, je vous jure,
(A part)
N'ont pas en vérité le sens commun. — Parjure !
CÉLIMÈNE
Je vois que là-dessus vous pensez comme moi.
Un autre se serait imaginé, je croi,

Pour être demeuré huit jours loin de sa belle,
Devoir lui protester d'une ardeur éternelle,
Parler de ses beaux feux et des cruels tourments
Que l'absence a toujours procurés aux amants ;
Il se fût mis en frais...

DORANTE

Fadaises surannées,
Aux bergers de l'Astrée enfin abandonnées.

CÉLIMÈNE

Il eût pensé bien faire en se jetant alors
A mes pieds, se livrant à mille et un transports
D'extravagante ivresse et d'amour...

DORANTE

Niaiserie
Qu'on laisse aux vieux romans de la chevalerie.

CÉLIMÈNE

(A part)   (Haut)
Perfide. — Vous voyez, Dorante, qu'il est clair
Qu'il vaut mieux, comme nous, parler à cœur ouvert.
Dans le cours de trois mois de mainte circonstance
Les situations subissent l'influence ;
Car il se passe bien des choses en trois mois.

DORANTE

Bien des choses, c'est vrai, se passent, je le vois.

CÉLIMÈNE

Vous dites ?

DORANTE

Rien, j'approuve.

CÉLIMÈNE

Aurions-nous la faiblesse
De nous croire à jamais liés par la promesse
Qui fût faite...

DORANTE

Je crois, légèrement.

CÉLIMÈNE, *à part*.
>Trompeur !

(Haut)
Dont l'époque...
>DORANTE
>>Se perd dans l'obscure vapeur
>>>(A part)

Des temps les plus anciens. — Trois mois au plus, coquette !
>CÉLIMÈNE

Et réclamer de vous rigoureuse et complète
Son exécution, serait-ce pas vraiment
De ma part ridicule ?
>DORANTE
>>Et réciproquement.
>CÉLIMÈNE

Sans doute. — Ce n'est pas qu'il nous soit nécessaire
D'oublier à jamais...
>DORANTE
>>En aucune manière,

A ces projets anciens nous pourrons revenir ;
Nous biffons le passé sans lier l'avenir.
>CÉLIMÈNE

Oui, vous me comprenez.
>DORANTE
>>Parfaitement, madame,

Vous allez voir : je puis avec la même flamme
Recommencer chez vous ma cour sur frais nouveaux,
C'est à moi de savoir effacer mes rivaux.
Parmi ces soupirants dont vous êtes suivie
Je puis reprendre place, et s'il vous prend envie
De distinguer encor votre valet, voilà,
Alors tant mieux pour moi, n'est-ce pas ?
>CÉLIMÈNE
>>C'est cela.

DORANTE

Sinon, je me renterre aux champs et recommence
Théocrite et Maron.

CÉLIMÈNE

Fort bien. D'intelligence
Vous vous montrez rempli.

DORANTE

Me croyiez-vous un sot,
S'il vous plaît ?

CÉLIMÈNE

Oh ! non pas, Dorante, tant s'en faut.

DORANTE

D'une rare franchise en vous est le mérite.

CÉLIMÈNE

Aviez-vous cru jamais que je fusse hypocrite ?

DORANTE

Quelle erreur c'eût été.

CÉLIMÈNE

Voyez, présentement,
Quel calme l'on éprouve et quel contentement
Aux situations franchement dessinées,
Quand les positions sont bien déterminées

(A part).

On se sent plus tranquille. — Il est de glace, ô ciel !
Je n'y puis plus tenir

DORANTE

Il est vrai, rien n'est tel
Et c'est précisément ce qu'aujourd'hui j'observe.
Au lieu de l'embarras que toujours on conserve
Tant que l'on ne s'est pas parlé sincèrement,
L'explication faite on agit librement,
On respire, aisément chacun se détermine,
Je me sens un quintal de moins sur la poitrine.

(A part).

Je suis à bout, j'étouffe.

CÉLIMÈNE
Ainsi donc, maintenant...
DORANTE
Je vais pour le Berry partir incontinent.
CÉLIMÈNE
Comment ?
DORANTE
En poste.
CÉLIMÈNE
Eh ! bien, voyez la différence ;
Quelques instants plus tôt, vous eussiez, je le pense,
Pour faire vos adieux été gêné, contraint,
Embarrassé longtemps ; peut-être auriez-vous craint
De plonger dans mon cœur un poignard qui le brise,
Et maintenant, après quatre mots de franchise
Réciproque...
DORANTE
Il ne peut me rester, pour ma part
Du moins, le plus léger scrupule à cet égard.
CÉLIMÈNE
(A part).   (Haut).
C'est charmant.—Ce sang-froid m'indigne.—Il peut se faire
Que nous allions bientôt vous voir à votre terre,
Si je donne en effet ma main au chevalier.
DORANTE
Au chevalier, comment ?...
CÉLIMÈNE
Oui, j'allais oublier
De vous conter cela, mais vraiment il me presse
Vivement là-dessus et je crains ma faiblesse.
DORANTE
Divin ! — Voyez, avant la conversation
Que nous venons d'avoir, votre discrétion
N'eût jamais avec moi cru pouvoir assez prendre
De doux ménagements, de détours pour m'apprendre

Une chose pourtant aussi simple après tout.
Vous eussiez cru me voir, foudroyé tout à coup,
Expirer sous vos yeux ; et tandis qu'à cette heure...
CÉLIMÈNE
Je n'ai plus nul effroi de ce genre, ou je meure.
(A part).
Le traître, le trompeur.
DORANTE
      Adieu, madame, adieu,
CÉLIMÈNE
(A part)
Adieu, monsieur. — Il part, voilà donc ce beau feu,
Cette constante ardeur que jurait le volage.
DORANTE, *à part.*
Fuyons, j'éclaterais de douleur et de rage.
CÉLIMÈNE
Vous me quittez, monsieur, bien vite, mais pourtant
Je crains avec raison d'être en vous arrêtant
Indiscrète et serais désolée...
DORANTE
      Ah ! madame,
Vous ne le croyez pas. Un devoir me réclame
Et je vais...
CÉLIMÈNE
  Adieu donc,
DORANTE
      Je reviendrai plus tard
Vous offrir mes respects.
CÉLIMÈNE
  Et quand ?
DORANTE
      A mon départ. (*Il sort*).

SCÈNE V

CÉLIMÈNE, DORINE

DORINE, *entrant*
De la présomption masculine, j'espère,
Vous triomphez, madame, et vous avez su faire,
Au prix d'une leçon dont il se souviendra,
Que Dorante... mais quoi ? vous pleurez ?
CÉLIMÈNE
Oh ! l'ingrat !
C'en est fait ; ah je suis indignement trahie,
Car il ne m'aime plus.
DORINE
Se peut-il qu'il oublie ?..
Voilà qui n'est pas bien, non.
CÉLIMÈNE
C'est affreux, ô ciel !
Après mille serments d'un amour éternel.
Combien à la froideur de sa correspondance
J'eus raison ce matin, suspectant sa constance,
De vouloir l'éprouver. Pourtant, en vérité,
Je n'aurais jamais cru pareille lâcheté ;
N'a-t-il feint tant d'ardeur en cherchant à me plaire,
(Car sais-je maintenant s'il fût jamais sincère) ?
Et tant d'empressement en me peignant ses feux
A m'arracher jadis de funestes aveux,
Que pour mieux accabler mon cœur tendre et sensible
De mépris outrageants et serait-il possible
Qu'auprès de moi lui-même il n'ait rien souhaité
Qu'un triomphe mesquin d'indigne vanité ?
DORINE
Ce serait bien petit.

CÉLIMÈNE

Oh ! ce serait infâme
De s'être ainsi joué de l'amour d'une femme
Crédule et confiante. Et s'il en est ainsi,
Je l'avoue à ma honte, il a trop réussi,
Hélas ! je l'aime encor quelque mal qu'il me fasse.

DORINE

Vous êtes par ma foi bien bonne, à votre place,
Je ne songerais moi qu'à venger mon honneur,
Et loin de lui donner le plaisir trop flatteur
De me voir languissant d'amour pour son mérite,
Oh ! je le chasserais de mon cœur au plus vite.

CÉLIMÈNE

Le puis-je hélas ! je l'aime autant que je l'aimais,
Et son image est là gravée à tout jamais.
Je ne puis après tout me résigner à croire
A cette trahison si cruelle et si noire,
Que mon amour, malgré tout ce flegme apparent,
Ait pu lui devenir si vite indifférent.
Avec le chevalier j'ai parlé d'alliance,
J'ai cru le voir pâlir, il s'est troublé, je pense.
Ah ! peut-être ai-je eu tort de l'éprouver ainsi ;
N'a-t-il pu le premier se croire aussi trahi ?
Eh ! bien, Dorine, au moins je veux, coûte que coûte,
Réparer ma folie, avouer...

DORINE

Et sans doute
Lui demander pardon de n'avoir pas montré
Autant d'empressement qu'il en eût désiré ;
En le priant bien fort, il se peut qu'il l'accorde.
Tenez, madame, il faut qu'une mouche vous morde,
Je ne vous comprends plus aujourd'hui ; ce matin,
Contre les torts affreux du sexe masculin

Je vous vois emporter, et, prenant la défense
Très chaleureusement du nôtre qu'on offense,
Vous voulez sur le champ châtier à la fois
Chez lui l'ingratitude et l'oubli de nos droits.
Aussi votre éloquence au même instant, madame,
D'une émulation généreuse m'enflamme,
Pour ouvrir la campagne, avec succès complet
Je gagne une victoire ici sur le valet,
Et je vous trouve hélas ! vaincue et désarmée,
En déroute en un mot, mon général d'armée.

CÉLIMÈNE

Ah ! tu n'aimes pas, toi.

DORINE

        Ce n'est pas bien certain.
Mais enfin je vous vis, madame, ce matin,
Vous armant de froideur ainsi que de courage,
Sur un simple soupçon, prête à punir l'outrage
Qu'un amour un peu tiède à votre amour a fait.
A présent que le crime est prouvé tout à fait,
Que vous l'avez enfin convaincu, j'imagine...

CÉLIMÈNE

Ah ! c'est que j'espérais du repentir, Dorine,
J'espérais des regrets ; hélas ! je croyais bien
A de l'amour encore en un mot ; mais non, rien,
Calme désespérant, complète indifférence.
C'est affreux.

DORINE

        Bon, je vois en cette circonstance
Que vous ne vouliez pas la perte du pécheur,
Mais sa conversion.

CÉLIMÈNE

        Malgré tant de froideur,
Je ne puis faire encor que mon cœur se décide
A croire de sa part un oubli si perfide,

Non, non, je ne puis croire à tant d'indignité.
Ce beau flegme après tout peut n'être qu'affecté.
Je veux encourager son rival, s'il demeure
Impassible et tranquille ainsi que tout à l'heure,
S'il m'oublie, à mon tour je saurai l'oublier
Et donner sous ses yeux ma main au chevalier;
Qu'il sache, si je perds son précieux hommage,
Que je puis aisément réparer ce dommage.

DORINE

A la bonne heure donc. — Et justement voici
Le chevalier qui vient, madame.

CÉLIMÈNE

                Quel ennui.
Crois-tu, pour peu qu'encor Dorante ait de tendresse,
Qu'il me laisse épouser...

DORINE

           Allons, pas de faiblesse,
Il s'agit de venger notre sexe aujourd'hui.

CÉLIMÈNE

Prends bien soin que Dorante au moins soit introduit
Sitôt qu'il reviendra.   *(Dorine sort).*

SCÈNE VI

CÉLIMÈNE, LE CHEVALIER

CÉLIMÈNE

                Chevalier, sur mon âme,
Vous venez aujourd'hui bien tard me voir.

LE CHEVALIER

                              Madame,
Trop bonne de l'avoir remarqué; peu s'en faut
Que je ne sois pourtant, je crois, venu trop tôt.

CÉLIMÈNE

Ingrat, moi qui parlais de vous à l'instant même.

LE CHEVALIER
Eh ! quoi vous m'auriez fait cette faveur extrême
Et sur moi vos pensers se seraient arrêtés ?
CÉLIMÈNE
On s'en occupe plus que vous ne méritez.
LE CHEVALIER
C'est trop de grâce. Mais je viens tantôt d'apprendre
Le retour de Dorante, il va venir vous rendre
Visite sans nul doute.
CÉLIMÈNE
Il sort d'ici.
LE CHEVALIER
Hé ! bien
C'est pour vous dire adieu, madame, que je vien,
Car je pars me fixer demain à la campagne.
CÉLIMÈNE
Comment ? Ah ! mais c'est donc une fureur qui gagne
Tout le monde. Aux champs quoi vous voulez vous cacher ?
Mais Paris n'a donc rien qui vous puisse attacher ?
LE CHEVALIER
Au contraire, en partant, pour mon malheur extrême,
J'y laisserai mon cœur et moitié de moi-même.
CÉLIMÈNE
En ce cas, vous feriez beaucoup mieux, entre nous,
De rester avec lui, croyez-moi.
LE CHEVALIER
Quoi c'est vous
Qui me le conseillez ? Non, non, je vous l'atteste,
Je trahirai l'honneur, l'amitié si je reste.
CÉLIMÈNE
Si vous me proposez des charades, ma foi,
Vous n'avez pas trouvé votre Œdipe dans moi,
Car je n'en ai jamais deviné de ma vie.

LE CHEVALIER

Oh ! ne me faites pas expliquer, je vous prie,
Plus clairement, madame ; eh ! qu'en est-il besoin ?
Vous m'avez trop compris sans que j'aille plus loin.
Dorante vient, je pars.

CÉLIMÈNE

Mais pourquoi ?

LE CHEVALIER

J'imagine
Que votre esprit, madame, aisément le devine.

CÉLIMÈNE

Je ne devine rien ; mon esprit, chevalier,
En voulant être fin craint de se fourvoyer.
Vous partez et venez faire un adieu suprême,
Parce que, dites-vous...

LE CHEVALIER

Parce que je vous aime.

CÉLIMÈNE

J'étais loin de m'attendre à la péroraison,
Mais je vous avouerai que c'est une raison,
A votre jugement, chevalier, n'en déplaise,
Qui me paraît pourtant on ne peut plus mauvaise.

LE CHEVALIER

Comment ? je vous comprends mal à mon tour, je croi.

CÉLIMÈNE

Je ne suis pourtant pas énigmatique, moi

LE CHEVALIER

Comment, quand je vous aime et quand avec silence,
Ne trouvant de bonheur que dans votre présence,
J'ai nourri cet amour en mon cœur trois longs mois
Et qu'il ose parler pour la première fois,
Quand Dorante, qui dans mon amitié sincère
Croit pouvoir reposer en confiance entière,

Revient vous apporter son cœur avec sa main
Et serrer avec vous les doux nœuds de l'hymen,
Cruelle, vous voulez, vous voulez que je reste
Pour être le témoin de cet hymen funeste,
De ce bonheur fatal qui causera ma mort,
Ou bien pour le troubler par mon lâche transport ?
Vous voulez...

CÉLIMÈNE

Doucement, monsieur, votre éloquence
Vous emporte dans mainte et mainte extravagance.
Et d'abord votre ami n'apporte pas du tout
Ni son cœur, qu'il aura laissé je ne sais où,
Ni sa main, dont ma foi fort peu je me soucie.

LE CHEVALIER

Est-il possible ?

CÉLIMÈNE

Oh ! rien n'est plus vrai.

LE CHEVALIER

Je vous prie,
Expliquez-moi...

CÉLIMÈNE

J'aurais voulu que ce matin
Vous eussiez assisté, vous, à notre entretien,
Il ne vous resterait nul doute ce me semble,
Car nous avons rompu complètement ensemble,
Très amiablement et d'un commun accord,
Enchantés tous les deux d'être libres encor.
Vous voilà renseigné d'une façon complète,
Si vous partez encore, il faut que j'interprète
Votre fuite à présent d'une façon, ma foi,
Convenez-en, fort peu favorable pour moi.

LE CHEVALIER

Partir ! ah ! maintenant, mais, s'il est vrai, madame,
D'un peu d'espoir alors je puis flatter ma flamme.

CÉLIMÈNE

C'est à vous d'en juger.

LE CHEVALIER

Oh ! mais non, pour mon cœur
Ce serait en ce jour vraiment trop de bonheur.
Retirez-moi bien vite une faible espérance
Qui plus tard laisserait plus vive ma souffrance.
Non, Dorante vous aime et vous garde sa foi,
Il vous chérit, bien plus, vous l'aimez toujours.

CÉLIMÈNE

Moi !
Ah ! je vous jure...

LE CHEVALIER

Oh ! non, ce serait un blasphème,
Car vous l'aimez encore et toujours il vous aime,
Quelque brouille, une pique, et pour de légers torts,
Va rendre plus ardents avant peu vos transports,
A déchirer ainsi mon cœur qui vous oblige ?
Laissez-moi fuir, hélas ! madame.

CÉLIMÈNE

Eh ! non, vous dis-je,
Non, c'est une rupture en forme et tout de bon.

LE CHEVALIER

Je puis donc vous aimer, madame, je puis donc,
Sans remords maintenant, vous parler de ma flamme.
Parviendrai-je jamais las ! à toucher votre âme
Toute remplie encor, je le crains fortement,
D'une autre pensée ?

CÉLIMÈNE

Ah ! c'est de l'entêtement.

LE CHEVALIER

Eh ! bien je dois vous croire avec toute assurance.
Ainsi vous permettez à mon cœur l'espérance.

CÉLIMÈNE

C'est bien le moins.

LE CHEVALIER
O ciel ! que ces mots généreux,
Célimène adorable, ont fait mon sort heureux.
CÉLIMÈNE
(A part)
J'entends quelqu'un, c'est lui, lui qui revient si vite.
Ah ! faible que je suis, c'est mon cœur qui palpite,
Ce sont ses battements précipités soudain
Qui m'en ont avertie. Ah ! du courage enfin.
LE CHEVALIER
Mais qu'avez-vous, parlez ; ô belle Célimène ?
CÉLIMÈNE
Rien, c'est l'émotion, une femme avec peine
Entendrait de sang-froid les aveux d'un amant.
LE CHEVALIER
Si je l'interprétais trop favorablement ?
CÉLIMÈNE
Comme vous voudrez. Ah !

(Elle pousse un cri en voyant paraître Dorante, et laisse tomber son mouchoir. Le Chevalier le lui rend en lui baisant la main).

LE CHEVALIER
Il faut qu'on vous adore.

SCÈNE VII

CÉLIMÈNE, LE CHEVALIER, DORANTE

DORANTE, *à part.*
Dieu ! du courage, allons, pour cette fois encore.
CÉLIMÈNE
Quoi, déjà de retour, c'est bien aimable à vous.

DORANTE

Je trouble un tête-à-tête, il me semble, assez doux,
Pardon d'être importun.

CÉLIMÈNE

Eh ! non, votre présence
Ne trouble rien, jamais auprès de nous, je pense,
Un véritable ami ne peut être de trop.

DORANTE, *à part.*

Fort bien.

LE CHEVALIER

J'ai de madame appris ici tantôt
Qu'entre vous tout était rompu, sans quoi, Dorante,
Croyez bien...

DORANTE

Eh ! mon cher, la chose est évidente,
Venez donc, chevalier, venez donc dans mes bras,
Depuis un siècle au moins, nous ne nous voyons pas.

CÉLIMÈNE, *à part.*

Est-il possible, ô ciel ! que tant d'indifférence
Soit sincère ? ah ! je veux en avoir l'assurance.

LE CHEVALIER

Merci bien, cher ami, j'ai su votre succès,
Et suis heureux de voir gagné votre procès.

DORANTE

Votre sort ne saurait rien envier au nôtre,
Morbleu, vous n'avez pas, je crois, perdu le vôtre.

LE CHEVALIER

Vos affaires, là-bas, vont au mieux en ce jour,
Je vous en félicite aussi.

CÉLIMÈNE

De son séjour
Dorante est tellement ravi que tout de suite
Il retourne en Berry s'installer.

LE CHEVALIER
                    Quoi, si vite,
Et sans nous accorder quelques jours seulement ?
CÉLIMÈNE
Il ne vous fera pas grâce d'un seul moment.
LE CHEVALIER
Vraiment, Dorante?
DORANTE
                    Hélas ! tout ce que je regrette
Dans ce départ si brusque est qu'il ne me permette
De voir se compléter votre félicité.
LE CHEVALIER
Etes-vous bien sincère ?
CÉLIMÈNE
                    Oh ! la sincérité,
Chevalier, c'est son fort, c'est justice à lui rendre.
LE CHEVALIER
Mais alors, si pour nous il ne saurait attendre,
Madame, nous pourrions, nous, nous hâter pour lui.
CÉLIMÈNE
Vous croyez ? c'est un peu précipité ceci,
Je trouve, chevalier. Mais qu'en pense Dorante ?
DORANTE
    (à part)   (haut)
Ciel ! oh! dissimulons. — L'idée est excellente.
CÉLIMÈNE
    (à part)   (haut)
Infâme. — Du moment que notre ami commun
L'approuve, je n'y vois pour moi d'obstacle aucun.
LE CHEVALIER
Madame, ah ! vous voulez me rendre fou d'ivresse.
CÉLIMÈNE, *à part.*
Il se trouble ; voyons si cette âme traîtresse
                (haut)
Poussera jusqu'au bout... Dorante nous fera,
Je gage, le plaisir de signer au contrat.

DORANTE
(à part)
Comment donc, des deux mains. — O Dieu ! l'épreuve est forte.
LE CHEVALIER
Oh ! vous me ravissez de parler de la sorte,
Dorante, j'avais craint qu'un reste de penchant,
Je dois vous l'avouer....
CÉLIMÈNE
Eh ! mon cher, nullement,
Il n'en peut rester trace en moi, je vous l'atteste.
LE CHEVALIER
Vous me charmez.
CÉLIMÈNE, à part.
Oh ! c'est fini, je le déteste.
DORANTE
Volontiers je m'astreins à ce léger retard
Et pour vous voir heureux recule mon départ.
LE CHEVALIER
Pour ne par abuser de l'obligeance extrême
Que vous montrez, on peut d'ailleurs aujourd'hui même...
CÉLIMÈNE
En effet.
DORANTE, à part.
Je la dois haïr présentement.
(Haut)
Sans doute, on ne saurait trop hâter le moment
D'être heureux ; chevalier, croyez-moi, pour bien faire,
Nous irons de ce pas tous deux chez le notaire.
LE CHEVALIER
Quoi vous consentiriez ?...
CÉLIMÈNE, à part.
Indigne ! eh ! bien tant mieux,
Il verra bien qu'il m'est à présent odieux
DORANTE
Eh ! sans doute parbleu, venez donc.

LE CHEVALIER

　　　　　　　　　Sur mon âme,
Je ne sais si je rêve.
　　　　　　DORANTE
　　　　　Avant ce soir, madame,
Nous aurons établi les bases d'un hymen
　　　　　　　　(A part)
Tant souhaité. — Dussé-je en expirer demain.
　　　　　　CÉLIMÈNE
Merci, monsieur.
　　　　　　LE CHEVALIER
　　　　　Allons, voilà, mon cher Dorante,
Un dénouement qui passe à coup sûr mon attente.
Ah ! madame, je n'ose exprimer mon transport.
　　(A Dorante).
Vous me rendez la vie.
　　　　　　DORANTE, *à part.*
　　　　　Et me donne la mort.

SCÈNE VIII

CÉLIMÈNE, puis DORINE.

CÉLIMÈNE

Dorine, Dorine ! — ah ! venez donc quand j'appelle.
　　　　　　DORINE
Mais madame voit bien que j'accours auprès d'elle.
— Comme vous paraissez agitée.
　　　　　　CÉLIMÈNE
　　　　　　　　Il se peut,
Dorine, et j'ai sujet aussi de l'être un peu.
C'est le plaisir, je suis ravie.
　　　　　　DORINE
　　　　　　　Ah ! ma parole,
Vous avez plutôt l'air d'avoir la fièvre.

CÉLIMÈNE
                              Folle,
Bien loin d'être malade, ah ! félicite-m'en,
Je suis enfin guérie et radicalement,
                    DORINE
Guérie ? et de quoi donc ?
                    CÉLIMÈNE
                         De quoi ? de ma sottise,
De ma faiblesse, enfin, s'il faut que je le dise,
De l'amour qu'à Dorante avait gardé mon cœur.
                    DORINE
La guérison hélas ! est prompte et j'ai bien peur
Des rechutes, madame.
                    CÉLIMÈNE
                         Oh ! non, sois bien tranquille,
Car pour rendre la cure et certaine et facile,
Dorine, au chevalier je vais donner ma main.
                    DORINE
Ce n'est pas fait encore.
                    CÉLIMÈNE
                         On doit signer demain
Le contrat.
                    DORINE
       Vraiment.
                    CÉLIMÈNE
                         Oui ; peut-être aujourd'hui même.
                    DORINE
Madame, ah ! ce serait d'un héroïsme extrême
Si vous faisiez cela, ce serait beau vraiment.
                    CÉLIMÈNE
Pourquoi donc ? pas du tout : je croyais sottement
Hier qu'un tel parti n'eût coûté d'avantage,
Mais il n'a pas fallu grand effort de courage,
Il faut prendre une fois son parti là-dessus
Et c'est fini, déjà, vois, je n'y pense plus.

Ce n'est pas que mon cœur tienne en aucune sorte
Plutôt au chevalier qu'à tout autre ; il n'importe,
J'ai pris celui que j'ai trouvé là sous ma main
Parce qu'il me fallait ma revanche soudain.
Et maintenant, Dorine, oh ! je suis bien contente,
Je gage dans huit jours que je pense à Dorante
Moins qu'au grand schah de Perse.
DORINE
Allons, tant mieux, bravo,
Madame, vous avez pris le parti qu'il faut.
Que sitôt qu'on se montre à ses vœux favorable,
Un homme n'aille pas se croire indispensable
A notre bonheur. Mais êtes-vous, s'il vous plaît,
Bien sûre au moins de vous ?
CÉLIMÈNE
J'en réponds, il faudrait
Que je fusse à présent bien lâche, je te jure,
A lui pour revenir après semblable injure.
Ah ! si tu l'avais vu, quel air indifférent ;
C'est avec le dédain, le mépris le plus grand
Qu'il m'a traitée ici. De quelle grâce extrême
Il a contre son cœur pressé dans l'instant même
Son rival qu'à mes pieds il avait trouvé là.
— Ah ! j'en suis enchantée et j'aime mieux cela
Que de l'hypocrisie, on a cet avantage
Qu'on est fixée. — Et quand de notre mariage
J'ai parlé d'avancer aujourd'hui le moment
Pour l'éprouver, avec quel vif empressement
Sur mon impatience il renchérit lui-même,
Lui, lui qui prétendait m'aimer, bassesse extrême ;
Il a menti, Dorine, oui menti constamment.
Et je fus folle assez pour le croire un moment.
DORINE
Madame, calmez-vous.

CÉLIMÈNE

Je suis calme, Dorine.
C'est le plaisir de voir que ceci se termine.
Il n'a même pas mis dans son indignité
La moindre forme au moins de simple urbanité.
Et bien tant mieux encor, j'aime mieux la manière
Brutale, indifférente et tout à fait grossière
Avec laquelle il a semblé vouloir, hélas !
Le pousser au plus tôt lui-même dans mes bras.
Je crois que pour un rien il eût crié lui-même
A son ami, dans son impatience extrême :
Ah ! prenez-la bien vite et débarrassez-moi,
Depuis assez longtemps sa tendresse, ma foi,
M'importune et m'assomme. *(Elle fond en larmes).*

DORINE

Ah ! madame, madame,
C'est donc ainsi que vous avez guéri votre âme ?

CÉLIMÈNE

Ce n'est rien, vois-tu bien, je pleure, c'est nerveux,
Car je suis enchantée, au comble de mes vœux,
Je n'ai pas de regrets, oh ! non, je suis ravie
Et n'éprouvai jamais tel plaisir de ma vie.
Le chevalier m'adore et fera mon bonheur,
Je déteste Dorante, oh ! du fond de mon cœur,
Et des femmes je suis, dans ma joyeuse ivresse,
La plus heureuse enfin. *(Elle éclate en sanglots).*

DORINE

Dieu ! ma pauvre maîtresse !
De grâce, cachez-vous, j'aperçois son valet,
En un pareil état, bon Dieu, s'il vous voyait.

(Célimène s'enfuit. — Pasquin entre et l'aperçoit).

SCÈNE IX

DORINE, PASQUIN

PASQUIN
Que vois-je là ? Qu'a donc ta maîtresse, ma chère ?
DORINE
Toi, laisse-nous en paix. Ici que viens-tu faire ?
PASQUIN
Je viens chercher mon maître afin de l'avertir
Que les chevaux sont prêts et que l'on peut partir.
J'étais loin de m'attendre...
DORINE
Eh bien ! tu vois sans doute
Qu'il n'est pas là. Morbleu, mettez-vous donc en route
Puisque votre berline est prête, Dieu merci,
Et ne rentrez jamais ni l'un ni l'autre ici,
Vous nous obligerez, allez tous deux au diable.
PASQUIN
Bien, le congé, ma chère, est tout à fait aimable.
Mais que se passe-t-il donc ici ? te voilà
Toute émue et madame en pleurs.
DORINE
C'est faux cela.
PASQUIN
Comment ? je ne l'ai pas tout à l'heure aperçue
Cherchant à dérober ses larmes à ma vue ?
Mais on n'est point aveugle et moins encore auprès
De la beauté.
DORINE
Vraiment, tu m'impatienterais
Par ton aplomb. Tu bats la campagne, imbécile,
Tu vois trouble ; va-t-en et nous laisse tranquille,
Ton maître ainsi que toi.

PASQUIN
Quant à nous en aller,
C'est ce dont il n'est pas besoin de nous prier,
Car c'est bien sur-le-champ ce que nous comptons faire.
Pour vous donner la paix, ah ! c'est une autre affaire ;
Que ce départ vous laisse en un paisible état,
Je ne suis pas bien sûr d'un pareil résultat.
DORINE
De rire ici, mon cher, tu me donnes envie
Par ta prétention grotesque. Ah ! ah !
PASQUIN
Ma mie,
Cette gaîté n'est pas d'un aussi bon aloi
Que les pleurs qu'à l'instant j'ai remarqués ma foi.
DORINE
Encor ! Si tu redis cette sottise amère
Je t'arrache les yeux.
PASQUIN
Quoi tu prétends, ma chère,
Que ta maîtresse, ici quand j'entrai par hasard,
Ne pleurait pas ?
DORINE
Eh ! non, non, cent fois non, pendard,
Pour en avoir envie elle était trop contente
D'être débarrassée enfin de ton Dorante.
PASQUIN
Tu feindrais avec moi très inutilement,
Madame pleurait bien.
DORINE
Non.
PASQUIN
Et ne fais pas tant
La vaillante, qui sait ? peut-être que toi-même...
DORINE
Ah ! c'est trop fort cela. Quel amour-propre extrême !

PASQUIN
Oh ! mais n'espérez pas nous attendrir.
DORINE
Pasquin,
Ne m'exaspère pas.
PASQUIN
Non, vois-tu, de dessein
Vous ne nous ferez pas changer, je te le jure,
C'est bien fini.
DORINE
Je vais t'arracher la figure.
PASQUIN
Nous n'écoutons plus rien, nous partons.
DORINE
Tiens, il faut
Que je t'étrangle enfin, faquin, triple maraud.
PASQUIN
Au meurtre ! à l'assassin !

SCÈNE X

DORINE, PASQUIN, LE CHEVALIER, DORANTE

LE CHEVALIER
Quel est tout ce tapage ?
PASQUIN
Pour me sauver, monsieur, des effets de sa rage
Vous venez à propos, Dorine ne parlait
Rien moins que d'étrangler ici votre valet.
LE CHEVALIER
Se peut-il ? quel motif a pu porter Dorine
A ces velléités de fureur assassine ?
Tu voulais l'étrangler ?

4

DORINE
Il l'aurait mérité
Et plutôt mille fois qu'une, cet effronté.

LE CHEVALIER
Expliquez-vous enfin.

PASQUIN
Hélas! vos seigneuries
D'une femme jalouse ici voient les furies.

DORINE
Tu mens, pendard.

LE CHEVALIER
Voyons, laisse-le s'expliquer,
Quand il aura fini tu pourras répliquer.

PASQUIN
Ce transport ne doit rien avoir qui vous étonne,
Il vient de ce qu'on part, de ce qu'on l'abandonne.

DORINE
De tout ce qu'il vous dit ne croyez pas un mot.
Croit-il qu'on tienne autant à lui, ce maître sot?
Je me moque ma foi qu'il parte ou bien qu'il reste.

PASQUIN
Cela n'est pas facile à croire.

LE CHEVALIER
Il est modeste.
Mais pourquoi l'étrangler alors?

DORINE
Quoi? ce faquin
Calomniait madame indignement.

DORANTE
Coquin,
S'il était vrai, morbleu, qu'un discours téméraire...

PASQUIN
Il n'en est rien, monsieur.

LE CHEVALIER
Calmez votre colère,
Dorante, et me laissez à clair tirer ceci.
D'où vint votre querelle en un mot?
PASQUIN
Le voici.
DORINE
Il va vous répéter encor quelqu'imposture.
LE CHEVALIER
Nous verrons, laisse-le parler.
PASQUIN
C'est, je vous jure,
La pure vérité : Quand je vins en ces lieux,
Célimène en sanglots, un mouchoir sur les yeux...
DORINE
Il ment.
LE CHEVALIER
Tu répondras, Dorine, tout à l'heure.
DORINE, *à part.*
J'enrage.
PASQUIN
Si je mens d'un seul mot, que je meure.
DORANTE
Célimène, dis-tu?...
PASQUIN
Je la vis tout en pleurs
S'enfuir en me voyant pour cacher ses douleurs.
DORANTE
Célimène, grand Dieu !
DORINE
Quoi? vous allez le croire?
LE CHEVALIER
Quel motif aurait-il d'inventer cette histoire?
DORINE
Je ne sais, mais, monsieur, c'est un fourbe, un menteur.

LE CHEVALIER

Et pourquoi t'emporter avec tant de chaleur ?
Quel tort, dis-moi, cela fait-il à ta maîtresse
D'avoir quelque chagrin ?

DORINE

     Aucun, je le confesse ;
Mais c'est ce que ce fat-là s'imaginait...

LE CHEVALIER

         Quoi donc ?
Qu'elle déplorait là le cruel abandon
De Dorante. Eh ! ma chère, évidente est la chose,
De ses larmes voilà quelle est la seule cause.

DORINE

Ah ! monsieur.

DORANTE

   Vous croyez.

PASQUIN

       Et j'en suis très sûr, moi.

LE CHEVALIER

Oui, Pasquin a raison.

DORANTE

   Se pourrait-il ?

LE CHEVALIER, *à Dorine.*

        Pour toi,
Avertis à l'instant la belle Célimène
Qu'ici l'attend un cœur que l'amour lui ramène.

DORANTE, *à part.*

Dieux ! elle m'aime encore et moi seul en ce jour
J'ai détruit mon bonheur, méconnu son amour.

LE CHEVALIER

Pasquin, fais amener la chaise à cette porte
Et dans une heure au plus, tu m'entends, fais en sorte
Qu'au départ postillon et chevaux soient tout prêts.
Nous signons le contrat et bon voyage après.

SCÈNE XI

DORANTE, LE CHEVALIER

LE CHEVALIER
Pour éteindre un amour de cette violence
Il n'est d'autre remède à présent que l'absence.
DORANTE
Quoi vous croyez vraiment, chevalier, que son cœur
Conserve encor pour moi...?
LE CHEVALIER
Parbleu, de sa douleur
J'étais bien sûr, mon cher, malgré l'indifférence
Que son orgueil sans cesse affecte et par avance
Je savais qu'elle n'a, pas même un seul instant,
Cessé d'avoir pour vous l'amour le plus constant.
DORANTE
Vous l'épousez, croyant qu'elle en chérit un autre ?
LE CHEVALIER
Je parviendrai peut-être, à la place du vôtre,
A mettre dans son cœur, à force de bons soins,
Un peu d'amour pour moi, je l'espère du moins.
Puisque moins que le sien votre cœur est fidèle,
Que vous ne l'aimez plus et ne voulez plus d'elle,
J'espère que le temps plus tard affaiblira
Un amour sans retour et puis l'effacera.
D'ailleurs je ne suis pas le seul à qui sa femme
N'apporte pas un cœur bien pur de toute flamme.
DORANTE
Vous croyez qu'elle m'aime ?
LE CHEVALIER
Oui certes, en Berry
C'est avec grand plaisir que vous voit son mari.

DORANTE

Mais comment accorder cet amour, je vous prie,
Avec tous les écarts de sa coquetterie ?
Car de plus d'un rival, lorsque j'étais absent,
J'ai su qu'elle acceptait un hommage pressant.

LE CHEVALIER

Que me dites-vous là ? pendant votre voyage
Je la voyais souvent, et ce pressant hommage
De tous ces soupirants, encouragé fort peu,
Importunait son cœur tout plein d'un autre feu.
Je m'en aperçus bien et, pardonnez Dorante,
J'enviais votre sort d'avoir si tendre amante.
Mais personne ici-bas ne peut apprécier
Le bonheur du prochain ; on nous voit envier
Chez autrui des trésors qu'il prise peu lui-même.

DORANTE, *à part.*

Il me perce le cœur. Qu'ai-je fait ? elle m'aime.

LE CHEVALIER

C'est un garant pour moi que sa fidélité
Des vertus d'un cœur plein de sensibilité
        (Célimène paraît)
Voyez, qu'elle est charmante

DORANTE, *à part.*

                    Oh ! oui, je vois des larmes
La trace qui rehausse encor mieux tant de charmes.

LE CHEVALIER

Ah ! j'oubliais un ordre à donner important,
Pardon de vous quitter, j'ai fait dans un instant. *(Il sort).*

SCÈNE XII

DORANTE, CÉLIMÈNE, puis LE CHEVALIER.

CÉLIMÈNE, *à part.*

Il me laisse avec lui.

DORANTE

Célimène adorable,
Pardon, cent fois pardon, je suis un misérable.

CÉLIMÈNE

Que faites-vous, monsieur ?

DORANTE

Grâce, ô grâce, pitié,
Quittez, quittez ce ton de froide inimitié,
Je reconnais mes torts, ici je les expie
De mon bonheur, bientôt ce sera de ma vie?

CÉLIMÈNE

Dorante !

DORANTE

Plaignez-moi, pardonnez-moi ; mais non,
Je suis un malheureux indigne de pardon,
Un instant j'ai douté d'un cœur comme le vôtre,
Etrange aveuglement qui ne cède à nul autre ;
J'ai pu m'abandonner à des transports jaloux,
Quand l'amour dans mon cœur parlait si haut pour vous.
En ce jour, à sa voix pour imposer silence,
Je me suis fait la plus cruelle violence ;
J'ai détruit mon bonheur et de ma propre main
De cent coups de poignard me suis percé le sein ;
Moi-même à mon rival je vous livrais encore,
Quand vous m'apparteniez et quand je vous adore.

CÉLIMÈNE

Ah !

DORANTE
Qu'un mot de pardon de vos accents si doux....
Un seul mot, je l'implore, hélas ! à vos genoux.
CÉLIMÈNE
Ah ! Dorante.
LE CHEVALIER, *entrant.*
Voyons, pardonnez-lui, madame,
Un pareil repentir doit attendrir votre âme
Et puis songez, s'il fut coupable dans ce jour,
Que ce n'est après tout que par excès d'amour.
CÉLIMÈNE
Monsieur.
DORANTE
Vous abusez...
LE CHEVALIER
Pourriez-vous bien me faire
La grâce d'écouter quatre mots sans colère ?
Dorante, vous m'aviez trompé, quand ce matin
Vous disiez votre feu complètement éteint.
Je n'ai pas un instant été dupe moi-même
De madame et de vous.
DORANTE
Votre audace est extrême,
Une pareille insulte est très hors de saison,
Sur le champ, chevalier, vous m'en rendrez raison.
LE CHEVALIER
Ne vous emportez pas, et veuillez bien m'entendre :
Je savais, ai-je dit, que l'amour le plus tendre
N'a cessé d'exister dans vos cœurs un instant
Quand un faux point d'honneur vous aveuglait pourtant,
Dans un semblable cas l'un ni l'autre ne cède.
J'ai voulu vous venir à tous les deux en aide :
C'est en vous conduisant aujourd'hui jusqu'au bord
De l'abîme de maux qu'un moment de transport

Peut creuser sous nos pas que je vous fis bien vite
Abjurer à tous deux votre folle conduite,
Vous pardonner enfin l'un à l'autre vos torts
Et vous rendre à jamais à vos anciens transports.
Si de nous battre encor vous avez quelqu'envie...

CÉLIMÈNE

Se peut-il?

DORANTE

Cher ami, je vous dois donc la vie.

CÉLIMÈNE

Mais ce contrat, monsieur?

LE CHEVALIER

C'est un nom à changer,
Et Dorante pourra de bon cœur le signer,
Si vous y consentez.

DORANTE

Célimène

CÉLIMÈNE

Ah! Dorante,
Ne soyez plus jaloux.

DORANTE

Ne soyez plus méchante.

PASQUIN, *entrant.*

Le postillon, monsieur, est en selle.

DORANTE

Ah! ma foi,
De départ il n'est plus question.

LE CHEVALIER

Pardonnez-moi.
Le rôle est délicat que je viens d'entreprendre;
J'ai feint ici l'ardeur de l'amour le plus tendre.
Tant d'attraits chez madame et de beaux yeux si doux
D'un peu de jalousie excusent son époux,
Si vous le permettez, c'est moi qui dans ma terre
Irai passer six mois, n'ayant plus rien à faire.

CÉLIMÈNE
Ah ! c'est là sa conduire en véritable ami.
LE CHEVALIER
A quoi bon faire aussi les choses à demi ?
Il n'en coûte pas plus pour les faire avec zèle.
DORANTE
Oh ! ma reconnaissance en doit être éternelle.
LE CHEVALIER
Je souhaite pour vous qu'au moins à l'avenir
De cette leçon-là vous gardiez souvenir.
CÉLIMÈNE
De l'amour-propre, allez, nous saurons nous défendre,
Ce sont mauvais conseils que ceux qu'il fait entendre ;
Redoutons les chagrins qu'il pourrait nous coûter.
Ah ! ce n'est que son cœur que l'on doive écouter.

Qui a bu boira

TABLEAU PROVERBE LYRIQUE

PERSONNAGES

FOLENCOUR.
BAPTISTE.
ROSINE.

Le théâtre représente un jardin avec table et chaises rustiques; entrée de la maison à gauche; — grille d'entrée du jardin à droite.

QUI A BU BOIRA

SCÈNE Ire

FOLENCOUR, *seul.*

Avoir vingt-cinq ans, être né
D'une famille honnête s'il en fût,
Etre électeur et vacciné ;
Etre éloigné du paupérisme
De vingt milliers de francs de revenu
Et s'imposer soi-même un affreux ostracisme,
Ce serait bien du crétinisme
Si ce n'était de la vertu.
Tel est pourtant le sort cruel, mais volontaire,
Que je goûte aujourd'hui.
Il faut avoir du caractère
Pour se tenir parole à ce point là réduit :
Comme faisait ce pauvre diable
De lièvre dont parle la fable,
Mon seul recours contre l'ennui
Est de songer ; — on sait qu'un lièvre dans son gîte
N'a que cette ressource-là. —
La fable ne dit pas au fait qu'il y fumât,
Si j'en fumais une petite.
(Appelant)
Baptiste ! — Où diable est le coquin ?
Ayez un serviteur ; morbleu c'est ridicule
Qu'un maraud qui mange mon pain
Me laisse ainsi tout seul m'ennuyer sans scrupule.
(Criant)
Baptiste ! — Viendra-t-il ? — Ivrogne, paresseux,
Maraud, pendard ! — Enfin, ce n'est pas malheureux.

SCÈNE II

FOLENÇOUR, BAPTISTE

BAPTISTE, *accourant*
Monsieur m'appelle ?
FOLENCOUR
En êtes-vous bien sûr ?
BAPTISTE
Il m'a semblé.
FOLENCOUR
Mon serviteur fidèle,
L'entendement est chez vous un peu dur.
Je parierais quelque chose, mon brave,
Que vous étiez au fin fond de la cave.
BAPTISTE
Ma foi, monsieur, ne pariez
Pas beaucoup, car vous perdriez.
Un tel soupçon me fait injure.
FOLENCOUR
Oseriez-vous en jurer ?
BAPTISTE
Je le jure.
FOLENCOUR
Tiens, bourre-moi ma pipe et nous allons causer,
Cela pourra peut-être m'amuser.
Dans ce sentier aride et difficile
De l'austère vertu dont nous avons tous deux
Commencé de gravir le côteau raboteux,
Constatons nos progrès et voyons en effet,
Pour nous donner conscience tranquille,
Le chemin que nous avons fait.

BAPTISTE, *soupirant*

Ah ! monsieur !

FOLENCOUR

Quoi donc ?

BAPTISTE

J'imagine
Que vous resterez en chemin
Et n'arriverez pas en haut de la colline.
Cependant je vous tends la main
Et, grimpant, sans que rien m'arrête,
Je m'élance d'un pas gaillard
Et vous vois toujours en retard.
Quand je suis déjà presqu'au faîte,
Monsieur, cela me fait pitié
De vous voir à peine à moitié ;
En vérité, je le déplore.

FOLENCOUR

Mais le gaillard entend très bien la métaphore,
Seulement il se flatte un peu.

BAPTISTE

Soit : mais si peu.

FOLENCOUR

Si peu ! du tout au tout morbleu.
Voyez où la vanité perche ?

BAPTISTE

Pour cela...

FOLENCOUR

C'est assez — Mais dans notre recherche
Mettons un peu d'ordre avant tout.
Je m'en vais procéder par interrogatoire.
Et, pour commencer par un bout,
Prenons de plus haut notre histoire.
Attention.

BAPTISTE

J'y suis.

FOLENCOUR

Depuis combien de temps,
Retirés loin du bruit, du tumulte des villes,
Des plaisirs, des amours, dans ces vallons tranquilles,
Goûtons-nous les douceurs et le calme des champs,
Respirant le bon air, buvant du lait d'ânesse,
Cultivant ce jardin, la pipe et la sagesse ?

BAPTISTE

Ah ! monsieur, que c'est donc bien dit.

FOLENCOUR

Flatteur.

BAPTISTE

Non, vrai, c'est magnifique.

FOLENCOUR

J'ai toujours été poétique.
Réponds.

BAPTISTE

Je crois que vendredi,
Cela fera la sixième semaine
Que nous serons cloîtrés dans ce domaine.

FOLENCOUR

Bien. — Qu'avons-nous juré tous deux,
En nous retirant en ces lieux ?

BAPTISTE

L'avez-vous oublié ?

FOLENCOUR

Réponds sans commentaire ;
Un fidèle valet doit répondre... et se taire.

BAPTISTE

Avant que de quitter Paris,
Nous avons fait serment, si j'ai bonne mémoire,
(Nous l'eussions fait plus tôt, bien nous en aurait pris).
Vous, de ne plus aimer, et moi de ne plus boire.

FOLENCOUR

Très bien. Aussi depuis le jour
Où nous avons adopté ce séjour,
Dans cette enceinte aucune femme
N'a mis le pied, je le proclame.

BAPTISTE

Peste, monsieur, c'est bien certain ;
Vous m'avez assez fort grondé l'autre matin,
Pour avoir, dans votre jardin,
Laissé pénétrer la laitière ;
Et Dieu sait, la pauvre commère,
Si son aspect est séduisant ;
Elle est grosse et rousse, et barbue,
Un peu grêlée, un peu bossue,
Elle a le teint rouge et luisant :
Son cœur est-il volage ? Ah ! je l'ignore,
Mais il n'est guère appétissant. —
Enfin vous le vouliez.

FOLENCOUR

Et je le veux encore.
C'est une femme et ce titre suffit
Pour que mon seuil lui demeure interdit.

BAPTISTE

Pour moi, de mon côté, tout comme une grenouille,
Je m'abreuve tant d'eau que mon ventre en gargouille.

FOLENCOUR

D'où résulte que le progrès
Marche assez bien, je le croirais ;
Que le sentier de la sagesse
Se monte avec quelque prestesse ;
Bien plus qu'il est assez monté que nous puissions
Etre fiers d'avoir su vaincre nos passions.

BAPTISTE

Nous avons fait de la besogne,
Car avouez qu'en étant citadin,
Mon maître, vous étiez un fameux libertin.

FOLENCOUR

Oui, j'en conviens ; et toi, quel fier ivrogne !

BAPTISTE

Oh ! je l'avoue aussi,
Mais c'est bien passé, Dieu merci.

FOLENCOUR

Et chez moi donc, je te le jure,
Oh ! je me souviendrai longtemps de l'aventure
Qui vint le mois passé de ma conversion
Déterminer la résolution.

BAPTISTE

J'en puis dire autant tout de bon.

FOLENCOUR

C'était un ange que Lucile,
Un ange aux cheveux blond doré ;
Quatre mois, comme un imbécile,
Aveuglément je l'adorai.
Je lui trouve, amant de rechange,
Un beau soir, un clerc folichon !...
C'était un serpent que mon ange
Et moi j'étais un cornichon.

BAPTISTE

Et moi cette grande bouteille
Que je trouvai sur le buffet,
Et qui, d'une liqueur vermeille,
Laissait deviner le reflet ;
Par une main trompeuse écrite
L'étiquette dit : Clos-Vougeot...
En l'avalant, je m'ingurgite
Un litre entier d'Eau-de-Botot !

Aussi, cela m'en a dégoûté pour longtemps.

FOLENCOUR

Du Clos-Vougeot ?

BAPTISTE
Surtout de cette eau pour les dents.
FOLENCOUR
Donc, la philosophie a triomphé ; nous sommes,
Mon brave serviteur, les plus parfaits des hommes.
Et ceux aussi qui s'assomment le plus.
BAPTISTE
Il est trop vrai.
FOLENCOUR
D'où je conclus...
BAPTISTE
Ah ! vous avez au bout conclusion, mon maître ?
FOLENCOUR
Sans doute, et je conclus que l'homme ne peut être
Sans vices et sans passions,
Ainsi que le concombre ou que les potirons,
Et qu'il lui faut toujours, la chose est bien certaine,
Quelque petit défaut qui le tienne en haleine ;
Que la philosophie et véritable et saine
Consiste à savoir sagement
Les combattre les uns par les autres. — Vraiment
La chose n'est pas difficile,
En faisant la revue, on peut être tranquille,
Les combattants sauront se présenter,
Car *uno avulso, non deficit alter.*
Ce système est bien préférable
Et mille fois plus agréable
Pour la réforme, et j'ai pensé
Que l'ancien n'était point sensé.

BAPTISTE
Ah ! vous êtes un grand philosophe, mon maître.
FOLENCOUR
D'où je déduis...

BAPTISTE
Encore une déduction ?
FOLENCOUR
Sans nul doute, autrement cela ne saurait être.
D'où je déduis. Attention.
Qu'au lieu de nous entêter d'avantage
Dans les erreurs d'un système peu sage,
Je dirai plus, mauvais, vieilli,
Nous devons mettre l'autre en pratique aujourd'hui :
C'est pourquoi je te fais, Baptiste,
La proposition suivante, qui consiste,
Ce qui, je crois, vaudra bien mieux,
A changer de défauts tous deux.
BAPTISTE
Monsieur, je cherche à vous comprendre.
FOLENCOUR
Troquons parbleu ; je m'en vais prendre
En fait de défauts tous les tiens,
Et je te donnerai les miens.
De notre morale défroque
C'est un échange réciproque
Que je te propose en un mot.
Cela te va-t-il ?
BAPTISTE
Oh ! monsieur y perdrait trop.
FOLENCOUR
En qualité, c'est possible, Baptiste.....
BAPTISTE
Mais en quantité donc, monsieur, en quantité !
FOLENCOUR
Plaît-il ?
BAPTISTE
Voyez : en vérité,
Au lieu de cette longue liste

Des imperfections du sieur de Folencour,
  Vous trouver réduit en ce jour
Aux deux ou trois petits vices de mon Baptiste,
  Avouez que ce serait triste.
Autant vaudrait, mon cher maître, en effet
Continuer de vous en passer tout à fait.

FOLENCOUR

Voyons, faisons un peu ce petit inventaire :
  Tu te fais pauvre, vieux hâbleur,
Ainsi qu'un vieil avare ayant peur du voleur
  Dissimule son sécretaire.

BAPTISTE

  Soit, monsieur, nous allons compter :
  Et ce n'est pas pour vous flatter
Parce que je me trouve être à votre service ;
  Sans vous surfaire d'un seul vice,
  Mais sur sept nommés capitaux,
Vous en possédez bien — oh ! la chose est certaine —
En propriété propre, une demi-douzaine.
  Récapitulons vos défauts :
Vous êtes libertin, orgueilleux et joueur,
Colère, dépensier...

FOLENCOUR

  Toi, paresseux, buveur...

BAPTISTE

Oh ! c'est tout, monsieur, sur l'honneur,
D'autres défauts je n'ai pas connaissance ;
  Vous voyez si ma conscience
Ne permet d'accepter un semblable marché
Qui, plus tard, comme un vol, me serait reproché.

FOLENCOUR

Mais le maraud calcule avec quelque prudence.
Bah ! je suis généreux et je me laisse aller,

Tu sais que je ne suis pas chiche,
Et, puisque je suis le plus riche,
Je te permets de me voler.

BAPTISTE

Ce n'est pas tout, monsieur, je crains,
Pour être franc plus que bien d'autres,
Qu'après m'avoir pris les deux miens
Vous ne conserviez les six vôtres.

POLENCOUR

De ton maître, coquin, je croi,
Tu suspectes la bonne foi.

BAPTISTE

Ah ! monsieur, le ciel m'en préserve,
Mais tenez, à présent j'observe
Une autre chose à ce sujet
Qui rend impraticable, hélas ! ce beau projet :
Vous me proposez un échange
De ce que je n'ai plus en ma possession,
Depuis qu'en son triomphe étrange
La philosophie a vaincu la passion.

POLENCOUR

Décidément tu tiens à ton idée.
Tu crois donc ton progrès plus réel que le mien ?
Tu te crois donc guéri, quand mon âme obsédée
Est bien malade encore et ne s'avance en rien ?
Peste, mais vous n'avez pas de votre prudence
Mauvaise opinion, je vois, monsieur le fat.

BAPTISTE

Mettons que vous soyez même en convalescence ;
C'est un état fort délicat.

POLENCOUR

Mais voyons, suis-je donc encor tombé, morbleu !
Dans le défaut, par exemple, du jeu ?

BAPTISTE

Et bien, soyez sincère, je vous prie,
Est-ce depuis longtemps que ce jeune monsieur
Ne vient plus chaque soir faire votre partie?
Et Dieu sait quelle étrange ardeur
Vous mettiez chaque jour à gagner de la sorte
A ce pauvre voisin quelques louis.

FOLENCOUR

N'importe,
Tu sais bien que depuis huit jours
Je lui fais défendre ma porte.
Contre ce défaut-là qui me tenait toujours,
Grâce à lui, ma vertu n'était pas la plus forte :
Obstacle à mon salut, je l'ai vite écarté.

BAPTISTE

Encore un peu d'effort dans la sincérité,
Mon maître, avouez donc la chose,
Est-ce bien là la véritable cause
Qui vous fit rompre avec ce voisin-là si tôt?
Et ne serait-ce pas plutôt
Qu'il vous a confié qu'à cette jeune belle
Qu'à son balcon nous voyons chaque jour
Il osait faire un peu la cour?

FOLENCOUR

Mais vraiment, le drôle se mêle
De pénétration; depuis quand?

BAPTISTE

Mais depuis,
Monsieur, que, grâce à vous, je suis
Initié dans la philosophie.
Et tenez, puisque nous voilà
Sur nos voisins et sur nos défauts, je vous prie,
Nierez-vous donc que de côté là,

Lorsqu'elle était à sa fenêtre,
Vous n'avez regardé, mon maître,
Bien souvent et bien longuement
Et même aussi bien tendrement?

FOLENCOUR

A son balcon, pourquoi demeurait-elle?

BAPTISTE

Eh! je crois que c'était pour cela justement.

FOLENCOUR

Qu'importe d'ailleurs; à la belle
Ai-je parlé jamais? m'as-tu vu faire enfin
La moindre démarche auprès d'elle?

BAPTISTE

Pas encore, monsieur, mais je parierais bien
Qu'elle a tourné votre cervelle,
Que vous êtes amoureux fou,
Et qu'il ne faudrait pas beaucoup
Vous pousser pour vous voir envoyer au grand diable
La philosophie admirable
Qu'en cet instant vous me prêchiez encor.

FOLENCOUR

Tu fais erreur, je suis plus fort
Que tu me crois; tu me mesures
A ta toise et c'est là ton tort.
Je vois pourquoi tu te figures
Que j'ai si mal vaincu mes passions,
Car, malgré tes prétentions
D'être en avance sur ton maître,
Je suis sûr que tu t'es, mon traître,
Permis maintes infractions
Depuis que la réforme est chez nous décidée.
Et que mainte bouteille était par toi vidée.

BAPTISTE

Je no suis pas beaucoup plus fort que vous
Et je puis l'avouer sans honte ;
Si pourtant j'ai bu quelques coups,
Je suis toujours en avance à mon compte,
Car, croyez-moi, ce n'est jamais
Que les jours où je remarquais
De vous quelque œillade assassine
Lancée à la maison voisine ;
Sans votre exemple, oh ! je vous le promets,
Je n'eusse trébuché jamais, au grand jamais.

FOLENCOUR

Morbleu voilà deux jours passés
Que je n'ai vu paraître
Notre voisine à sa fenêtre.

BAPTISTE

Ce dont vous enragez assez.
Aussi, vous pouvez bien m'en croire,
Voilà deux jours entiers que j'ai passés sans boire.

FOLENCOUR

A la bonne heure. Et bien donc je conclus
Que nous ne nous trouvons pas plus
L'un que l'autre avancé dans cette noble voie
Que nous avions tentée avec ardeur et joie ;
Et j'en reviens à mon idée :
Puisque nous ne pouvons, la chose est décidée,
Ainsi tout d'un coup nous passer
D'avoir quelque petit défaut à caresser,
Pour nous charmer et nous distraire,
Prends les miens, donne-moi les tiens,
Et lorsque de cette manière
Nous aurons chassé les anciens,
Extirper les nouveaux nous semblera moins rude

N'en ayant pas encor grande habitude.
Par ce moyen ingénieux
A la réforme entière on arrivera mieux.

BAPTISTE

Du moment que monsieur y tient,
Pour ma part j'y consens fort bien,
Et d'autant plus que je commence
A voir qu'il a raison dans cette circonstance.

FOLENCOUR

En aurais-tu douté par hasard une fois?

BAPTISTE

Une fois, non monsieur, mille fois, au contraire....

FOLENCOUR

Plaît-il?

BAPTISTE

J'ai remarqué votre judiciaire.

FOLENCOUR

Eh! bien donc commençons, sans plus tarder ; j'espère
Qu'un projet aussi beau ne veut pas de délais.

BAPTISTE

C'est aussi mon avis, certainement oui ; mais
Seulement je cherche à comprendre
Comment nous allons nous y prendre.

FOLENCOUR

C'est bien aisé ; descends dans le caveau,
Va me chercher un flacon de Bourgogne,
Du vieux et du meilleur tonneau.

BAPTISTE

J'entends, du cachet vert.

FOLENCOUR

Ivrogne,
Je m'en rapporte à toi, c'est le meilleur
Si c'est celui que tu préfères.

BAPTISTE

Ivrogne, je l'étais autrefois, mais, monsieur,
A dater de ce jour, mes serments sont sincères,
    Je ne boirai plus votre vin,
  Je ne suis plus qu'un petit libertin.   *(Il sort).*

SCÈNE III

FOLENCOUR, *seul.*

    Ah ! par la corbleu, je m'étonne
Qu'une idée aussi simple et pourtant aussi bonne
    Me soit venue aussi tard ; car enfin
    Je vois que c'est le seul moyen
    De l'oublier, la belle jeune fille,
A mon pauvre horizon seule étoile qui brille
    Et que le diable, en sa malignité,
Semble avoir mise exprès en contiguité
    Avec cet austère ermitage,
Où je viens m'enfermer faisant vœu d'être sage.
J'avais songé d'abord à cet autre moyen :
J'aurais fait exhausser notre mur mitoyen
De vingt ou trente pieds. Mais ce projet, je pense,
    Etait d'abord d'une grande dépense ;
    Et puis bornait mon horizon,
Assez étroit déjà, bien plus que de raison ;
    De plus pouvait encor paraître
Brutal à ma voisine en murant sa fenêtre ;
    Enfin m'exposait pour le moins
  A des procès avec plusieurs voisins.
    L'imagination nouvelle
    Qu'enfante aujourd'hui ma cervelle

Vaut cent fois mieux : terrassons donc
Par Bacchus le dieu Cupidon ;
Et je suis curieux de voir comment cet âne
De Baptiste, qui croit tous ses défauts vaincus,
Combattra, comme il s'y condamne,
Par Cupidon son dieu Bacchus.

SCÈNE IV

FOLENCOUR, BAPTISTE

BAPTISTE, *apportant une bouteille et un verre.*
Voici le vieux Mâcon. Je crois que du Tokai
N'est pas meilleur ; vous verrez quel bouquet.
FOLENCOUR
Il paraît que tu l'apprécies.
BAPTISTE
Au temps de mes erreurs, oui monsieur, il est vrai :
Mais à présent elles sont bien finies,
Je l'ai juré.
FOLENCOUR
Mais un peu tard.
Tu me fais l'effet d'un gaillard
Assez présomptueux ; il me vient à cette heure
Une autre idée encor meilleure
BAPTISTE
Ce que c'est pour former l'imagination
Que la retraite avec la méditation,
Jamais vous n'avez eu l'esprit aussi fertile.
FOLENCOUR
J'étais donc, selon toi, jadis, un imbécile ?

BAPTISTE

Oh ! monsieur !

FOLENCOUR

Je veux faire avec toi ce pari...

BAPTISTE

Un pari?

FOLENCOUR

Vraiment oui :
Que malgré la sagesse et la ferme constance
Dont tu te vantes à mes yeux ;
Malgré l'abandon généreux,
Que j'ai fait sans hésiter,
De cinq ou six défauts, dont, sur ma conscience,
Un honnête homme peut fort bien se contenter,
Nous te verrons encor retomber sans nul doute
Dans ton vieux péché favori
Avant que je ne fasse un seul faux pas en route.

BAPTISTE

Vous vous trompez.

FOLENCOUR

Et bien, accepte le pari,

BAPTISTE

J'y consens, mais je me sens un scrupule,

FOLENCOUR

Et lequel ?

BAPTISTE

Je vous vole, étant bien sûr de moi.

FOLENCOUR

Vraiment? quel aplomb ridicule !
Je te parie un mois de tes gages.

BAPTISTE

Bon, soit ;
Deux louis, très bien. Contre quoi?

FOLENCOUR

Mais contre deux louis, parbleu, la chose est claire.

BAPTISTE
Entendons-nous bien, au contraire :
Les enjeux ne sont pas égaux
En arrangeant le pari de la sorte ;
Deux louis, la somme est bien forte
Pour un pauvre garçon qui vit de ses travaux.
C'est tout ce qu'en un mois je gagne par mon zèle,
Trente jours de sueurs et de privation,
Et, pour vous, deux louis sont une bagatelle
Bien peu digne d'attention.
Or, pour équilibrer la chance,
Il faut, et j'en suis sûr, vous l'avez reconnu,
Que vous mettiez dans la balance
Un mois de votre revenu.

FOLENCOUR
Peste ! rien qu'un mois de ma rente,
Car c'est bien là ce que tu dis,
Soit cent vingt-cinq à cent trente louis
Environ ?

BAPTISTE
Oui, mettons cent trente,

FOLENCOUR
Contre deux, le coquin, je pense, avait caché,
Dans notre affaire précédente,
La cupidité pour gagner sur le marché.

BAPTISTE
C'est là le seul moyen d'égaliser la chance.

FOLENCOUR
Je vois qu'en cette circonstance
Tu n'es pas aussi sot qu'ivrogne et bien d'accord,
C'est donc deux beaux louis que tu perdras, écoute,
Si de vin ou liqueur la plus petite goutte
Avec ta lèvre avide a le moindre rapport.

Et moi, de mon côté, si près de fille ou femme
Je fais le moindre pas ; à l'instant, sur mon âme,
Je te compte, mon cher, et point ne m'en dédis,
En bel or monnayé les cent vingt-cinq louis.
   La somme est pourtant un peu forte.

BAPTISTE

Vous aviez dit, je crois, cent trente, mais n'importe,
Va pour les cent vingt-cinq.

FOLENCOUR

     Est-ce entendu ?

BAPTISTE

        Juré,
 Et maintenant, à votre gré,
Pourvu que vous n'alliez courtiser nulle belle,
Vous pouvez vous griser, ce sera fort bien vu.

FOLENCOUR

Et moi, sur tous les cœurs, à mon serment fidèle,
Je te cède le droit de conquête, pourvu
  Que tu ne boives plus enfin.

BAPTISTE

 J'ai juré, vous pouvez m'en croire.

FOLENCOUR

 Et maintenant, Baptiste, à boire,
  Allons, verse-moi ce vieux vin.

(Il boit pendant que Baptiste le regarde avec envie, et montrant ses désirs mal contenus par ses gestes).

   Bacchus, dit-on, jusqu'à ce jour
   Fit bon ménage avec l'amour,
    Je les mets en querelle,
   L'aimable et grand dieu du tonneau
   N'a pas besoin d'un jouvenceau
    Qui tette à la mammelle.
    Et tin, tin, tin,
    Verse, Baptiste,
   Près d'un joyeux vin,
   L'amour est morne et triste.

Vénus, pauvre divinité,
Tu me fais peine en vérité,
 Trouvée au sein de l'onde.
Mieux que toi, son thyrse à la main,
Le gros Silène avec du vin
 Sait réjouir le monde.
   Et tin, tin, tin,
    Verse, Baptiste,
   Près d'un joyeux vin,
 L'amour est morne et triste.

L'enfant qui trouble le repos
Donne moins de biens que de maux,
 Petit marmot indigne !
Quand ses traits nous causent la mort,
Qui ressuscite ? un rouge bord !
 Aussi, vive la vigne !
   Et tin, tin, tin,
    Verse, Baptiste,
   Près d'un joyeux vin,
 L'amour est morne et triste.

FOLENCOUR

Mais ce Mâcon est un nectar,
Tu n'as pas mauvais goût, pendard. (On entend sonner)
Va donc voir qui sonne à la grille.

BAPTISTE, *va et revient.*

Oh ! monsieur, une jeune fille.

FOLENCOUR

Qu'elle n'entre pas, ventrebleu,
Tu sais que tout son sexe est banni de ce lieu.

BAPTISTE, *même jeu.*

Monsieur, elle apporte une lettre
 Qu'à vous-même elle veut remettre ;
 Le seul obstacle que j'y vois
C'est qu'elle porte aussi le plus charmant minois,
Et quand je pense à la pauvre laitière
 Qui vous mit si fort en colère.

FOLENCOUR

Quoi, malheureux, elle est charmante, m'as-tu dit?
Va, réponds que je suis sorti.
Une jeune fille charmante
Qui par-dessus le vieux Bourgogne se présente ;
Et mes cent-vingt louis d'enjeu !

BAPTISTE, *même jeu.*

Mais, monsieur, toujours elle insiste.

FOLENCOUR

Quel maladroit que ce Baptiste !
Je suis sorti par la corbleu !

BAPTISTE, *à la grille.*

Mademoiselle, eh ! pour l'amour de Dieu.
Puisque je vous dis que mon maître...

FOLENCOUR, *criant.*

Je n'y suis pas.

BAPTISTE

Tenez, peut être
L'en croirez-vous si vous doutez de moi,
Il le crie assez fort ma foi.

ROSINE, *à la cantonnade.*

Vous n'êtes pas galant, monsieur Baptiste,
Depuis une heure que j'insiste,
Quoi sans honte vous me tenez,
Brutalement, la porte sur le nez.
Vous ne reconnaissez donc pas votre voisine ?

BAPTISTE

Ah ! si fait maintenent, parbleu très bien, Rosine.
Attendez, je n'ai pas cette clef sur moi, mais
Je reviens à l'instant ouvrir je vous promets.

ROSINE

Bien, faites que je parle à monsieur en personne,
Puisque c'est là ce qu'on m'ordonne.

FOLENCOUR

La voudrait-il faire entrer par hasard
Pour gagner son pari, le trop rusé pendard?

BAPTISTE, *revenant*

Monsieur, je ne sais pas si c'est que ça se gagne,
Mais voilà mon esprit qui se met en campagne.
Il me vient une idée aussi.

FOLENCOUR

Bon voyons-la,
Quelle idée ici t'est venue?
Elle doit être saugrenue.

BAPTISTE

Pas trop. Nous avons fait un pari...

FOLENCOUR

C'est cela,
Tu crains d'avoir perdu.

BAPTISTE

Je suis sûr du contraire.

FOLENCOUR

Quel toupet !

BAPTISTE

Mais vous êtes là
A savourer le Bourgogne à plein verre;
Quelles tentations vous me causez enfin
En vous voyant déguster ce vieux vin.

FOLENCOUR

Ah! philosophe !

BAPTISTE

Oh! mais je les surmonte,
Je les dompte, monsieur; seulement, à ce compte,
C'est donc péril, combat pour moi,
Avec quelle énergie il faut que je résiste;
Tandis que vous, de bonne foi...

ROSINE, *à la cantonnade*
M'ouvrirez-vous, monsieur Baptiste?
BAPTISTE
Je cherche cette clef, patience un moment.
FOLENCOUR
Bon, j'ai compris, tu peux présentement
    Introduire cette jeunesse
    Pour mettre en danger ma sagesse.
    Je t'en donne permission,
    Va, tu peux en ces lieux l'admettre.
    Ici tu vas voir en ton maître
    Une seconde édition
    Du sage et du grand Scipion.

(*Baptiste court ouvrir*).

SCÈNE V

FOLENCOUR, BAPTISTE, ROSINE.

ROSINE, *entrant*.
Ce n'est pas malheureux, merci de votre zèle.
(à Folencour)
    Je pense que c'est à Monsieur
    De Folencour que j'ai l'honneur...
FOLENCOUR
    Adressez-vous à mon valet,
    Moi je ne parle à nulle femme.
ROSINE
    C'est à vous-même, s'il vous plaît,
    Que j'ai l'ordre exprès de madame....

POLENCOUR

Assez. Baptiste, vois un peu
Ce que la jeune fille veut.

(Il chante)   Chantons,
Buvons
Du soir jusqu'au matin,
Buvons,
Vivons
Toujours le verre en main.
Buvons, buvons.

ROSINE, *à Baptiste*

Ce jeune homme si comme il faut
Est donc ivrogne? ah, fi! quel ignoble défaut
De valet,

BAPTISTE

Je crois bien, il me l'a pris, ma chère.
Mais il ne l'était pas naguère,
Cela vient de lui prendre aujourd'hui seulement.

ROSINE

Si c'est ainsi, tant mieux vraiment,
Car ce n'est pas encore un vice d'habitude.
Mais est-il vrai qu'il soit si rude
De ne jamais parler aux femmes?

BAPTISTE

Vraiment oui.

(à part)

Et toujours depuis aujourd'hui.

ROSINE

Tant mieux encor.

BAPTISTE

Tant mieux, coquette,
Parce que je lui sers moi-même d'interprète
Auprès de ton sexe charmant.

ROSINE
Ma foi non, ce n'est pas, mon cher, assurément
　　Ce qui fait qu'on s'en félicite.

BAPTISTE
　Ce n'est pourtant pas à vous, ma petite,
A vous en plaindre : ah ! si vous saviez en ce jour
Depuis combien de temps pour vous je meurs d'amour.

ROSINE
Et depuis tout ce temps, vous n'êtes pas encor,
　　Je le vois bien, tout à fait mort.

BAPTISTE
　Vos yeux fripons me rendent à la vie
　　Et suspendent mon agonie
　　Dont ils sont cause cependant.

ROSINE
　　Mais vous devenez donc galant !
　　Depuis bientôt près de deux mois
　　Que nous demeurons porte à porte,
　　Vous avez, mon cher, fait en sorte
Que je m'en aperçois pour la première fois.

BAPTISTE
　　Sans difficulté je vous crois.
　　　　(à part)
　　C'est toujours depuis aujourd'hui.
　　　　(haut)
　　Et bien pour réparer la perte
　　De ce temps qui si vite a fui,
　　Pour cette belle découverte,
　　Un baiser ?

ROSINE
　　　　Oh ! non pas.

BAPTISTE
　　　　　　　Eh ! quoi

Sans pitié pour flamme si belle,
Vous me le refusez, cruelle ?
ROSINE
Et tout net.
BAPTISTE
Je le prends ma foi. *(Il l'embrasse).*
FOLENCOUR, *à part.*
Mais le gaillard mord à la chose.
ROSINE
Oh ! c'est trop fort, comment il ose...
(à Folencour)
Monsieur, monsieur.
FOLENCOUR
Adressez-vous
A mon valet et laissez-nous.
ROSINE
Ah ! quel original ! Mais laissez-moi remettre
Entre vos mains seulement cette lettre,
Et répondez, qu'enfin je parte s'il vous plaît.
FOLENCOUR
Prends, Baptiste.
BAPTISTE
Donnez, donnez-moi le poulet,
Mais ne vous sauvez pas si vite,
Je ne saurais le souffrir, ma petite.
ROSINE
Par exemple !
BAPTISTE
Un instant, je veux
Vous entretenir de mes feux.

Si de l'amour, ma chère,
Tu savais la douceur
Tu répondrais, j'espère,
A ma sincère ardeur.

Quand mon cœur qui palpite
Soulève mon gilet,
Le tien doit, ma petite,
Chanter sous ton corset.

Refrain en trio. — (Voir plus loin).

Aimons,
Cédons
A cet instinct heureux,
Je veux,
A deux,
Goûter bonheur des cieux.
Aimons, aimons.

ROSINE

En voyant tant d'audace
Je puis m'embarrasser ;
Que faut-il que je fasse ?
Dois-je me courroucer ?
Faut-il me laisser prendre
A vos propos si doux,
Etre sensible et tendre ?
Ou bien... rire de vous ?

(Refrain en trio).

ENSEMBLE

FOLENCOUR	BAPTISTE	ROSINE
Buvons,	Aimons,	Aimons,
Chantons	Cédons	Cédons
Du soir jusqu'au matin.	A cet instinct heureux.	A cet instinct heureux.
Buvons,	Je veux	Je veux,
Vivons	A deux	Mon vieux,
Toujours le verre en main.	Goûter bonheur des cieux.	Un plus bel amoureux.
Buvons, buvons.	Aimons, aimons.	Aimons, aimons.

ROSINE

Puisqu'on ne peut obtenir un seul mot
De ton maître, dis-lui d'envoyer au plus tôt
A ma maîtresse sa réponse,
A la remporter je renonce.

BAPTISTE

Tu fuis, charmante.

ROSINE

Adieu, monsieur le sot. *(Elle sort.)*

SCÈNE VI

FOLENCOUR, BAPTISTE

FOLENCOUR
Mais dis-moi donc, tu vas bien, animal.
BAPTISTE
Pour quelqu'un qui n'a pas l'habitude, j'espère
Que ce début n'est pas trop mal.
FOLENCOUR
Mais comment donc, parfait, admirable au contraire.
Que peut-on me vouloir? donne-moi ce billet.
BAPTISTE
Voilà. Je ne saurais le comprendre en effet,
A moins que la voisine, aimable et sans rancune,
Prenant pitié de vous, ici vous envoie une
Déclaration, ça s'est vu.
FOLENCOUR
Quoi, cette jeune fille est donc, mon cher Baptiste,
De la maison d'à côté, penses-tu?
BAPTISTE
Mais c'est la propre camériste
De votre belle blonde à l'œil limpide et bleu.
FOLENCOUR
Ah! voilà qui m'intrigue au dernier point, morbleu.

BAPTISTE

Ce billet, monsieur, ne m'augure,
En vérité je vous le dis,
Rien de fameux, je vous assure,
Pour vos jolis petits louis.

FOLENCOUR

Tu douterais de ma constance,
Maraud, dans cette circonstance.
D'ailleurs, que peut-on me vouloir ?
Lisons, nous allons le savoir,
Quelqu'affaire de voisinage :
On réclame un droit de passage
Dans mon enclos peut-être, ou bien
Des réparations au vieux mur mitoyen ;
Ou quelqu'autre chose pressante
Egalement intéressante.
Quoi qu'il en soit, buvons un coup encor,
Ce vieux vin me rendra plus fort,
Tentations de toute espèce
Se briseront sur ma sagesse.
Maintenant, rompons le cachet
Et voyons si Satan se cache en ce billet *(il lit)*

Monsieur, j'aurais pu ne pas remarquer que vos regards constamment dirigés vers notre maison retenaient ma nièce à son balcon plus longtemps et l'y attiraient plus souvent que par le passé ; les lettres que vous avez fait parvenir à ma chère Blanche auraient encore pu tromper ma vigilance...

BAPTISTE

Ah ! ah ! vous ne m'aviez pas dit,
Monsieur, que vous eussiez écrit.

FOLENCOUR

Moi, jamais ; cette tante est sotte,
Assurément, elle radote *(il lit)*

... Ma vigilance. Mais une sollicitude maternelle m'a appris depuis son berceau à lire jusqu'au fond de son cœur. Du reste, elle n'a pas cherché à rien me cacher ; elle m'a avoué et j'ai reconnu, non sans effroi d'abord, la vive impression que vous avez faite sur cette imagination jeune et ardente...

 Allons, Baptiste, encore un verre
 De cette liqueur salutaire ;
 Verse plein, tout plein, animal.

BAPTISTE

 Diable, est-ce donc que cela va plus mal ?

FOLENCOUR, *lit*

Je puis vous faire cet aveu avec franchise parce que je vous crois galant homme et incapable d'en abuser...

 Elle a raison quant à cela vraiment.

BAPTISTE

 Parfaitement, monsieur, parfaitement :
 Vous, abuser de la faiblesse
 D'une jeune fille, ah ! bien oui.
 Bon autrefois, mais aujourd'hui,
 S'il s'agissait, je le confesse,
 D'une barrique de vieux vin
 Je ne répondrais plus de rien.
  (à part).
 Mes actions montent bel et bien.

FOLENCOUR, *lit*

J'ai lu toutes vos lettres...

 Encor ! c'est à n'y rien comprendre en vérité.
 Moi qui n'ai pas écrit en deux mois une ligne :
  Et j'en suis bien sûr, à tel signe,
 Que nous n'avons, je crois, même pas apporté
 Une plume en ces lieux parmi toutes nos nippes.

BAPTISTE
Oh ! si, monsieur : une seule, il est vrai.
FOLENCOUR
Je ne croyais même pas.
BAPTISTE
Oh ! si fait :
C'est celle qui nous sert à débourrer les pipes.
FOLENCOUR
C'est juste — Poursuivons, car en réalité
Voilà qui pique au vif ma curiosité. *(Il lit)*

J'ai lu toutes vos lettres. J'ai cru y voir se dévoiler un cœur honnête et une inclination véritable. Si, en effet, vos intentions sont pures, rendez le repos à cette chère enfant, venez me trouver, et je serai heureuse de bénir une union.....

Ciel ! que vois-je ?
BAPTISTE
Ah ! monsieur, une union. Vraiment ?
(à part)
Fichtre ! mes actions regrimpent joliment.
FOLENCOUR, *lit*

Une union que je crois capable d'assurer notre bonheur à tous trois. Ma fille d'adoption est digne de vous par sa naissance, sa fortune, et plus encore par ses qualités ; et je sais que vous êtes digne d'elle. Les informations que j'ai prises m'ont appris que vous êtes un jeune homme honnête, sage, rangé, n'ayant aucun mauvais penchant...

BAPTISTE
Oh ! n'ayant plus, veut-elle dire.
FOLENCOUR
Tais-toi, butor, laisse-moi lire.
BAPTISTE
Merci, monsieur, merci. *(à part)* Butor !
Allons, j'achèterai du Nord.

FOLENCOUR, *lit*

Vous êtes gentilhomme et galant homme. Si vous n'avez cherché qu'une distraction frivole et passagère, sans songer que vous pouviez détruire le repos d'une pauvre et innocente enfant digne de plus de respect et d'estime, vous comprenez que je devrai l'emmener loin de ces lieux, et la soustraire, au plus vite, aux dangers qu'une impardonnable étourderie de votre part lui aurait fait courir. Je ne doute pas, monsieur, qu'appréciant les motifs qui m'ont déterminée, à l'insu de ma chère Blanche, à une démarche aussi délicate, vous ne tiriez, par une prompte réponse, de l'anxiété dans laquelle vous l'avez plongée une tendre mère qui vous prie d'agréer... et cœtera...

RAYMONDE DE MONTMÉNIL.

Je n'y comprends rien.

BAPTISTE

Moi, tout ce que j'y comprend...

FOLENCOUR

Voyons, monsieur le pénétrant ?

BAPTISTE

C'est que ça m'a bien l'air
De n'être pas très clair

FOLENCOUR

Imbécile !

BAPTISTE, *à part*.

Et que ses louis
Sont malades, à mon avis.

FOLENCOUR

Et c'est signé Raymonde
De Montménil, beau nom. Et Blanche, nom charmant,
Le plus charmant du monde,
Et qui m'eût infailliblement
Enflammé d'une ardeur encor dix fois plus forte
Pour l'aimable objet qui le porte
Si je l'avais connu dans le premier moment.
Ah ! tiens, un *post-scriptum*.

BAPTISTE

Ah ! voilà, dès l'instant
Qu'on met un *post-scriptum*, tout s'explique à présent.

FOLENCOUR, *lit*

Post-Scriptum. — Je signe mon nom, comme vous voyez ; je trouve qu'il eût été plus digne et plus délicat de votre part d'en faire autant, quoique vous sachant d'ailleurs suffisamment deviné, et de ne pas garder l'anonyme. Mais vous devez voir que je ne vous garde pas rancune de cet enfantillage.

L'anonyme ? Baptiste, un trait !

BAPTISTE

Vous voulez boire ?

(à part).
Baisse.

FOLENCOUR
Et non pas, un trait de lumière, animal.

BAPTISTE
C'est différent monsieur,

(à part).
Hausse alors, je dois croire
Que mon enjeu ne se porte pas mal.

FOLENCOUR
Oh ! mais c'est cela, pas de doute.

BAPTISTE
Ce ne pouvait pas être autre chose, parbleu.

FOLENCOUR
Quoi ?

BAPTISTE
Je ne sais, c'est vous qui le dites.

FOLENCOUR
Ecoute.
Je crois que j'ai le fil et que je tiens le mot
De ce léger imbroglio.
Oh ! par exemple, elle serait bien bonne !

BAPTISTE
Elle serait excellente, en effet.

FOLENCOUR
Tu comprends donc ?

BAPTISTE
Pas tout à fait.

FOLENCOUR
Tous ces billets dont on me donne
Et les honneurs et les profits
Sont de notre voisin qui les a tous écrits ;
Et la nièce et la tante ont si bien pris le change
Que c'est à moi qu'on y répond. — Pauvre ange !

FOLENCOUR
La tante ?

FOLENCOUR
Eh ! non, la nièce, affreux crétin,
Elle enfin, la toute charmante,
L'adorable et la ravissante,
La douce Blanche à l'œil mutin ;
Et qui m'aime à présent, Baptiste, qui m'adore,
Qu'un autre a su rendre folle de moi.

BAPTISTE, *à part.*
Mes actions, ça monte-t-il encore !

FOLENCOUR
Dire pourtant que je ne doi
Tout cela qu'à la pauvre prose
De mon rival ! parbleu la chose
Est parfaite, charmante ; oh ! parole d'honneur.
J'en mourrais bien de rire de bon cœur,
Si je n'en mourais de bonheur.

BAPTISTE
De bonne heure ! oh ! monsieur, montrez-vous moins sen-
Mourez-en le plus tard possible.   [sible,
(*à part*)   J'achèterai du Grand Central.

FOLENCOUR

Tu fais des calembourgs à présent, c'est égal,
La félicité qui m'inonde
Ne permet pas que je te gronde,
Je vois aujourd'hui tout au monde
Couleur de rose ou bleu de ciel
Tu me parais presque spirituel.

BAPTISTE

Monsieur ne boit plus ?

FOLENCOUR

Non : je te donne, mon brave,
Le fond de la bouteille et celui de la cave.
Si tu veux — Donnne-moi des gants et mon chapeau.

BAPTISTE

Ah ! d'y toucher, que le ciel me préserve.

FOLENCOUR

Le trait de ta part est trop beau :
Depuis quand donc as-tu tant de réserve ?

BAPTISTE

Peste, monsieur, du vin à deux louis,
C'est trop cher pour ma pauvre bourse ;
Je serais bientôt sans ressource
A me rafraîchir à ce prix.

FOLENCOUR

Puisque je te le donne et viens de te le dire.

BAPTISTE

Sans doute, alors, monsieur veut rire,
Monsieur a bien le droit, puisque cela lui plaît,
De rire à mes dépens, car je suis son valet.

FOLENCOUR

Mais veux-tu donc, bélitre, abrutissant sauvage,
Que je te jette enfin ce liquide au visage ;
Car c'est trop agaçant.

7

BAPTISTE

Que dites-vous, ô ciel !
Ne faites pas cela, ce serait trop cruel.
Au visage, monsieur ! vous seriez si farouche ?
Il n'aurait qu'à m'entrer des gouttes dans la bouche !

FOLENCOUR

Ah ça ! voyons, lequel de nous deux devient fou ?

BAPTISTE

Ce n'est pas moi, monsieur : Je boirai tout mon saoûl
Dans quelques instants sans rien craindre,
J'aurai gagné du même coup
Cent vingt-cinq beaux louis ; je puis bien me contraindre.
Pour ce joli denier, un tout petit moment.

FOLENCOUR, *à part*

Le gaillard a raison ; le bonheur qui m'inonde
M'avait fait oublier tout à fait maintenant
Ce pari saugrenu. C'est que la somme est ronde.
Ah ! le drôle, parbleu, ne l'aura pas enfin.

(haut).

Allons, tu te montres plus fin
Que je ne croyais, l'avoûrai-je,
Tu n'as pas donné dans le piège.
Mais conviens que tu t'es bien cru, quoique subtil,
Sur le point de gagner ce beau pari ?

BAPTISTE, *surpris*

Plaît-il ?

FOLENCOUR

Confesse qu'un instant tu t'es mis à penser
Que, transporté, j'allais sur le champ m'empresser
De courir, de voler chez l'aimable voisine
Me prosterner aux pieds de sa beauté divine,
Me rouler aux genoux de la tante ; en un mot,
Implorer un hymen qu'on ne m'offre que trop.

BAPTISTE

Ma foi, monsieur...
               (à part).
      Eh ! mais, mais, baisserais-je ?
J'en ai grand peur, Dieu me protège.

FOLENCOUR

Eh ! c'était une charge. Allons, tu n'es pas fort ;
Est-ce qu'une bouteille, est-ce qu'un rouge bord
Ne donnent pas bien mieux ce bonheur que l'on rêve
Que la plus séduisante au moins des filles d'Eve ?
Mais tu ne vois donc pas que je suis devenu
Le plus fieffé buveur qu'on ait jamais connu ?
    Allons, Baptiste, à boire encore,
    Voilà la beauté que j'adore ! *(montrant la bouteille)*

BAPTISTE, *à part*

Dégringolade, ah ! sapristi !

FOLENCOUR, *son verre à la main*

    Tiens, regarde un peu, mon ami,
    Ce rubis éclatant qui brille :
    Plus qu'un regard de jeune fille
    Il séduit l'œil par sa couleur ;
    Ensuite au palais qu'il embaume
    Porte un délicieux arôme ;
Et puis va caresser l'estomac du buveur
Comme le doux contact d'une étoffe de soie ;
    Enfin au cerveau lui renvoie
Ivresse, volupté, gaîté, plaisir, bonheur !
    Verse, Baptiste, encor, toujours ;
    Trinquons, mon vieux, à tes amours.

BAPTISTE

Au vin j'ai renoncé, la chose est bien certaine.

FOLENCOUR

Je le sais bien ; mais prends ce nectar de fontaine,

Verse-le dans ta coupe à pleins bords, mon garçon,
Bois à longs traits, fais-moi raison.

BAPTISTE, *buvant.*

Ah ! que c'est froid !

FOLENCOUR

Encore, encore, je te prie ;
A tes succès, à ta santé,
Et puis à la philosophie,
Qui, je le vois, t'a profité.

BAPTISTE

Vous voulez me griser, monsieur, je le parie.

FOLENCOUR

A la bonne heure, il prend bien la plaisanterie.
Allons, encore un dernier coup,
Et puis après ce sera tout (*il lui verse du vin*).

BAPTISTE

Prenez garde, monsieur, vous vous trompez de verre.

FOLENCOUR

(à part)

C'est vrai. Ce brigand là ne se laisse pas faire,
Il est encore plus intéressé, je vois,
Qu'il n'était ivrogne autrefois.

BAPTISTE

Après avoir rincé et longuement essuyé son verre, le remplit d'eau.

(à part)

De l'eau, très bien, merci monsieur. Ah ! mon cher maître
En tient plus qu'il ne veut me le laisser paraître
Pour la voisine, et tâche un peu
De ne pas perdre son enjeu.

(haut)

L'eau, voyez-vous, est un charmant breuvage,
Qu'on apprécie à pratiquer ;
J'y découvre maint avantage,

FOLENCOUR

Vraiment ? lesquels ?

BAPTISTE

Je vais vous les communiquer.

Ce liquide innocent
Dont je remplis mon verre,
Quand il me désaltère,
N'échauffe pas mon sang.
Sans crainte, on peut m'en croire,
De troubler mon cerveau,
A ma soif, je puis boire
 De l'eau.

Je sais qu'on vante encor
Dans le jus de la treille
Cette couleur vermeille
De la pourpre ou de l'or ;
L'eau m'offre l'apparence
Du diamant !... Ergo :
Donnons la préférence
 A l'eau.

Combien j'en vis hélas !
Des amants de la tonne,
Ne trouvant pas l'eau bonne,
Se brûler le lampas ;
Hébétés, triste histoire,
Roulant dans le ruisseau,
En revenir à boire
 De l'eau.

FOLENCOUR

Décidément, je renonce ma foi
A tenir tête à buveur tel que toi.

BAPTISTE

Pour vos débuts dans cet aimable vice,
Vous vous en acquittez très convenablement,
Et quand vous serez moins novice,
Vous me distancerez, monsieur, certainement.

FOLENCOUR

Je ne suis pas encor de la force pourtant
De ceux qui, m'a-t-on dit, (c'est difficile à croire,
Et je dois ajouter que j'en doute beaucoup)
    Sans aucun effort peuvent boire,
      Rubis sur l'ongle, et d'un seul coup,
Un grand verre de vin, grand... comme celui-là,
    Et plein tout comme le voilà.

BAPTISTE

Ce n'est pas malaisé.

FOLENCOUR

        Quelle forfanterie !
Tu ne le ferais pas, toi-même, je parie.

BAPTISTE

Moi, monsieur ? je l'ai fait maintes et maintes fois.

FOLENCOUR

Bon, que je le voie une, aussitôt je le crois.

BAPTISTE

    C'est bien facile : on prend son verre
    Bien d'aplomb, de cette manière :
    On l'approche gaillardement
De sa bouche, on l'enlève et l'avale aisément.

(Il fait toute la pantomime que Folencour suit des yeux
et replace le verre sans avoir bu).

FOLENCOUR

On l'avale, oui, la chose alors est faite.
Mais tu n'avales pas, toi.

BAPTISTE

        Moi, non, pas si bête.

FOLENCOUR

C'est vrai, je l'oubliais, tu ne bois plus de vin.
    (A part).
  Le rusé compère à la fin.

Ne se laissera point prendre quoi que je fasse,
Et je suis sur le gril cependant ; le temps passe.
Mais ne serait-il pas honteux qu'en fermeté
Ce maraud-là sur moi l'ait emporté ?

BAPTISTE, *ironiquement.*

Monsieur ne boit plus ?

FOLENCOUR

Si, mon brave,
Va me chercher encor du meilleur de ma cave.
Mais quel est ce bruit de grelots ?

BAPTISTE, *à la grille.*

Ce n'est rien, ce sont des chevaux
Que du relai de la poste prochaine
A la maison d'à côté l'on amène.

FOLENCOUR, *ému.*

Des chevaux !

BAPTISTE

Mais dam oui, ce n'est point un ragot,
Ces dames, il paraît, partent pour le Congo.
(Avec intention).
Tout de bon.

FOLENCOUR

Et bien, bon voyage !

(Baptiste, surpris, entre dans la maison. — Rosine entre par la grille).

SCÈNE VII

FOLENCOUR, ROSINE

ROSINE, *avec indignation.*

Bon voyage ! ô ciel ! quel outrage !
Vous êtes bien gentil, monsieur de Folencour.
Eh bien, croyez donc à l'amour ?

FOLENCOUR

Qu'ai-je dit ? tu viens de l'entendre.
Mais non, Rosine, j'étais fou ;
Ne crois pas un seul mot surtout
De ces mots insensés que je voudrais reprendre.

ROSINE

Ah ! par exemple, après avoir juré le ciel
Un amour véritable, un amour éternel ;
Après avoir inspiré confiance
Dans votre honneur à la noble innocence
D'une jeune personne ignorante du mal ;
S'inquiéter si peu...

FOLENCOUR
Je suis un animal...

ROSINE

AIR

Croyez donc aux serments d'amour,
Bien sotte est qui veut les entendre ;
Pourtant on en voit chaque jour
Follement s'y laisser surprendre.

Pourquoi faut-il que notre cœur,
Trop tendre hélas ! et trop sensible,
Ne puisse à discours séducteur
Rester toujours inaccessible ?

Ma pauvre maîtresse aujourd'hui,
Pour prix de sa candeur extrême,
Reçoit le trépas de celui
Qui lui promit bonheur suprême.

Faut-il qu'ainsi presque toujours
Illusions pleines de charmes,
D'espoir et de douces amours
Viennent s'éteindre dans les larmes ?

Croyez donc aux serments d'amour,
Bien sotte est qui veut les entendre,
Je frémis en songeant qu'un jour
Je pourrais m'y laisser surprendre.

FOLENCOUR

Rosine, écoute-moi, je la chéris encore
Ta charmante maîtresse, entends-tu, je l'adore.

ROSINE

Oui, vous l'aimez d'une bonne façon.
Elle fuit sa patrie et quitte la maison
   Où s'abrita sa simple enfance,
La désillusion et la mort dans le cœur,
   Au printemps de son existence,
Victime d'un perfide ; et le cruel auteur
   De cette injuste et terrible ravage
Lui souhaite, ah ! c'est affreux !... Bon voyage !

FOLENCOUR

Elle part, me dis-tu, tu prétends qu'elle part ?
Mais tu ne vois donc pas que ce discours me navre ?
   Il faudra donc qu'à son départ
Sa berline d'abord passe sur le cadavre
De celui qui l'adore, à qui, je te promets.
   Qu'elle est plus chère que jamais.
(Il sort précipitamment).

SCÈNE VIII

ROSINE, BAPTISTE, *revenant avec des bouteilles*

ROSINE

Il est toqué, je crois.

BAPTISTE

         Sans doute,
En ce moment elle lui coûte
Cent vingt louis. — Merci, mon Dieu,
Je puis dire à l'eau pure un éternel adieu. *(Il boit).*

ROSINE
Et mon amoureux de passage
Me souhaitera-t-il aussi le bon voyage?

BAPTISTE
Oh! ma chère, moi, non vraiment,
Car le voyage assurément
Ne sera pas plus long, faut-il que je le dise?
Que d'ici jusques à l'église.
Et, ma petite, si tu veux,
Parbleu nous le ferons ensemble tous les deux.

ROSINE
Merci, je n'ai pas confiance,
Après semblable expérience.

BAPTISTE
Tout à votre aise, mon enfant,
Je n'y tiens pas énormément ;
Car je pense comme Grégoire,
Moi, voyez-vous, j'aime mieux boire. *(Il boit).*

ROSINE
Ah! vous êtes galant.

BAPTISTE
Je ne le fus jamais
Qu'une demi-journée en toute ma carrière
Et ce fut près de toi, ma chère ;
Tu vois que sur cette matière
A tort de moi tu te plaindrais.
Comprends-tu?

ROSINE
Non : toi, je crois, et ton maître
Vous êtes tous les deux aussi fous qu'on peut l'être.
C'est ce que je comprends seulement.

BAPTISTE
En ce cas,
Evidemment vous ne comprenez pas.

Que du moins ceci vous apprenne
Que celui qui but reboira,
Qu'il ne faut pas dire : Fontaine.....
  Et cœtera, et cœtera.

   ROSINE *(au public)*

A l'indulgence du parterre
Lorsque l'auteur s'adressera
Ah ! ne l'envoyez pas se faire.....
  Et cœtera, et cœtera.

LES DEUX VEUVES

―――✕―――

OPÉRA-COMIQUE

PERSONNAGES

ZULMÉ \
FATMA / Veuves.

HASSAN, amant de Zulmé, puis de Fatma.

NOÉMI, marchande à la toilette.

Un CADI.

ZOBÉIDE, esclave de Zulmé.

Femmes de Zulmé.

Femmes de Fatma.

Suite du Cadi.

LA SCÈNE EST A CONSTANTINOPLE

Le théâtre représente une salle commune de la maison qu'habitent Zulmé et Fatma et qui sépare leurs deux appartements.

LES DEUX VEUVES

SCÈNE PREMIÈRE

FEMMES DE ZULMÉ, puis NOÉMI

CHŒUR

Pendant que doucement repose
La belle Zulmé, qu'en ces lieux
Notre zèle avec soin dispose
Ses atours les plus gracieux.
Au réveil pour notre maîtresse,
Qui doit oublier son ennui,
Plus d'objets de sombre tristesse.
Car son deuil finit aujourd'hui.

NOÉMI, *entrant, une grande boîte à la main*

Comment la belle Zulmé n'est pas encore éveillée. Jeune, jolie et veuve depuis un an, cette triple qualité semble contraire à un sommeil si prolongé.

ZOBÉIDE

Pourtant elle ne nous a pas encore fait appeler.

NOÉMI

Oh! j'ai là de quoi me faire pardonner d'avoir interrompu son repos. C'est aujourd'hui qu'elle doit quitter enfin le deuil de son premier époux.

ZOBÉIDE

Et vous lui apportez des ajustements, des parures ; oh ! montrez-nous un peu tout cela, Noémi.

TOUTES

Oh! oui, oui, montrez.

NOÉMI

Les curieuses ! vous allez voir tout cela tout à l'heure et Zulmé ne manquera pas de vous consulter.

ZOBÉIDE

Mais en attendant, puisqu'elle n'est pas réveillée.

NOÉMI

Je n'ai pas le temps, si je ne puis la voir je reviendrai plus tard.

ZOBÉIDE

Oh ! nous savons que vous êtes la fille d'Israël la plus occupée, mais c'est égal, il faut que nous voyions un peu ce que vous avez à offrir à notre maîtresse, pour pouvoir mieux la conseiller.

TOUTES

Oui, oui. *(Elles s'emparent de la boîte de Noémi et se mettent à y fouiller).*

NOÉMI

Que vous me faites de tort de m'arrêter ainsi.

ZOBÉIDE

Vous avez donc bien des affaires ce matin.

NOÉMI

Si j'en ai.

AIR :

Vous savez sans qu'on vous le dise
Que bien souvent on ne voit pas
Dans ce carton et sous mon bras,
Tout ce que j'ai de marchandise.

J'ai pour rehausser la beauté
Tissus, bijoux, parures et dentelles,
J'ai pour charmer l'oisiveté
Tous les cancans et toutes les nouvelles.
J'apporte aussi des billets doux
Et des amours changeantes ou fidèles,
Tout ce qui peut ravir les belles
Et désespérer les jaloux.

Toutes les dames de la ville
Ont besoin de moi tous les jours,
Je leur suis tour à tour utile
Pour leur toilette et leurs amours.
De bons conseils à leur usage
Je tiens encore assortiment
Pour fixer un mari volage
Ou tromper un fidèle amant.

Aussi combien d'affaires
Font que de tous côtés
Mes pas sont nécessaires,
Mes instants sont comptés.
Car je vends et j'achète,
Je reprends et je prête,
J'échange et je fournis ;
J'écoute, je raconte,
Je répare et démonte,
J'assemble et désunis ;
J'amène et congédie,
Je trouble et remédie,
Quels travaux infinis !

ZONÉIDE

Tout cela est admirable. Mais voilà notre maîtresse qui nous appelle. Nous allons lui dire que vous êtes là, et vous pourrez la voir dans un instant. (*Elles entrent chez Zulmé*).

SCÈNE II

NOÉMI, HASSAN

HASSAN *entre avec précaution et en s'assurant que Noémi est seule.*

Eh ! bien, l'as-tu vue ? As-tu fait ma commission ? Où en sont mes affaires ?

NOÉMI

Soyez tranquille, j'ai pensé à vous. Je ne néglige pas les intérêts de mes clients, surtout lorsque, comme vous, ils ne sont pas regardants pour les honoraires.

HASSAN

Si tu réussis à disposer cette belle veuve à m'épouser, tu

seras contente de moi, et voilà déjà pour tes premières démarches. *(Il lui donne une bourse)*.

NOÉMI

C'est plaisir d'obliger des gens comme vous, et l'expression de votre reconnaissance résonne trop agréablement à mon oreille pour que je ne m'emploie pas avec zèle à votre service.

HASSAN

Enfin, qu'as-tu fait ?

NOÉMI

Beaucoup.

HASSAN

Quels résultats as-tu obtenus jusqu'ici ?

NOÉMI

Fort peu.

HASSAN

Te moques-tu de moi ?

NOÉMI

Non certes, seigneur Hassan. Vous savez avec quel art je vous ai ménagé avec Zulmé, d'abord des rencontres qui semblaient fortuites, ensuite des entrevues préparées de son propre consentement.

HASSAN

Sans doute, mais je ne trouve pas que mes affaires avancent beaucoup avec tout cela et tu devais la décider aujourd'hui à me donner enfin sa main.

NOÉMI

Voilà le dernier mot que je n'ai pu obtenir jusqu'à présent. Ce n'est pas faute de lui parler pour vous, de la presser à ce sujet ; mais je ne comprends rien à ses hésitations, elle élude constamment une réponse catégorique ; ce sont des si, des mais, des cependant....

HASSAN

Ce n'est pas rassurant.

NOÉMI

Malgré cela, je suis persuadée que vous n'avez pas lieu d'être mécontent de ses dispositions à votre égard. Elle vous voit avec plaisir, elle entend volontiers parler de votre amour et j'ai tout lieu de croire que votre recherche est loin de lui être indifférente.

HASSAN

Néanmoins, elle ne paraît pas pressée de faire mon bonheur.

NOÉMI

Ecoutez, il y a quelque chose qui m'échappe, mais que nous saurons d'elle vous ou moi aujourd'hui. Le cœur d'une femme renferme tant d'imprévu que l'expérience la plus consommée se trouve toujours en défaut sur ce terrain ; mais nous la ferons expliquer tantôt et je vous promets de la mettre en demeure de s'ouvrir avec vous ou avec moi de ce qu'elle nous cache encore.

HASSAN

Tu me remplis d'espérance et de crainte à la fois.

NOÉMI

Vous devez avoir plus de sujets de l'une que de l'autre. Il est un point sur lequel mon expérience ne me trompe pas, c'est que l'amour est contre elle avec nous et nous aidera à connaître les obstacles qui s'opposent à votre bonheur et à en triompher.

HASSAN

Que le ciel t'entende, car sa pensée remplit maintenant mon existence et je sens que je ne pourrais plus vivre sans elle.

ROMANCE

Aussitôt que la voix sonore
Du muezzin annonce le jour,
Aussitôt que le soleil dore
Les minarets à son retour ;
Son image à mon âme émue
S'offre au moment de mon réveil,
Comme des songes à ma vue
La présentaient dans mon sommeil.

Quand je vois sa taille charmante,
Ses beaux yeux noirs, son doux souris,
Que je voudrais la voir aimante,
La plus aimable des houris.
J'attends hélas ! l'âme inquiète,
Un mot, Zulmé, si tu le dis,
Peut aujourd'hui du grand prophète
Ouvrir pour moi le paradis.

NOÉMI

Je l'entends venir, laissez-moi faire une dernière tentative avant de vous présenter.

HASSAN

Je m'éloigne, et j'attends de tes nouvelles. Songe que je meurs d'impatience. *(Il sort).*

SCÈNE III

NOÉMI, ZULMÉ

ZULMÉ

J'ai cru qu'elles ne finiraient pas de m'habiller. Voyons ce que tu m'apportes ; j'ai besoin de mille choses.

NOÉMI

Voici des robes, des voiles, des colliers. Ah ! c'est que voilà maintenant le jour de vous montrer plus belle que jamais aux yeux de l'amoureux Hassan.

ZULMÉ

Est-ce que tu l'as vu déjà ce matin ?

NOÉMI

Sans doute, quand il ne peut vous voir, ne faut-il pas qu'il parle de vous ?

ZULMÉ

Voilà qui me plaît infiniment.

NOÉMI

Je le crois bien. Quelle femme ne serait flattée d'inspirer un tel amour ?

ZULMÉ

Je parle de ce voile brodé.

NOÉMI

Il est d'un travail parfait, et je crois qu'on trouverait difficilement le pareil ; il vous siérait le mieux du monde, et je vous le donnerai certes pour bien moins que sa valeur.

ZULMÉ

Et que te disait donc Hassan ce matin ?

NOÉMI

Qu'il avait attendu bien impatiemment ce jour heureux qui va vous permettre enfin de disposer de vous-même et de récompenser sa flamme.

ZULMÉ

Et quel en est le prix ?

NOÉMI

Le don de votre main, qu'il espère obtenir aujourd'hui.

ZULMÉ

C'est le prix de ce voile que je te demande.

NOÉMI

Ah ! pardon. Cent sequins ; c'est une véritable occasion. Essayez-le donc un peu. Vos beaux yeux à travers ce tissu vont briller d'un éclat encore plus séduisant. Voyez.

ZULMÉ

Tu crois donc qu'il m'aime réellement ?

NOÉMI

Je n'en doute pas le moins du monde. Son amour éclate dans toutes ses paroles, dans toutes ses actions ; il faudrait être aveugle pour ne pas le voir aussi clairement que le jour. Ah ! vous êtes bien heureuse d'avoir un époux si fortement épris sous la main. Car, si les bienséances vous ont empêchés jusqu'ici de lui donner autre chose qu'un espoir plus ou moins éloigné, maintenant que le temps de votre deuil est expiré, rien ne peut plus s'opposer aujourd'hui...

ZULMÉ

Oui, décidément je le prends, Noémi.

NOÉMI

A la bonne heure ; je cours lui porter cette bonne nouvelle qu'il attend avec tant d'anxiété.

ZULMÉ

Mais je parle de ce voile brodé.

NOÉMI

Oh ! c'est différent. Vous avez bon goût et c'est une excellente acquisition que vous faites. Mais voyons, madame, le seigneur Hassan a vu votre frère le gouverneur et l'a trouvé favorable à son alliance ; son sort ne dépend plus que de vous maintenant. Songez que son bonheur, et sans doute le vôtre, est entre vos mains. N'êtes-vous point encore déterminée ?

ZULMÉ

Mais...

NOÉMI

Il vous adore.

ZULMÉ

Je le crois.

NOÉMI

Sa personne est aimable, son caractère charmant.

ZULMÉ

Je m'en suis aperçue.

NOÉMI

En un mot, vous plaît-il ?

ZULMÉ

Sans doute.

NOÉMI

Vous l'épouserez donc ?

ZULMÉ

Je n'ai pas dit cela.

NOÉMI

Quoi vous ne voudriez pas l'épouser ?

ZULMÉ

Ce n'est pas ce que je veux dire.

NOÉMI

Mais alors, madame, que voulez-vous dire enfin ?

ZULMÉ

Moi, rien.

NOÉMI

Rien ! (*à part*) Voilà bien les femmes : elles parlent, qu'ont-elles dit ? Rien. (*Hassan paraît*). Venez, seigneur Hassan, je vous confirme ce que probablement vous saviez déjà, que vous plaisez à cette belle veuve. Après cet aveu de sa part, votre éloquence doit aisément faire le reste. Pour moi, je vais entrer chez sa voisine Fatma où je suis attendue.

SCÈNE IV

HASSAN, ZULMÉ

ZULMÉ

Mais c'est une trahison, seigneur Hassan, je ne savais pas que vous fussiez si près.

HASSAN

Oh ! ne regrettez pas votre bonté ; ne m'enviez pas tout le bonheur que je dois à l'heureuse indiscrétion de Noémi. Serait-il vrai ? Serais-je assez heureux ?...

ZULMÉ

Puisque vous l'avez entendu, je ne veux pas vous le dissimuler davantage ; oui, cher Hassan, je vous aime et il est temps que je m'explique enfin avec vous.

HASSAN, *se jetant à ses pieds*

Charmante Zulmé...

ZULMÉ, *le relevant*

Relevez-vous et écoutez-moi : vous savez qu'Ali a laissé

deux veuves, Fatma, qui occupe cet appartement voisin, et moi.

HASSAN

Je le sais, mais...

ZULMÉ

Laissez-moi achever. Je suis sensible à votre amour, ai-je dit, et je consens à devenir votre épouse, mais je mets une condition au don de ma main.

HASSAN

Parlez, quelle qu'elle soit, je suis prêt à la remplir ; rien ne sera difficile à ma tendresse. Ah ! chère Zulmé, qu'un si charmant espoir me donnera de forces pour faire pour vous tout ce que vous pouvez exiger d'impossible.

ZULMÉ

Cette condition c'est que vous épousiez en même temps Fatma.

HASSAN

Fatma ! Comment vous voulez ?...

ZULMÉ

Oui, cher Hassan, voilà la preuve d'affection que j'attends de vous aujourd'hui et la condition absolue que je mets à notre hymen.

HASSAN

Singulière marque d'amour que vous exigez de moi.

ZULMÉ

Vous hésitez ?

HASSAN

Adorable Zulmé, je suis prêt à faire tout ce qui dépend de moi pour vous satisfaire, mais je vous avoue que j'étais loin de m'attendre à une telle proposition.

ZULMÉ

Si vous refusez ne me parlez plus de votre amour, qu'il ne soit plus question de rien entre nous.

HASSAN

Je voudrais au moins comprendre le motif d'un si étrange désir.

ZULMÉ

Fatma, par toutes les ruses d'une vraie coquette, avait trouvé le moyen de l'emporter dans le cœur de notre mari Ali et, fière de cette préférence, me traitait avec un dédain, un orgueil insupportables. Je ne puis être heureuse si je ne la vois humiliée à son tour et c'est de votre amour que j'attends ma vengeance.

DUO

HASSAN

Quoi vous voulez que je m'oblige,
Quand mon cœur n'est plein que de vous,
A l'épouser ?

ZULMÉ

Oui, je l'exige,
Si vous voulez devenir mon époux,
Je veux humilier ma rivale hautaine,
Satisfaire à la fois mon amour et ma haine,
Et pour goûter plaisir si doux,
Cher Hassan, j'ai compté sur vous.

HASSAN

Ah ! si de ma vive tendresse
Le spectacle peut aujourd'hui
Exciter, ma belle maîtresse,
Sa jalousie et son ennui,
Comptez, si vous m'aimez de même,
Sur mon ardeur pour la punir.

ZULMÉ

Oui, cher Hassan, oui, je vous aime ;
Mais il faut m'obéir.

Dans le cœur d'une femme
L'amour-propre à son tour
A ses droits qu'il réclame
Aussi bien que l'amour.

Puisqu'aux transports je m'abandonne
Que votre amour fait naître en moi,
Lorsqu'enfin je cède et vous donne
Aujourd'hui mon âme et ma foi,
Si vraiment vous m'aimez de même,
Hassan, vous devez consentir.

HASSAN

Belle Zulmé, oui, je vous aime,
Il faut vous obéir.

ENSEMBLE

Dans le cœur d'une femme
L'amour-propre à son tour
A ses droits qu'il réclame
Aussi bien que l'amour.

HASSAN

Mais songez que, même en supposant que je veuille épouser Fatma, je ne sais si je pourrais l'y décider.

ZULMÉ

C'est à vous de trouver les moyens d'en venir à bout. Cherchez seulement l'occasion de la voir ; elle est vaine et coquette, nul doute qu'elle ne cherche à faire votre conquête.

HASSAN

Hélas ! belle Zulmé ! si vous m'aimiez comme je vous aime, vous ne songeriez qu'au bonheur d'une tendresse mutuelle et vous seriez moins préoccupée de l'orgueil de Fatma.

ZULMÉ

Vous êtes ingrat. Vous savez que j'ai été recherchée par plusieurs partis assez brillants, cependant je n'ai écouté que vous seul. Vous voyez que je vous offre aujourd'hui mon cœur et ma main ; si ces dons vous flattent, vous pouvez faire quelque chose pour vous en assurer la possession. Je vous laisse y songer. *(Elle rentre chez elle).*

SCÈNE V

HASSAN, puis NOÉMI

HASSAN, *seul*.

Que faire? — Zulmé est riche et belle; l'amitié de son frère le gouverneur, qui peut m'être très utile, serait resserrée par cette alliance; je l'adore et il semble qu'elle m'aime aussi. Quel caprice s'oppose à mon bonheur?

NOÉMI, *sortant de chez Fatma*

Et bien, seigneur Hassan, êtes-vous content? Votre mariage...

HASSAN

Il est plus éloigné que jamais.

NOÉMI

Vous me surprenez. Quoi, Zulmé ne veut pas encore y consentir.

HASSAN

Ce n'est pas cela; mais elle exige que j'épouse Fatma.

NOÉMI

Par exemple, voilà une idée bizarre.

HASSAN

Je suis désespéré.

NOÉMI

Vous devriez la prendre au mot. Savez-vous bien, seigneur Hassan, que sous le rapport de la beauté vous ne perdriez pas au change, Fatma est au moins aussi belle que Zulmé.

HASSAN

J'aime trop Zulmé pour y renoncer, et d'ailleurs il ne s'agit pas de cela; elle veut que j'épouse Fatma en même temps qu'elle, afin de la venger, par la préférence que je lui accorderai, de celle qu'avait obtenue Fatma d'Ali, leur premier époux.

NOÉMI

Elle est folle et je le lui aurais dit si elle s'était ouverte à moi de ce beau dessein. Je l'aurais engagée à ne pas recommencer une expérience qui lui a si mal réussi une première fois. Enfin sa dissimulation lui a fait perdre un bon conseil.

HASSAN

En attendant, voilà toutes mes espérances envolées, au moment où je croyais toucher au bonheur.

NOÉMI

Et pourquoi désespérer ? Rien n'est perdu encore. Vous avez bien voulu employer mes services dans cette affaire, il faut qu'elle réussisse et je n'abandonne pas ainsi la partie.

HASSAN

Mais que faire ?

NOÉMI

Vous êtes jeune, aimable, généreux, pourquoi Fatma serait-elle insensible à vos belles qualités ?

HASSAN

Tu rêves.

NOÉMI

Ajoutez qu'elle serait certainement enchantée de vous enlever à sa rivale. Essayez du moins. De mon côté, je vous continuerai auprès d'elle mes bons offices...

HASSAN

Comment, tu penses que je pourrais...

NOÉMI

Ecoutez, seigneur Hassan, Fatma m'a déjà parlé de vous ; elle vous a vu rôder sous les fenêtres de votre belle, elle vous a remarqué. Je me connais en femmes, je suis sûre qu'elle est jalouse du succès de sa compagne. Et peut-être ?... Que sait-on ?... La voilà justement. Qui sait si elle ne vous cherche pas ? — Il faut que vous fassiez sa connaissance.

SCÈNE VI

HASSAN, NOÉMI, FATMA

NOÉMI, *arrêtant Fatma qui passe*

Ah! madame, daignez vous arrêter un instant. Voici le seigneur Hassan qui me chargeait justement de vous porter ses hommages et qui ne demande qu'à vous les présenter lui-même. *(Bas à Hassan)* Qu'en dites-vous?

HASSAN

Oh! Noémi, qu'elle est belle!

FATMA

Le seigneur Hassan me fait bien de l'honneur, ne me connaissant pas...

HASSAN

Ne pas vous connaître, belle dame, est un malheur qu'il faut se hâter de réparer lorsqu'on le peut.

FATMA

Je dois vous faire mon compliment de votre prochain mariage avec la charmante Zulmé.

HASSAN

Il en a été question en effet.

FATMA

Vous me semblez parler bien froidement de vos engagements avec la plus belle...

HASSAN

Ah! madame, il faudrait ne pas vous avoir vue pour conserver cette opinion.

FATMA

Vous êtes galant.

HASSAN

Non, mais je suis charmé. Qu'Ali était heureux.

FATMA

Vous aurez bientôt le même bonheur en possédant la belle Zulmé.

HASSAN

Qu'il était heureux bien plutôt d'être votre époux.

FATMA

Ce n'est pas ainsi que vous devez l'entendre.

HASSAN

Ah ! madame, il faudrait être aveugle pour rester insensible à tant d'attraits.

FATMA

Vous croyez parler à Zulmé.

HASSAN

Non, ravissante Fatma, c'est à vous que je parle et que j'exprime les sentiments si vifs que votre vue a fait naître en moi.

FATMA

Que dit-il donc, Noémi ?

NOÉMI

Vraiment ce sont de vos coups ordinaires et vos beaux yeux n'en font jamais d'autres.

FATMA

Vous seriez bien prompt à vous enflammer, Hassan, s'il fallait vous croire sincère.

TRIO

HASSAN

Ce n'est pas d'aujourd'hui
Que mon cœur vous adore,
Vous êtes la péri
Que je cherchais encore.
Ai-je pu si longtemps
Hélas ! prendre le change ?
Seule, vous êtes l'ange
De mes pressentiments.

NOÉMI

Il avait pris le change
Sur ses vrais sentiments.
Moi, je crois, c'est étrange,
A ces pressentiments.

FATMA

Ah ! qu'il me serait doux, seigneur,
De vous croire, avec quelle ivresse
Je livrerais aussi mon cœur
Aux transports de votre tendresse.
Mais de peur
D'une erreur,
De ce prompt délire
Il vaudrait mieux rire.

HASSAN

Si vous pouviez lire en mon âme
Vous auriez pitié d'une flamme
Qui remplit mon rêve enchanteur.

FATMA

A vous j'ai pu songer de même,
Qui sait ? peut-être je vous aime
Et c'est vous qu'attendait mon cœur.

HASSAN

Que dites-vous, bel ange ?
Que ces mots sont charmants !

NOÉMI

Moi, je crois, c'est étrange,
A ces pressentiments.

FATMA

Mais de peur
D'une erreur,
De ce prompt délire
Il vaudrait mieux rire.

SCÈNE VII

HASSAN, NOÉMI, FATMA, ZOBÉIDE

ZOBÉIDE
Seigneur Hassan, ma maîtresse vous demande.

HASSAN
Quel contre-temps.

NOÉMI à *Fatma*
Voyez-vous, la jalouse.

FATMA
Allez, Hassan, courez aux pieds de votre belle.

ZOBÉIDE
Que dois-je dire à ma maîtresse ?

HASSAN
Dis-lui... ce que tu voudras.

FATMA
Elle va croire que je vous ai retenu.

NOÉMI
Oh ! elle vous connaît trop bien.

HASSAN
Eh ! qu'importe, charmante Fatma, si vous daignez m'entendre, que peut me faire tout le reste ?

FATMA
Mais, moi, je n'aime pas à brouiller les amants et j'exige que vous y alliez.

HASSAN
Vous avez la cruauté de me bannir de votre présence, sans m'avoir donné un mot d'espoir.

FATMA
Vous voyez qu'on vous attend.

HASSAN *à Zobéide*

Qu'attends-tu donc? Dis à ta maîtresse que je vais y aller.

FATMA

Alors c'est moi qui vais me retirer.

HASSAN

Vous le voulez, je me rends à cette importune obligation, mais je serai bientôt de retour à vos pieds. *(à Zobéide)* Allons, je te suis *(il sort précédé de Zobéide et entre avec elle chez Zulmé).*

SCÈNE VIII

FATMA, NOÉMI

NOÉMI

Ah! la pauvre Zulmé va trouver bien du changement.

FATMA

Comment? crois-tu que vraiment Hassan ait pu s'enflammer ainsi pour moi du premier coup?

NOÉMI

Parbleu, je n'en doute pas. Je vois bien que vous avez déjà effacé Zulmé de son cœur et qu'il ne tiendrait qu'à vous de la supplanter tout à fait.

FATMA

Oh! ce serait pour la faire mourir de dépit.

NOÉMI

Avouez qu'il y a de quoi. Avoir avec bien de la peine fait la conquête d'un cœur sans emploi, que le désœuvrement peut-être, plus encore que le pouvoir de ses charmes, a fait s'attacher à elle; l'avoir amené au point de rechercher sa main, pour se le voir enlever tout à coup, à la première vue, lorsqu'on se croyait le mieux assurée de sa possession.

9

FATMA

Il est vrai que cela doit être sensible pour l'amour-propre. Mais Zulmé est belle pourtant.

NOÉMI

Sans doute... moins que vous toutefois.

FATMA

Flatteuse !

NOÉMI

Non, mais, convenez-en, il y a bien à dire sur cette beauté là. Il est vrai qu'elle a de beaux yeux...

FATMA

Mais qui manquent un peu d'expression, ne trouves-tu pas?

NOÉMI

Justement. Des traits réguliers sans doute...

FATMA

Mais pas d'animation, pas de physionomie.

NOÉMI

Sa taille est passable...

FATMA

Oh! fort ordinaire. Je connais mille femmes qui sont mieux faites qu'elle.

NOÉMI

C'est ce qu'il me semble.

FATMA

Enfin Hassan l'aime.

NOÉMI

Oh ! dites l'aimait. Mais un homme peut s'éprendre d'une femme de bien des manières différentes et entre autres de ces deux-ci : par occasion ou par entraînement. Hassan a rencontré Zulmé dans des circonstances favorables, un jour où elle était à son avantage peut-être, où il était bien disposé, où son cœur était vacant; où il aurait pu rencontrer tout autre objet avec même résultat. Amour par occasion.

— Il vous a vue, au contraire, lorsqu'il avait déjà des engagements antérieurs ; lorsqu'il venait de quitter sa belle et devait être tout plein de son image ; lorsque vous étiez prise à l'improviste et nullement préparée. Et il a immédiatement subi l'ascendant de vos charmes, il a tout oublié, l'amour a aussitôt envahi son cœur. — Amour par entraînement.

FATMA

En vérité, voilà, Noémi, une théorie ingénieuse.

NOÉMI

Croyez-moi, elle est vraie et fondée sur ma longue expérience. Jamais Zulmé ne saurait inspirer un amour d'entraînement.

FATMA

Je ne le pense pas non plus. Mais puis-je me flatter ?...

NOÉMI

Vous avez pour cela tout ce qu'il faut et tout ce qui lui manque ; quelque chose de fascinateur, d'irrésistible, qui est indépendant de la beauté et qui en est le plus heureux complément.

FATMA

Ainsi tu crois que je pourrais enlever à Zulmé l'époux qu'elle pense tenir dans ses filets.

NOÉMI

Je considère la chose comme faite. Or, Hassan est riche, bien fait, aimable, il vous aime et s'attachera bien certainement de plus en plus à vous, si vous voulez y employer toutes les ressources de votre esprit et de vos grâces.

FATMA

Je le crois aussi.

NOÉMI

Je vais le transporter de joie en lui apprenant vos bonnes dispositions et, si vous m'en croyez, vous ne retarderez pas son bonheur et votre triomphe.

FATMA

Je t'avoue que s'il se décidait à quitter Zulmé pour moi, je ne serais pas médiocrement flattée.

NOÉMI

Oh ! Zulmé ne lui tient plus guère au cœur, je vous en réponds. Ainsi, c'est convenu, je vais lui annoncer que vous consentez à lui donner votre main.

FATMA

Fais ce que tu voudras, pourvu qu'il quitte Zulmé et que j'aie la satisfaction de rabaisser sa ridicule vanité.

NOÉMI

Bon, bon, laissez-moi faire, elle n'aura pas sujet d'en concevoir en cette occasion.

FATMA

Je sors un instant pour aller au bazar, tu me diras à mon retour ce que tu auras fait. *(Elle sort).*

SCÈNE IX

NOÉMI, puis HASSAN

NOÉMI

Ma foi, Zulmé l'aura voulu, tant pis pour elle. Vous voilà déjà, seigneur Hassan, et que dites-vous maintenant de la belle Zulmé ?

HASSAN

Toujours charmante. Mais j'avais hâte de te retrouver pour savoir ce que t'a dit après mon départ l'adorable Fatma.

NOÉMI

Je m'en doute.

HASSAN

Et bien ?

NOÉMI

Vous êtes le plus heureux des hommes.

HASSAN

Elle serait sensible à mon amour, elle daignerait y répondre ?

NOÉMI

Elle ne demande pas mieux.

HASSAN

Oh! bonheur! et elle consentirait à me donner sa main dès ce soir ?

NOÉMI

C'est un peu rapide, mais je crois qu'en brusquant un peu les choses, et si je m'en mêle...

HASSAN

Oh! Noémi, je compte sur toi, tu m'as si bien servi jusqu'ici que tu ne saurais laisser ton ouvrage imparfait.

NOÉMI

Vous voilà tout de feu maintenant pour Fatma.

HASSAN

N'est-elle pas adorable en effet ?

NOÉMI

Je conviens qu'elle est séduisante.

HASSAN

Quelle taille ! quels yeux ! quel sourire enchanteur ! Quelle grâce dans toute sa personne ! Quel charme et quelle vivacité dans son esprit.

NOÉMI

Voilà pourtant ce que c'est que l'amour des hommes. Le dernier minois a toujours raison avec eux. Ce matin, il n'y avait rien pour vous au-dessus de Zulmé.

HASSAN

Zulmé est charmante et les perfections de Fatma ne lui ôtent rien des siennes.

NOÉMI

Cependant vous préférez maintenant épouser cette dernière ?

HASSAN

Que parles-tu de préférence ? Mon cœur serait bien fâché de faire un choix entre deux beautés si accomplies.

NOÉMI

Ah ! mais, voyons, entendons-nous ; voulez-vous décidément épouser aujourd'hui l'une ou l'autre.

HASSAN

Mais je veux les épouser toutes les deux, Noémi. N'est-ce pas là notre plan ?

NOÉMI

C'est que Fatma ne l'entend pas du tout ainsi ; elle consent à vous donner sa main, mais elle exige pour cela que vous renonciez à Zulmé.

HASSAN

Renoncer à Zulmé, à qui j'ai engagé ma foi ! à la tendre Zulmé, qui m'aime et dont l'alliance servira à la fois à mon bonheur et à ma fortune. Non pas.

NOÉMI

Alors vous renoncerez donc à Fatma ?

HASSAN

A la belle Fatma, à cette beauté enivrante dont mon cœur est enchanté, jamais. D'ailleurs, c'est impossible ; songe donc que renoncer à Fatma ce serait renoncer à toutes les deux, puisque l'épouser est la première condition pour obtenir Zulmé.

NOÉMI

Voilà qui est assez embarrassant.

HASSAN

Il faut arranger cela, Noémi. Je suis convenu de tout avec Zulmé et notre mariage est arrêté pour aujourd'hui ; il le faut absolument.

NOÉMI

Ce n'est pas facile.

HASSAN

Qu'as-tu fait de ce génie d'intrigue qui t'a rendue si fameuse et si appréciée de ta nombreuse clientèle ?

NOÉMI

Oh ! si vous me prenez par l'amour-propre, je suis capable de tout. Vous avez raison, j'en veux sortir à ma gloire.

HASSAN

A la bonne heure.

NOÉMI

Mais ce sera un beau succès ; car, pour avoir Fatma, nous aurons à déjouer un fin et redoutable adversaire, la vanité d'une femme.

HASSAN

Que me conseilles-tu ? Que dirai-je à Fatma pour la décider à accepter cette condition ?

NOÉMI

Rien. Si vous m'en croyez, ne lui parlez que de votre amour. Je n'ai pas encore de plan bien arrêté.

HASSAN

C'est que le temps presse.

NOÉMI

Et bien, laissons-nous guider par les circonstances, nous saurons profiter des hasards qui surviendront. Je vais toujours chercher le cadi.

HASSAN

C'est cela ; quand il sera là pour nous marier...

NOÉMI

Parbleu, il faudra bien qu'il vous marie, ou je ne suis plus qu'une bête. *(Elle sort).*

SCÈNE X

HASSAN, FATMA.

HASSAN

Ah ! madame, que j'étais impatient de vous revoir, que le temps de votre absence m'a paru long.

FATMA

Vous étiez pourtant en agréable compagnie.

HASSAN

Qu'il me tardait de m'entendre confirmer de votre bouche la douce espérance que Noémi a fait concevoir à mon amour.

FATMA

En vérité, j'avais pris tout cela pour un badinage, et j'ai peine à croire...

HASSAN

Par exemple, mais rien n'est plus sérieux au moins.

FATMA

Un amour si prompt à éclater...

HASSAN

N'en est que plus vif.

FATMA

Et qui me répondra de votre constance ?

HASSAN

Vos divins attraits.

FATMA

Quelle preuve aurai-je de votre sincérité ?

HASSAN

Mon mariage avec vous, auquel je vous supplie de consentir enfin.

FATMA

Je suis tentée de vous prendre au mot pour vous embarrasser.

HASSAN

Moi, ravissante Fatma ; mais ce sera combler tous mes vœux ; mais c'est ce que j'implore à vos genoux. Ah ! si vous voulez une preuve immédiate et plus convaincante encore de l'ardeur de ma passion, que ce mariage se fasse aujourd'hui même.

FATMA

Aujourd'hui !

HASSAN

Tout le temps qu'il me faudrait désormais passer sans vous me semblerait retranché de mon existence.

FATMA

Que notre cœur est faible, pauvres femmes, et que nous nous laissons aisément persuader ce qui répond à ses secrets désirs.

HASSAN *se jette à ses pieds*

Ah ! charmante Fatma, il faut qu'on vous adore !

FATMA

Ainsi vous abandonneriez Zulmé ?

HASSAN

Que me parlez-vous de Zulmé ? Près de vous, il n'existe plus pour moi d'autre femme au monde et c'est à vos pieds que je veux passer ma vie.

FATMA

Justement, la voici.

SCÈNE XI

HASSAN, FATMA, ZULMÉ

FATMA

En voyant votre amant à mes pieds, vous allez croire peut-être...

ZULMÉ

Je connais votre bonté de cœur, je crois qu'il vous remercie.

FATMA

Et vous me reprochez sans doute....

HASSAN

Non, vous devez au contraire rester bonnes amies, je vous en prie, toutes deux.

FATMA

Je le désire de tout mon cœur.

ZULMÉ

Et moi, je ne demande pas mieux.

FATMA

Ah ! vous êtes généreuse.

HASSAN

Elle est bonne. *(bas à Zulmé)* J'ai fait ce que vous voulez, êtes-vous satisfaite ?

ZULMÉ, *à Hassan*

Oui.

HASSAN, *à Fatma*

Et vous ne le serez pas moins qu'elle.

FATMA

Certainement, quoiqu'à sa place je n'aurais peut-être pas la même abnégation.

ZULMÉ

Vous êtes douée d'un cœur si sensible.

FATMA

Oh ! vous avez d'autres qualités, madame, et votre désintéressement dans l'infortune est admirable.

HASSAN, *à toutes deux*

Quelle reconnaissance je vous ai de ce que vous faites pour moi *(à part)* pourvu que cela ne se gâte pas trop vite.

ZULMÉ, *à Fatma*

Oh ! ne me plaignez pas trop, je vous assure que mon malheur n'en vaut pas la peine.

FATMA

Je vois avec plaisir que vous vous consolez facilement.

HASSAN, *bas à Fatma*

Franchement, c'est ce qu'elle a de mieux à faire.

ZULMÉ

Et moi j'aime à voir que vous triomphez aisément.

HASSAN, *bas à Zulmé*

Laissez-lui son illusion passagère.

TRIO

ZULMÉ

Ah ! de la conquête, madame,
D'un si tendre et si bel amant
Je vous fais bien mon compliment.

FATMA

De votre grande bonté d'âme,
D'un tel désintéressement
Je vous fais bien mon compliment.

ENSEMBLE

HASSAN	FATMA ET ZULMÉ
La chose est originale,	La chose est originale
Les procédés sont charmants,	Et le procédé charmant,
Voir ainsi chaque rivale	Recevoir d'une rivale
S'accabler de compliments.	Un semblable compliment.

FATMA

Mon bonheur est extrême,
Puisque Zulmé consent,
Je puis avec Hassan
M'unir aujourd'hui même.

ZULMÉ

Aujourd'hui !

FATMA

     Vraiment oui.

HASSAN, *à toutes deux*

Félicité suprême,
Celle que mon cœur aime
Je l'épouse aujourd'hui.

ZULMÉ

Je ne suis pas étonnée
D'un pareil empressement,
De cet heureux hyménée
Recevez mon compliment.

REPRISE DE L'ENSEMBLE

La chose est originale, etc.

ZULMÉ

Tout ce que je demande
En cet heureux instant
Est qu'il reste constant
Dans une ardeur si grande.

FATMA

Quoi, constant ?

ZULMÉ

Oui, vraiment.

HASSAN

Le doute est une injure,
Aujourd'hui je le jure,
Oui, je serai constant.

FATMA

C'est trop de zèle, madame,
Ah ! d'un si beau dévouement
Et de tant de bonté d'âme
Recevez mon compliment.

ENSEMBLE

La chose est originale
Et les procédés charmants,
Voir ainsi chaque rivale
S'accabler de compliments.

SCÈNE XII

FATMA, ZULMÉ, NOÉMI, le CADI, suite du CADI
femmes de ZULMÉ et de FATMA.

NOÉMI

Je vous annonce le cadi, que vous avez mandé.

ZULMÉ

Qu'il soit le bienvenu.

FATMA

Nous l'attendons avec impatience.

HASSAN, *bas à Noémi*

Je ne suis pas tranquille.

NOÉMI, *bas à Hassan*

Fatma ne sait pas encore...

HASSAN, *de même*

Pas le moins du monde, aussi je compte sur toi.

NOÉMI

Cela n'ira pas tout seul, mais j'ai mon idée.

CHŒUR

Honneur au seigneur cadi,
Dont l'heureuse assistance
Vient des amours ici
Couronner la constance.

LE CADI ET SA SUITE

Salam, salam à l'épouse nouvelle,
Salam, salam, heureux époux,
Salam, salam, amis, troupe fidèle,
Salam, salam, salam à tous.

LE CADI

C'est de mon grave ministère
La plus belle attribution.
Que celle qui consiste à faire
Des époux la douce union.

(à Hassan) Vous m'avez fait mander ici,
Seigneur Hassan, mais quelle est, je vous prie,
Celle avec qui je vous marie?

HASSAN

Seigneur cadi, c'est là la veuve d'Ali.

FATMA

C'est moi, Fatma, l'épouse la voici.

ZULMÉ

Et moi, Zulmé, car il m'épouse aussi.

REPRISE DU CHŒUR

Salam, salam à l'épouse nouvelle, etc.

FATMA

Qu'entends-je? Que veut-elle dire, Hassan? n'ai-je pas votre promesse?

HASSAN

Sans doute et je vais la tenir.

FATMA

Mais alors, vous n'épousez pas Zulmé?

HASSAN

Je vous épouse en même temps qu'elle.

FATMA

Oh! non pas, je ne veux pas de cela, ce n'est pas là ce que j'ai compris.

HASSAN

Chère Fatma!

ZULMÉ

Eh! quoi, madame, vous si triomphante tout à l'heure, vous semblez déjà moins contente.

NOÉMI, *bas à Zulmé*

Elle est furieuse, il faut l'épargner encore, laissez-moi la consoler un peu. Vous aurez beau jeu pour la rabaisser bientôt.

FATMA, *à Hassan*

Je n'entends pas cela, et je ne consentirai jamais...

HASSAN, *à Fatma*

Voulez-vous me désespérer, vous connaissez mes engagements. Demandez à Noémi qui connaît l'état de mon cœur.

NOÉMI, *bas à Fatma*

Etes-vous folle? le pauvre Hassan vous adore.

FATMA

Alors qu'il m'épouse seule.

NOÉMI, *de même*

Soyez donc raisonnable. Vous savez bien qu'il ne peut se dégager de Zulmé, ce serait s'attirer la vengeance de son frère le gouverneur.

LE CADI

Nous allons donc procéder à ce double mariage. Je vous félicite, seigneur Hassan, vous allez avoir les deux plus charmantes veuves de la ville en un même jour.

NOÉMI, *bas à Fatma*

Vous voudriez donc avoir l'humiliation qu'on voie votre rivale épouser Hassan, aujourd'hui, tandis que vous resteriez sans époux? Le Cadi, venu pour vous unir, la marierait seule?

FATMA

Tu m'as embarquée là dans une sotte affaire.

LE CADI, *à son greffier*

Ecrivez : « Le seigneur Hassan déclare prendre aujourd'hui pour épouse la veuve d'Ali, la belle Zulmé. »

NOÉMI

Vous l'entendez, voilà qui est fait. Parbleu, vous seriez bien sotte, quand vous êtes sûre de l'emporter sur elle dès ce soir, de lui laisser le champ libre et tous les honneurs de la guerre.

FATMA
Je suis outrée.

NOÉMI
C'est plutôt elle qui doit être inquiète, si elle n'est tout à fait aveugle, en se rappelant le passé.

LE CADI
Vous consentez, Zulmé, à accepter Hassan pour époux.

ZULMÉ
J'y consens.

LE CADI
Vous lui jurez amour et fidélité.

ZULMÉ
Oui.

LE CADI
Et vous, Hassan, vous prenez Zulmé pour épouse.

HASSAN
Je la prends.

NOÉMI, *à Fatma*
Allons, pas d'enfantillage.

LE CADI, *à son greffier*
Ecrivez que le seigneur Hassan prend aussi pour femme aujourd'hui l'autre veuve d'Ali, Fatma. Vous consentez, Fatma ?

NOÉMI
Allons.

FATMA
Oui, je consens.

HASSAN
Merci, merci, belle Fatma.

FATMA
Voyez si je vous aime et ne soyez pas ingrat.

HASSAN
Oh ! je le jure...

LE CADI, *à Fatma*
Vous lui promettez amour et fidélité.

FATMA
Oui.

ZULMÉ, *bas à Noémi*

Que lui dit-il donc avec tant de feu ?

NOÉMI, *bas à Zulmé*

Vous comprenez qu'elle hésitait encore, sachant combien il vous aime, à prendre un époux auprès duquel elle voit bien qu'elle n'aura cette fois que la seconde place.

ZULMÉ, *de même*

L'orgueilleuse a assez longtemps usurpé la première.

LE CADI, *à Hassan*

Prenez ce bouquet, seigneur Hassan, pour le donner à celle qui devra souper ce soir avec vous.

HASSAN

Merci, seigneur Cadi, me voilà au comble de mes vœux *(à part)* mais bien embarrassé maintenant *(haut)* Zulmé... Fatma... *(bas à Noémi)* Comment m'en tirer, Noémi ?

NOÉMI, *bas à Hassan*

Laissez-moi faire.

LE CADI

Il ne reste plus qu'à signer, seigneur Hassan.

NOÉMI, *à Fatma*

Vous pouvez signer sans crainte, c'est vous qui aurez le bouquet aujourd'hui.

ZULMÉ, *à Noémi*

Que lui contes-tu ?

NOÉMI, *à Zulmé*

Ecoutez, je lui ai joué un bon tour, vous savez que je suis toute à vous, il faut lui céder ce soir votre place à souper....

ZULMÉ

Mais du tout, je veux qu'Hassan soupe avec moi.

NOÉMI

Ecoutez-donc : j'ai donné à votre époux tout à l'heure un narcotique, et il ne manquera pas de s'endormir pendant le souper.

ZULMÉ

Et de quoi te mêles-tu?

NOÉMI

Songez donc quelle humiliation pour elle, quand, en présence de vos femmes, Hassan ne répondra à ses coquetteries, à ses agaceries, que par des baillements.

ZULMÉ

Avec tes intrigues, tu déranges tout.

NOÉMI

Ingrate ! j'assure du premier coup votre triomphe. Nous allons lui préparer un petit échec aujourd'hui, dont son amour-propre ne se relevera pas de sitôt.

ZULMÉ

Je suis furieuse contre toi.

LE CADI

Signez, belle Zulmé.

FATMA, *à Noémi*

Elle paraît peu satisfaite.

NOÉMI, *à Fatma*

Elle est outrée de dépit; et savez-vous le moyen qu'imagine son amour-propre pour cacher sa défaite? elle veut vous céder elle-même, Hassan, pour ce soir, afin que la préférence qu'elle ne peut vous enlever paraisse un effet de sa bonne volonté.

FATMA

Voilà qui est plaisant.

LE CADI

A vous, charmante Fatma.

HASSAN

Et maintenant, mes chères femmes, vous savez toutes deux quels sont mes sentiments à votre égard. Vous connaissez mon amour... le bouquet...

NOÉMI, *bas à Zulmé*

Allons, prenez les devants sans hésiter, votre revanche ne se fera pas attendre.

ZULMÉ

Donnez-le, seigneur, à la belle Fatma — *(à Noémi)* C'est égal, tu me le paieras, juive maudite.

HASSAN

Vous voyez, aimable Fatma, que votre compagne ne désire que la bonne harmonie ; qu'elle règne entre vous, et je serai le plus heureux des hommes.

FATMA *prend le bouquet*

Merci, seigneur.

HASSAN

Embrassez-vous et restez amies toujours, comme aujourd'hui.

ZULMÉ

Oh ! je vous le promets.

FATMA

Oui, nous serons toujours amies ainsi. *(Elles s'embrassent).*

HASSAN

Et maintenant, allons souper.

NOÉMI

Quoique j'en aie dit, je suis sûre qu'il ne s'y endormira pas.

CHŒUR GÉNÉRAL

Salam, Salam aux épouses nouvelles,
Salam, Salam, heureux époux,
Goûtez longtemps dans vos ardeurs fidèles
Ce que promet un nœud si doux.

LES ERREURS DE SYLVIE

ET

Les Fureurs de Gille

VAUDEVILLE - PANTALONNADE EN UN ACTE

PERSONNAGES

SYLVIE.	COLOMBINE.
GILLE.	BÉATRIX.
VALÈRE.	LELIO.

La scène est chez M. Pantalon, père de Sylvie, près Venise.

Le Théâtre représente un jardin d'agrément avec table et siéges rustiques.

LES ERREURS DE SYLVIE & LES FUREURS DE GILLE

SCÈNE PREMIÈRE

SYLVIE, GILLE

GILLE

Tenez, signora, si vous m'aimiez un peu, vous auriez la fièvre ou la migraine aujourd'hui.

SYLVIE

Merci bien, monsieur Gille, vous êtes trop aimable.

GILLE

J'entends que vous feindriez de l'avoir; puisque monsieur Pantalon veut absolument recevoir ce Valère qui ose prétendre à votre main, quoique vous et moi nous soyons fiancés depuis longtemps. Depuis bien longtemps, signora Sylvie.

SYLVIE

En êtes-vous déjà las?

GILLE

Il me semble qu'il serait temps de passer outre.

SYLVIE

Mon père a de bonnes raisons. Valère lui est spécialement recommandé par notre bon oncle Arlequin qui nous a écrit de Bergame pour nous prier de lui faire bon accueil, ajoutant même qu'il verrait avec plaisir ses prétentions accueillies.

GILLE

Vous voyez bien, si vous aviez pour moi quelqu'affection.

SYLVIE

Mais sans vouloir nous les imposer. Aussi, vous pouvez être tranquille, nous ne pouvons nous dispenser de recevoir

Valère, nous devons des égards à l'oncle Arlequin qui est si bienveillant pour nous.

GILLE

Ajoutez qu'il est riche, vieux et célibataire, et que monsieur Pantalon serait bien fâché de se brouiller avec un parent si précieux.

SYLVIE

Par obéissance pour mon père et par amitié pour mon oncle, je dois bien recevoir Valère, mais d'ailleurs ne soyez pas jaloux de lui.

GILLE

Cela dépendra de vous, signora.

SYLVIE

Arlequin, qui en est engoué, nous assure que c'est un charmant cavalier, beau, spirituel, galant, aimable.

GILLE

Et bien vous voyez, vous voulez que je sois tranquille.

SYLVIE

Mais, mon pauvre Gille, je gagerais bien que ce bon Arlequin ne s'y connaît guère.

GILLE.

Pour cela, c'est très probable.

SYLVIE

Et d'ailleurs...

AIR CONNU

Peut-on savoir ce qui suscite
L'amour en notre cœur surpris ?
Allez, ce n'est pas du mérite
Le plus souvent qu'il est le prix.
Vous pouvez être bien tranquille,
On plaît sans esprit ni beauté.
Aussi je vous puis, mon cher Gille,
Promettre la fidélité.

GILLE

Merci, chère Sylvie.

SYLVIE

Mais j'exige que vous lui fassiez bon visage aussi.

GILLE

Je vous le promets. Bien plus, je me charge de lui faire, avec monsieur Pantalon, tous les honneurs de la maison sans que vous ayez besoin de vous en occuper.

SYLVIE

Je ne suis pas si exigeante. D'ailleurs, il ne doit rester qu'une journée et repartir immédiatement pour Naples, où l'attend le seigneur Polichinelle, son père. Vous pouvez bien être aimable avec lui pour un jour.

GILLE

Moi, je le serai d'autant plus que vous le serez moins.

SYLVIE

Allons, Gille, vous m'impatientez ; prétendez-vous que je me montre maussade et désagréable ?

GILLE

Je vous en défie...

SYLVIE

Vous mériteriez que je vous punisse de votre jalousie.

GILLE

Non, je vous obéirai, mademoiselle, je saurai dissimuler pour vous plaire. Je veux, à force de diplomatie, paraître le meilleur ami de mon rival.

SYLVIE

Et moi, je vais compléter ma toilette, au risque de vous faire enrager un peu.

Air de la *Valse du Petit Cousin*

> Plus de triste pensée,
> Ni de jalouse humeur,
> Quand votre fiancée
> Vous répond de son cœur.

ENSEMBLE

> Plus de triste pensée, etc.

SCÈNE II

GILLE, COLOMBINE

COLOMBINE

Oh ! oh ! monsieur Gille, votre fiancée répond de son cœur. Voilà un engagement un peu bien téméraire que prend ma maîtresse.

GILLE

Plaît-il, basilic ?

COLOMBINE

Nous ne connaissons pas encore monsieur Valère.

GILLE

Et je me passerais bien de faire sa connaissance.

COLOMBINE

Je le crois sans peine. Mais je suppose qu'il soit, comme on le dit, beau, aimable, galant, charmant enfin.

GILLE

Comment, comment, charmant ?

COLOMBINE

Je ne l'invente pas, le seigneur Arlequin a écrit positivement qu'il est charmant.

GILLE

Votre verbiage m'agace, Colombine.

COLOMBINE

La signora Silvia veut-elle se boucher les oreilles et fermer les yeux ?

GILLE

Au lieu de bavarder, vous feriez mieux d'aller aider votre maîtresse à sa toilette. Pour moi, je vais lui cueillir un bouquet.

COLOMBINE

Vous avez raison, courons la faire belle et séduisante, on ne sait pas ce qui peut arriver.

GILLE

Et qu'est-ce qui pourrait bien arriver ?

COLOMBINE

Dame, jusqu'à présent vous avez été seul auprès de la signorina ; elle pourra, maintenant, faire des comparaisons.

GILLE

Et puis après ?

COLOMBINE

Oh ! toutes à votre avantage. Mais vous savez qu'on nous accuse de caprices inexplicables quelquefois.

GILLE

Quant à cela, votre maîtresse ne s'en fait pas faute.

COLOMBINE

Et monsieur Pantalon ne la contrarierait certainement pas si elle donnait dans les vues de son oncle Arlequin.

GILLE

Corpo di Bacco ! ce n'est que trop vrai.

COLOMBINE

Pardon, je ne savais pas que vous m'écoutiez, je vous croyais trop occupé.

GILLE

Cette soubrette est un crocodile.

COLOMBINE

Heureusement qu'elle vous a répondu de sa constance. Ah ! ah ! voilà qui est beau, je n'eusse pas osé le faire.

GILLE

Prétendez-vous vous comparer, indiscrète camériste ?

COLOMBINE

Oh ! non, je suis trop naïve

AIR

On peut railler de ma simplicité
Hélas ! je crois aux sorciers, aux fantômes,
Seule j'ai peur quand vient l'obscurité
Des loups-garous, des lutins et des gnômes.
Je crois... à tout enfin, pour couper court....
Mais quand j'entends cavaliers ou bergères
De bonne foi se faire chaque jour
De beaux serments d'un éternel amour,
Je l'avoue, ah ! je n'y crois guères.
Quant à cela je n'y crois guères.

GILLE

Il manque une rose à mon bouquet.

COLOMBINE

Vous n'y avez pas mêlé aussi quelques soucis. Mais vous me faites bavarder, tandis que ma maîtresse a sans doute besoin de moi.

GILLE

Je vous fais bavarder, moi !

COLOMBINE

Voilà une demi-heure que vous me retenez pour me conter vos inquiétudes.

GILLE

Mais vous êtes folle, Colombine.

COLOMBINE

Si je suis grondée, je prierai mademoiselle de s'en prendre à vous.

GILLE

Mais allez, allez donc ; s'il ne tenait qu'à moi, vous seriez déjà partie. (*Bruit*).

COLOMBINE

Quel est ce bruit ? déjà le seigneur Valère. Ah ! mon Dieu ! et la signora n'est pas prête.

GILLE

Attendez, Colombine.

COLOMBINE

Vous voyez bien, voilà encore que vous m'arrêtez.

GILLE

Remettez de ma part ce bouquet.

COLOMBINE

Donnez donc vite.

GILLE

Non, décidément, j'aime mieux le remettre moi-même.

COLOMBINE

Comme vous vous plaisez à me faire perdre du temps. Vous aurez beau faire, j'y mettrai tous mes soins, et je vous réponds que ma maîtresse sera charmante.

GILLE

Je n'en doute pas.

COLOMBINE

Par exemple, c'est tout ce dont je puis vous répondre.

SCÈNE III

GILLE, puis VALÈRE

GILLE, *seul*

Est-ce qu'il a peur qu'on ne s'aperçoive pas de son arrivée pour s'annoncer par un pareil tapage? — Je vous demande un peu, nous étions bien tranquilles ici, il faut que ce diable d'Arlequin nous décoche ce fâcheux (*Bruit*). Ah! ça, mais il démolit la maison. Tant mieux, si mon Valère, en arrivant ici, pouvait casser quelque chose pour se faire bien venir de monsieur Pantalon. — Le voilà! n'oublions pas que j'ai promis d'être aimable. Oh! che caricatura! (*Valère entre*).

VALÈRE

AIR DE QUADRILLE

Au galop, au galop,
A grand bruit de grelot,
A mon poste
Je cours la poste
J'ai rendu tout poussif
Maint bidet leste et vif
Pour être plus hâtif.

Quand on m'attend je me dépêche
Je n'aime pas faire languir,
Je suis moulu, ma gorge est sèche
Et je boirais avec plaisir.

Dans mes bras, allons donc,
Sylvie et Pantalon,
Qu'on se presse
Pleins d'allégresse,
Ne perdons pas le temps
A de vains compliments,
Soyons ronds, mes enfants.

D'Arlequin souffrant de la goutte,
J'apporte un salut amical,
La poudre de la grande route,
Plus un appétit colossal.

Point d'apprêts, s'il vous plaît,
Tout cela me déplaît,
De sornettes
Ni d'étiquettes.
Un verre, un carafon,
C'est ainsi que se font
Les amitiés à fond.

Ouf! je n'en puis plus. — Ah! ça, mais on ne sait donc pas que je suis là. *(Il jette son chapeau sur le bouquet de Gille).*

GILLE

Quand on entre en tapinois comme vous.

VALÈRE

Etes-vous de la maison ?

GILLE
Presque.
VALÈRE
Je ne vous en fais pas compliment.
GILLE
Parce que?
VALÈRE
On me paraît peu avenant ici.
GILLE
Désolé.
VALÈRE
Cela vous serait-il égal de m'annoncer?
GILLE
Je crois qu'il me prend pour un serviteur. (*Gille aperçoit le chapeau sur son bouquet et le jette sous la table avec indignation*).
VALÈRE
Hein?
GILLE
Impossible, n'ayant pas l'honneur...
VALÈRE
De me connaître. Ah! parbleu, c'est juste. Je suis Valère, vous devez avoir déjà entendu ce nom-là?
GILLE
Comment, c'est vous, seigneur Valère, je crois bien. On vous attendait en effet.
VALÈRE
Et bien, me voilà; on ne m'attend plus, au contraire, c'est moi qui attends.
GILLE
Monsieur Pantalon sera enchanté de vous voir, mais il ne vous attendait pas de si bonne heure, il est en promenade.
VALÈRE
La peste l'étouffe, il prend bien son temps.

GILLE, *à part*

Che galantuomo!

VALÈRE

Et bien et la signora Silvia?

GILLE

A sa toilette pour le moment.

VALÈRE

Le diable soit de la coquetterie. Arlequin qui m'avait dit que je trouverais ici une famille hospitalière, pas de cérémonies et une bonne table. J'ai presque envie de monter à cheval.

GILLE

Il ne faudrait pas vous gêner pour moi.

VALÈRE

Oh! non, mais la pauvre bête se restaure, elle est bien heureuse, je lui ai fait donner de l'avoine et du foin.

GILLE

Si vous en désirez aussi, ce serait trop juste.

VALÈRE

Ah! ah! ce garçon me plait par sa naïveté. Merci. — Ah! tiens, en attendant la fin des promenades et des toilettes de la famille Pantalon (*Il tire une pipe de sa poche*) nous allons causer pendant que je me reposerai.

GILLE

Qu'est-ce que c'est que ça?

VALÈRE

Ça, c'est une pipe. C'est un instrument que j'ai rapporté de Flandres, où j'ai appris la manière de s'en servir (*il l'allume*). Vous ne connaissez pas ça?

GILLE

Si fait, mais c'est qu'ici ce ne sont guère que les plus grossiers matelots qui en usent.

VALÈRE

On est si niais dans ce pays-ci.

GILLE

Merci bien *(à part)* Che bruta! Voilà un rival tel que je me le serais fait faire si je l'avais commandé moi-même.

VALÈRE

Dites-moi donc, mademoiselle Pantalon, comment est-elle?

GILLE

En bonne santé, vous êtes bien bon.

VALÈRE

Ce n'est pas cela que je vous demande. Est-elle jolie?

GILLE

Peuh! passable.

VALÈRE

Arlequin prétend que c'est une personne ravissante.

GILLE

Arlequin, en voilà un à qui je vous conseille de demander des renseignements.

VALÈRE

Oui, il les donne fameux.

GILLE

Il les donne exacts, ah! ah! ah!

VALÈRE

C'est-à-dire qu'il les donne excellents, ah! ah! le pauvre bonhomme.

GILLE

Dites-donc, ça infecte votre petit machin.

VALÈRE

Goûtez-y et vous m'en direz des nouvelles.

GILLE

Merci, j'en serais bien fâché.

VALÈRE

Allons donc, pour me faire plaisir.

GILLE

A vous, c'est possible, car pour m'en faire à moi...

VALÈRE

Voyons donc, rien qu'une bouchée. (*Il le force à prendre la pipe, Gille aspire et s'étrangle. — Entrent Sylvie et Colombine.*)

SCÈNE IV

GILLE, VALÈRE, SYLVIE, COLOMBINE

SYLVIE

Pouah ! horreur ! horreur ! Gille, vous m'aviez dissimulé jusqu'à présent ce vice abject.

VALÈRE, *riant*

Excusez-le, il étrangle. Votre serviteur très humble, signora.

COLOMBINE

Fi ! c'est bien fait.

SYLVIE

Mille pardons, seigneur Valère..., oh ! je suffoque, un flacon, des sels... (*Gille tire un flacon de sa poche, Valère s'en empare et le passe à Sylvie*).

VALÈRE, *à part*

Bégueule ! *(Haut)*. Tenez, mademoiselle, ce n'est rien, allez.

SYLVIE

Mille remercîments. Je suis heureuse que vous soyez là pour réparer...

GILLE

Mais, signora... *(il tousse)*.

VALÈRE

Il ne le fera plus.

SYLVIE

Mon père n'est pas encore rentré. Pour moi, excusez-moi de vous avoir fait attendre, surtout dans une pareille compagnie.

GILLE

Mais... (*il tousse et tend la pipe à Valère. Colombine s'en empare et la jette*).

COLOMBINE

Ouh ! jetez donc cela bien vite.

VALÈRE

Ce n'est pas pour la compagnie, je vous assure que ça m'est égal.

SYLVIE

Vous êtes trop indulgent... Ouf ! mon éventail que je dissipe ce nuage (*Gille veut prendre l'éventail sur la table, Colombine s'en saisit, le passe à Valère qui le donne à Sylvie*). Mille grâces de votre empressement, monsieur Valère.

GILLE

Ah ! mademoiselle...

SYLVIE

Que prétendez-vous dire ?

VALÈRE

Il dit qu'il boirait bien un peu.

GILLE

Du tout.

VALÈRE

Moi aussi. Je ne sais pas si je vous ai dit que je viens de faire cinq ou six lieues au galop, malgré tout le plaisir que je puis prendre à vous voir, ça ne me rafraîchit pas.

SYLVIE

Impossible de tourner plus galamment un compliment.

VALÈRE

Et puis je ne serais pas fâché de secouer un peu ma poussière et de me faire les ongles.

SYLVIE

Je vais vous faire conduire à la chambre qui vous est préparée.

VALÈRE

Volontiers, mais commençons par le plus pressé (*il cherche son chapeau et trouve le bouquet qu'il prend*). Tiens, on m'a pris mon chapeau. Tenez, mademoiselle, je vous offre... (*Gille veut s'interposer, il le repouse*). Laissez-moi donc tranquille, vous, qu'est-ce que vous voulez que je fasse de ça ? — Je vous offre ces fleurs...

SYLVIE

Quelle attention délicate, ce bouquet est ravissant, seigneur Valère.

VALÈRE

Qui peut m'avoir pris mon chapeau.

GILLE

Signora, c'est moi...

SYLVIE

Comment, Gille, c'est vous qui vous êtes amusé à cacher le chapeau de monsieur Valère. Rendez-le lui, s'il vous plaît.

VALÈRE

Ah ! farceur !

GILLE

Mais non...

COLOMBINE

Vous ne voulez pas le rendre.

VALÈRE

Ah ! le voilà, pardon. Il était bien caché, ma foi. Allons, vous n'êtes pas fort à ce jeu-là.

GILLE

Permettez...

SYLVIE

La plaisanterie est tout à fait de bon goût.

VALÈRE

A vos ordres, mademoiselle, je me rafraîchirais volontiers, car je brûle...

SYLVIE

Ah ! monsieur, une si prompte déclaration...

GILLE

Acceptez ma main, signora, j'implore un moment d'attention.

VALÈRE

Je passerais bien devant, mais je ne sais pas le chemin.

GILLE

Che sciocho !

SYLVIE

Allons, monsieur, mon père sera sans doute rentré.

VALÈRE

Tant mieux, je lui dirai boujour avec plaisir.

(*Sylvie et Valère sortent ensemble*).

SCÈNE V

GILLE, COLOMBINE

GILLE

Je suis abasourdi. Y comprends-tu rien, Colombine ?

COLOMBINE

Ma foi non, je vous assure ; je ne vous ai jamais vu si gauche ni si maladroit qu'aujourd'hui.

GILLE

Comment, toi aussi ?

COLOMBINE

Vous profitez de l'arrivée de votre rival pour vous livrer à un vice ignoble que vous aviez si bien su cacher jusque là.

GILLE

Mais c'est une erreur, c'est lui, au contraire...

COLOMBINE

Si vous n'aviez pas été pris sur le fait, vous pourriez tenter de donner le change.

GILLE

C'est à devenir fou.

COLOMBINE

Au reste, le seigneur Arlequin ne nous avait pas trompés. Peste, Valère est vraiment un charmant cavalier.

GILLE

Lui ! cette brute !

COLOMBINE

Comme la jalousie vous fait divaguer. Vous avouerez pourtant que vous n'avez pas brillé près de lui.

GILLE

J'étranglais.

COLOMBINE

C'est possible, mais lui se montrait plein d'empressement à satisfaire les moindres désirs de la signora. Elle demande un flacon, à l'instant il le lui offre.

GILLE

Mais c'est moi.

COLOMBINE

A peine a-t-elle réclamé son éventail, elle le reçoit de ses mains.

GILLE

Mais, c'est-moi.

COLOMBINE

Il lui remet un bouquet gracieux.

GILLE

C'est le mien.

COLOMBINE

Quand je vous disais de prendre garde aux comparaisons.

GILLE

Colombine, vous me faites perdre la tête.

COLOMBINE

Je ne serais pas surprise quand ma maîtresse, qui m'a déjà paru bien changée à votre égard depuis quelques instants...

GILLE

Mais elle s'est trompée.

COLOMBINE

Finirait par vous préférer un si séduisant gentilhomme.

GILLE

Ne me dis pas cela.

COLOMBINE

Ce serait votre faute ; vous avez fait exprès, comme pour le faire mieux valoir, de lui laisser tous les avantages de cette première entrevue.

GILLE

C'est trop fort !

COLOMBINE

Rappelez-vous au moins que je vous l'avais prédit.

GILLE

Je n'y tiens plus, c'est un vrai cauchemar. (*Il se sauve*).

COLOMBINE

Ah ! ah ! vous ne vouliez pas me croire.

SCÈNE VI

COLOMBINE seule, puis SYLVIE

Air : *Un homme pour faire un tableau*

De ces messieurs, en vérité,
L'amour-propre n'est pas croyable ;
Chacun d'eux a la vanité
De se juger le plus aimable.

Quand pour nous ils sont toutefois
D'une exigence ridicule...
Ne devons-nous pas quelquefois
Rire à leurs dépens sans scrupule.

SYLVIE, *appelant*

Colombine !

COLOMBINE

Me voilà, mademoiselle.

SYLVIE *entrant*

Tu vas faire apporter ici quelques rafraîchissements. J'attends plusieurs personnes et je veux leur offrir une petite collation.

COLOMBINE

Bien, mademoiselle.

SYLVIE

Où se cache donc monsieur Gille qu'on ne le voit pas ?

COLOMBINE

Je ne sais, il vient de s'enfuir comme un fou.

SYLVIE

Cherche-le moi et recommande-lui de faire bonne contenance. Monsieur Valère va venir nous retrouver ici.

COLOMBINE

Est-ce que mademoiselle ne fera pas de musique aujourd'hui ?

SYLVIE

Ah ! si, je tiens à faire chanter le seigneur Valère quand notre société sera arrivée. Il faut bien divertir ses amis.

COLOMBINE

Je le pensais bien aussi. J'apporterai une guitare.

SYLVIE

Surtout, tâche de me trouver Gille.

COLOMBINE

Il fait partie essentielle du divertissement.

SYLVIE

Sans aucun doute.

COLOMBINE

En vérité, il ne connaît pas son bonheur.

SYLVIE

Que tout soit prêt pour l'arrivée de nos amis et de Valère que j'ai laissé en tête-à-tête avec mon père et qui peut revenir d'un moment à l'autre.

COLOMBINE

Je puis toujours vous servir monsieur Gille, en attendant le reste, car le voici qui vient de ce côté. *(Elle sort).*

SCÈNE VII.

GILLE, SYLVIE.

GILLE

Ah ! signora, il me tardait de vous trouver seule.

SYLVIE

Je vous cherchais de même, monsieur Gille.

GILLE

Je voulais vous expliquer....

SYLVIE

Je ne veux rien entendre, que tout soit oublié.

GILLE

Mais pardon, je tiens beaucoup à vous faire savoir...

SYLVIE

C'est inutile, je vous pardonne.

GILLE

Mais laissez-moi vous dire...

SYLVIE

Que voulez-vous de plus ? peut-on être plus indulgente que je ne suis ?

GILLE

Mais vous ne savez pas...

SYLVIE

Votre obstination m'offense, monsieur Gille. Il me semble que, quand je suis assez bonne pour ne vous rien reprocher, quand je veux bien oublier de trop justes sujets d'indignation...

GILLE

Mais c'est que vous croyez...

SYLVIE

Ah ! c'en est trop. Assez, vous dis-je, vous aggravez vos torts en voulant les excuser.

GILLE

Laissez-moi au moins me défendre avant de me condamner.

SYLVIE

Encore une fois je ne vous condamne pas, je vous absous, au contraire, et vous n'avez, ce me semble, qu'à me remercier.

GILLE

De tout mon cœur, mademoiselle, mais quand je vous aurai dit...

SYLVIE

Si vous ajoutez un seul mot, je retire mon pardon et nous voilà brouillés pour la vie. Le mieux est de ne plus parler de tout cela.

GILLE

Laissez-moi seulement vous dire...

SYLVIE

Adieu, monsieur Gille...

GILLE

Sylvie, par grâce...

SYLVIE

Vous tairez-vous ?

GILLE

Quatre mots.

SYLVIE

Adieu.

GILLE

Je suis muet *(à part)* Quelle obstination.

SYLVIE

Croyez-vous que je ne sache pas ce que vous voudriez me dire ?

GILLE

C'est-à-dire que vous ne vous en doutez pas le moindrement.

SYLVIE

Vous vous excuserez sur ce que vous étiez ému, troublé de la présence d'un rival.

GILLE

Ce n'est pas cela.

SYLVIE

D'un rival dangereux.

GILLE

Dangereux ! bonté divine !

SYLVIE

Chez qui vous ne saviez pas rencontrer tant d'amabilité, d'esprit...

GILLE

Qu'entends-je ?

SYLVIE

Voilà ce que vous me diriez, je le sais : je vais au devant de vos excuses et je vous pardonne; c'est fini.

GILLE

Ah ! signora, je ne vous aurais certes pas dit un mot de tout cela.

SYLVIE

Nimporte, ces raisons-là eusent été passables et je m'en

contente ; si vous en aviez d'autres à faire valoir, elles ne peuvent être que détestables ; donc je vous en dispense.

GILLE

Mais, moi, je ne peux m'en dispenser.

SYLVIE

Encore ! alors je vous les interdis formellement.

GILLE

Quel supplice. Mais, sérieusement, il n'est pas possible que vous pensiez de Valère tout ce que vous dites là.

SYLVIE

Et pourquoi cela ?

GILLE

Parce qu'il est, au contraire, grossier, stupide et désagréable au possible.

SYLVIE

Comment, monsieur Gille, vous vous abaissez jusqu'à la calomnie pour détruire un rival.

GILLE

Vous appelez cela de la calomnie ?

SYLVIE

Voilà qui est indigne d'un galant homme et, si je ne savais que la jalousie vous aveugle et que la haine vous égare...

GILLE

Quoi vous trouvez...

SYLVIE

Je trouve qu'un cavalier qui a de l'empressement, de délicates attentions...

GILLE

Lui ! mais vous n'avez donc pas vu...

SYLVIE

J'ai vu que vous vous livriez à des gamineries inconvenantes pour ne pas dire pis.

GILLE

Non, quand je devrais mourir, je vous dirai...

SYLVIE

Vous n'en avez déjà que trop dit. Voulez-vous que nous restions amis ?

GILLE

Si je le veux ?

SYLVIE

Qu'il ne soit plus question entre nous de la scène de ce matin.

GILLE

Mais je dois vous ouvrir les yeux.

SYLVIE

Adieu donc.

GILLE

Pas maintenant, non, puisque cela vous fâche, mais plus tard, ce soir par exemple.

SYLVIE

Adieu.

GILLE

Non, pas ce soir, demain, tenez.

SYLVIE

Je vois qu'il faut rompre ensemble.

GILLE

Je veux dire après demain, dans huit jours, quand vous voudrez.

SYLVIE

Voyez si je suis bonne, je consens à entendre votre apologie, mais pas maintenant.

GILLE

Fixez vous-même le moment et je n'en ouvrirai pas la bouche d'ici là.

SYLVIE

D'aujourd'hui en... trois ans.

GILLE
Trois ans !
SYLVIE
Plus un mot à présent, quand j'en passe par où vous voulez, vous auriez mauvaise grâce à montrer une obstination offensante.
GILLE
Assurément, c'est moi qui...
SYLVIE
Et maintenant la paix est faite.
GILLE
Merci, chère Sylvie, c'est le principal.
SYLVIE
Accordez-moi aussi quelque chose en retour de ma complaisance, faites bonne mine à Valère pour deux ou trois jours qu'il passera avec nous.
GILLE
Je croyais qu'il repartait ce soir.
SYLVIE
Mon père l'a retenu, il se pourrait qu'il prolongeât un peu son séjour.
GILLE
Je l'en aurais bien dispensé.
SYLVIE
Allez-vous faire le maussade ?
GILLE
Non, signora ; d'ailleurs je me flatte qu'avant ce temps-là vous serez aussi lasse que moi de sa présence.
SYLVIE
Toujours le même ! lui, au contraire, vous a pris en amitié.
GILLE
J'en suis bien flatté et je tâcherai de m'en rendre digne.

SYLVIE

Il ne mérite pas une mauvaise opinion que je ne pardonne qu'à votre jalousie.

GILLE

Ah ! par exemple, c'est trop fort.

SYLVIE

Air de *Roger Bontemps.*

Entre vos mains, je trouve
Un objet peu coquet.

GILLE

Et quoi, si je vous prouve...

SYLVIE

Dans la sienne un bouquet.

GILLE

Souffrez, mademoiselle...

SYLVIE

Jugez avec candeur
Lequel près de sa belle
S'est mis en bonne odeur.

Je compte sur votre promesse. *(Elle sort).*

SCÈNE VIII

GILLE, puis VALÈRE

GILLE, *seul*

Che cerebello ! — Enfin on m'a pardonné les inconvenances de M. Valère. — Quand je pense qu'un pareil faquin a ensorcelé toute la maison. Sylvie le trouve charmant, Colombine en est ravie, M. Pantalon le retient, ah ! c'est crispant. Heureusement, je ne doute pas que tout ce monde là ne soit bientôt désenchanté. Jusque-là, tâchons d'être calme et patient. J'aimerais mieux deux jours de pilori ou la bastonnade, mais quand on n'a pas le choix du supplice...

VALÈRE, *entrant*

Allons, la maison est meilleure que je ne croyais, M. Pantalon est un compère joyeux et sa fille Sylvie n'est pas autre chose que ravissante.

GILLE

Aïe, mes nerfs !

VALÈRE

Ah ! vous voilà, monsieur le mauvais plaisant.

GILLE

Vous dites ?

VALÈRE

Vous me disiez que mademoiselle Pantalon était passable. Vous aimez à rire, je vois, monsieur Gille.

GILLE

Oui, j'aime assez cela, quand je peux.

VALÈRE

Et bien c'est pour cela que vous me plaisez... Moi aussi j'aime la plaisanterie. Parbleu, à nous deux, nous allons égayer la maison Pantalon.

GILLE

C'est bien assez pour cela de vous tout seul.

VALÈRE

Non, je veux que vous m'aidiez et que vous soyez de moitié avec moi. Je sais bien comment je place mon amitié.

GILLE

Merci bien. (*Colombine apporte un plateau sur la table*).

VALÈRE

Qu'est-ce que c'est que ça ?

COLOMBINE

Mademoiselle attend des visites ici dans la journée et veut leur offrir quelques rafraîchissements. (*Elle sort*).

VALÈRE

Excellente idée. Dites donc, monsieur Gille, mais la maison est beaucoup meilleure que je ne pensais.

GILLE

Comme vous voyez.

VALÈRE

Cela se trouve à merveille que j'aie déjeuné légèrement et satisfait incomplètement ma soif, je pourrai très bien faire honneur encore à quelques friandises.

GILLE

Si vous avez faim, voilà des gâteaux et des fruits ; si vous avez soif, voilà du vin et des sirops.

VALÈRE

J'aime votre rondeur, mon cher Gille, et ma foi, tenez, j'accepte sans cérémonie, comme vous m'offrez (*il prend une bouteille*). Qu'est-ce que cela ?

GILLE

C'est du vieux vin d'Espagne.

VALÈRE

Voilà mon affaire parbleu (*il se verse et boit*). Ça du vin d'Espagne, mais non, c'est du nectar, mon cher.

GILLE

Nectar si vous voulez ; mais je vous préviens que c'est assez capiteux.

VALÈRE

Vous croyez (*il boit*). Bah ! c'est du sirop !

GILLE

Après cela, si vous avez la tête forte.

VALÈRE

Mais, entre nous, la tête n'est pas mauvaise et assez solidement organisée. Je défie n'importe quelle liqueur de me faire dire plus de sottises qu'à l'ordinaire.

GILLE

Je vous crois : *In vino veritas.*

VALÈRE

Vous avez raison. (*Il remplit son verre*).

AIR :

Qui ma conté
Que dame vérité
Au fond d'un puits cachait sa nudité.
Non, non, cette divinité
N'a jamais eu telle imbécillité,
Elle se niche, et le fait est certain,
Plutôt au fond d'un flacon de vieux vin.

Au fond d'un verre
Elle préfère
Trouver logis moins triste et moins profond,
Ah ! pour lui faire
Voir la lumière,
Vidons et verre et flacon jusqu'au fond.

(*Il boit et remplit son verre de nouveau*).

Qui m'a conté
Qu'on trouvait la santé
Dans un sirop que vend la Faculté ?
Ce bien si doux, il serait dur
De le chercher dans un breuvage impur ;
Sirops, juleps, élixirs, potions
Sont à mes yeux mystifications,
Aussi je pense,
De préférence,
Qu'il est caché dans un gai carafon,
Pour l'en extraire
Peut-on moins faire
Que de vider le flacon jusqu'au fond ?

GILLE, *à part*

Il est déjà gris comme un reître.

VALÈRE

Vous me ferez l'honneur de trinquer, je suppose,
Car boire ainsi tout seul est une triste chose.

GILLE

Bien volontiers. (*A part*). Je l'achève; on verra
S'il peut encore ainsi charmer la signora.

ENSEMBLE

Air du *Vin de Bourgogne.*

Si le vin d'Espagne
Egaie en effet
Et fait
Battre la campagne,
C'est un vin parfait.

GILLE

Nous qui, pauvres hommes,
Divaguons tous,
Savons-nous
Si vraiment nous sommes,
Etant gris, plus fous ?

VALÈRE

Ah ! ah ! ah ! A la bonne heure, voilà un gai compagnon.

GILLE, *à part*

Un seul verre de plus, je le crois ivre-mort.

(*Haut*).

Allons, seigneur Valère, allons, un verre encor.

(*Gille prend la bouteille. — Valère frappe à grands coups sur la table pendant la reprise*).

ENSEMBLE

Si le vin d'Espagne
Egaie en effet
Et fait
Battre la campagne,
C'est un vin parfait.

SCÈNE IX

GILLE, VALÈRE, SYLVIE, COLOMBINE

SYLVIE

Quel est ce tapage ? — Que vois-je ? Ah ! Gille, pour le coup, c'est trop fort.

GILLE

Allons, bon, c'est encore moi.

COLOMBINE *lui prenant la bouteille.*

Ah ! miséricorde, signora, il a vidé toute la bouteille.

VALÈRE, *aviné.*

Ah ! le gaillard ne fait pas les choses à moitié.

SYLVIE

Horreur ! Excusez-le, monsieur Valère.

GILLE

Par exemple !...

VALÈRE

Mais moi, mon cher, je ne demande pas mieux.

GILLE

Mais remarquez donc l'état de Valère.

SYLVIE

Je ne comprends pas que vous osiez parler.

COLOMBINE

Ah ! mademoiselle, il est complètement gris.

GILLE

Colombine, vous m'exaspérez.

COLOMBINE

Ah ! mon Dieu ! est-ce qu'il a le vin furieux ?

SYLVIE

Tenez-vous, Gille, vous vous conduisez comme un porte-faix.

GILLE

Mais c'est lui.

SYLVIE

Je n'aurais jamais pensé qu'on ne put pas vous laisser en face d'une bouteille.

VALÈRE

Il a un léger faible pour le jus de la treille.

SYLVIE

En vérité, M. Valère, je rougis pour lui que, sous vos yeux...

GILLE

Mais regardez-le donc, c'est lui, au contraire...

COLOMBINE

Il a quelqu'idée fixe de buveur.

SYLVIE

Taisez-vous, vous allez encore dire quelqu'énormité. Quant à celle-là, je ne vous la pardonne pas encore.

COLOMBINE

Il faudrait plus que de la bonté.

GILLE

Colombine !

COLOMBINE

Mais c'est qu'il me fait peur.

SYLVIE

Calmez-vous au moins. Croiriez-vous, monsieur Valère, que jusqu'à ce moment je ne m'étais jamais douté que Gille fût un ivrogne.

VALÈRE

C'est incroyable.

GILLE

Mais, signora, j'ai tout mon sang-froid. C'est monsieur Valère qui...

SYLVIE

Il va prétendre que vous l'avez grisé.

VALÈRE

Il aime à plaisanter ce cher Gille.

GILLE

Ecoutez-moi donc.

SYLVIE

Silence, voici des visites, tâchez au moins que nos amis ne s'aperçoivent pas, si c'est possible, de votre état.

GILLE

De mon état !

VALÈRE

Je veillerai sur lui, soyez tranquille.

SYLVIE

Oh ! je vous en prie, monsieur Valère, vous me rendrez un grand service.

GILLE

Oh ! c'est trop fort !

SCÈNE X

GILLE, VALÈRE, SYVIE, COLOMBINE, BÉATRIX, LÉLIO, FLORINDA

CHŒUR.

Air : *Vous, dont les mets sont si doux.*

Saisissant l'occasion
De vous faire compagnie,
Nous accourons, chère amie,
A votre invitation.

SYLVIE

Bonjour, signora Béatrix, signor Lelio, je vous salue. Ah ! chère Florinda, c'est aimable de vous être rendue à ma prière. Je vous présente monsieur Valère, qui arrive de Bergame ce matin.

BÉATRIX

De Bergame ? et comment se porte le seigneur Arlequin ?

VALÈRE

La santé est bonne ; seulement, ce pauvre vieux, il paraît que la tête...

SYLVIE

Comment ! vous ne m'aviez pas dit que mon oncle...

VALÈRE

Moi, je ne m'en étais pas aperçu dans le fait ; mais monsieur Gille me faisait remarquer que le bonhomme... bat la breloque...

SYLVIE

Quelle insolence, monsieur Gille !

TOUS, *avec indignation.*

La breloque !

GILLE

Quoi donc encore ? je n'ai pas dit un mot.

BÉATRIX

Ah ! monsieur Gille, qu'avez-vous dit là ?

GILLE

Mais je n'ai rien dit, signora.

COLOMBINE *à Béatrix.*

Ne l'écoutez pas, madame, il est un peu indisposé ce matin.

SYLVIE

Colombine, offrez donc quelque chose à ces dames. Asseyons-nous, mesdames, et vous, messieurs.

(Tous s'assoient).

VALÈRE *s'asseyant le premier.*

C'est cela, je donne le bon exemple, car je trouve qu'on est mieux assis que sur ses jambes.

GILLE, *à part.*

Il peut à peine s'y tenir. Patience, la vérité se découvrira. (*Colombine passe des pâtisseries. — Après en avoir offert à Valère, elle s'en va sans en offrir à Gille*). Attendez, Colombine, je prendrais volontiers...

COLOMBINE

Encore ! quel estomac.

SYLVIE

Ne lui donnez rien, Colombine. Vous n'avez pas honte, monsieur Gille, après ce que vous avez absorbé.

GILLE

Par exemple !

SYLVIE

Par grâce, surveillez-le, monsieur Valère, je vous le recommande.

VALÈRE

Je m'en charge. Soyez tranquille, vous ne vous en repentirez pas, mon ami. (*Il lui met un gâteau dans chaque main et lui en bourre les poches malgré sa résistance*).

SYLVIE

Chère Béatrix, vous tremperez bien un biscuit dans un verre de vin d'Espagne ?

COLOMBINE

Du vin d'Espagne ; mais, mademoiselle, il n'y en a plus.

SYLVIE

C'est juste, j'oubliais... (*Gille ouvre la bouche pour se justifier. Valère y enfonce un gâteau*).

VALÈRE

Plaignez-vous de moi. Il fait bon être sous ma protection.

BÉATRIX

Il n'importe, d'ailleurs, je préfère le biscuit tout sec.

COLOMBINE

Ah ! mon Dieu, signora, il n'y a plus de gâteaux non plus.

SYLVIE

Comment, personne n'en a mangé.

COLOMBINE

C'est vrai, mais monsieur Gille a fait ses provisions. Il en a plein ses poches. *(Elle en retire quelques-uns qu'elle montre).*

SYLVIE

Et plein les mains.

COLOMBINE

Et plein la bouche.

TOUS

Oh ! oh !

VALÈRE

Oh ! vous pouvez l'assiéger, vous ne le prendrez pas par la famine.

SYLVIE

Pour le coup, monsieur Gille, voilà qui passe les bornes.

GILLE, *la bouche pleine.*

C'est monsieur Valère...

COLOMBINE

Et bien, il ne manque pas d'aplomb au moins.

SYLVIE

Vous n'avez pas votre sang-froid. Taisez-vous.

GILLE

Corpo di diavolo ! il y a de quoi le perdre.

COLOMBINE

Je crois bien, une bouteille entière.

SYLVIE

Vous allez jurer à présent. Mesdames, je suis honteuse de

la conduite que croit pouvoir se permettre ici monsieur Gille.

BÉATRIX

C'est sans doute une plaisanterie un peu singulière.

VALÈRE

C'est le plus grand farceur que je connaisse.

SYLVIE

Vous êtes vraiment trop aimable de chercher à l'excuser; merci pour lui, monsieur Valère.

GILLE

Monsieur, je n'entends pas...

SYLVIE

Assez, monsieur Gille, tâchez de faire oublier jusqu'à votre présence.

GILLE, *se levant*.

J'aime mieux m'en aller, tenez.

VALÈRE *le force à se rasseoir*.

Je m'y oppose. Vous êtes mon ami, je vous garde, ingrat.

SYLVIE

Restez, n'augmentez pas le scandale que vous avez causé. Colombine, allez chercher d'autres pâtisseries.

BÉATRIX

Merci, chère amie, nous ne désirons plus rien.

COLOMBINE

Tout le monde n'a pas un appétit égal.

BÉATRIX

Nous préférons entendre une de ces jolies romances que vous savez.

VALÈRE

C'est cela, de la musique. En avant la musique.

SYLVIE

Nous serions ravis de vous entendre, monsieur Valère.

VALÈRE

Je vous procurerai ce ravissement-là, mais après mon ami Gille.

GILLE

Je désire qu'on ne s'occupe de moi en aucune façon.

SYLVIE

Je crois que ce sera le mieux.

GILLE, *à part.*

Je n'ose souffler mot.

SYLVIE

Vous voulez donc que ce soit moi qui chante.

TOUS

Oui, oui, nous vous en prions.

SYLVIE *chante*

Air : *Jean ne ment pas.*

A Beppo j'étais promise,
Sylvio m'a dit un soir :
Rien n'a d'éclat dans Venise
Près des feux de votre œil noir.
Venez dans notre gondole,
Au chant de la barcarolle
Il est charmant d'oublier.
L'Adriatique est bien douce,
Pour nous bercer sans secousse
L'amour s'est fait gondolier.

VALÈRE *à Gille.*

Plaît-il ?

COLOMBINE

Mais, monsieur Valère...

SYLVIE

Voulez-vous me permettre de continuer, monsieur Gille ?

GILLE

Mais je crois...

TOUS

Silence donc, monsieur Gille !

SYLVIE *chante.*

A Beppo je suis promise,
Je l'attends au rendez-vous;
De Saint-Marc la vieille église
Va sonner ses douze coups.
Quel air pur sur la lagune !
Aux feux douteux de la lune,
Avec galant nautonnier,
Dois-je quitter le rivage ?
Hélas ! je crains le naufrage
Quand l'amour est gondolier.

VALÈRE

Est-ce au tour de notre ami Gille ?

TOUS

Chut ! chut donc, monsieur Gille.

SYLVIE

Votre tour viendra, mais si je vous ennuie, je n'achèverai pas.

GILLE

Je vous en prie...

VALÈRE

Il sait que nous avons hâte de l'entendre.

TOUS

Silence donc, monsieur Gille. (*Gille se mord le poing*).

SYLVIE *chante.*

Voyez, jeune fiancée...

VALÈRE

Gille demande combien il y a de couplets ?

TOUS

Oh ! oh ! monsieur Gille.

GILLE

Mais c'est faux.

COLOMBINE

Alors taisez-vous donc.

GILLE

Je demande à m'en aller.

SYLVIE

Oh ! par exemple ! vous êtes d'une grossièreté.

TOUS

Oh ! oh ! monsieur Gille !

VALÈRE *le retenant.*

Je vous renierais pour ami ; moi qui ai tant de plaisir...

SYLVIE

Vous êtes indulgent pour mon faible talent, vous au moins, monsieur.

GILLE

Vous ne comprenez pas.

TOUS

Silence, silence, monsieur Gille.

BÉATRIX

Par grâce, signora, continuez.

> Voyez, jeune fiancée,
> Votre ami n'est empressé,
> D'attendre êtes-vous lassée,
> Prenez-moi pour fiancé.
> Sa voix fut persuasive.
> Tous deux nous quittons la rive,
> Soudain j'entends supplier...
> Beppo ! c'est bien lui... j'hésite,
> Mais sur l'onde on glisse vite
> Quand amour est gondolier.

TOUS

Brava ! brava !

GILLE

Charmant, signora, brava, diva.

SYLVIE

Je ne mérite pas tant d'enthousiasme, monsieur Valère.

GILLE

Il n'a rien dit, c'est moi, signora, qui suis ravi...

VALÈRE

Que ce soit fini.

TOUS

Oh! oh! monsieur Gille. *(Tous se lèvent).*

SYLVIE

Oh! une pareille insulte!

BÉATRIX

Mais qu'a-t-il donc aujourd'hui?

GILLE *hors de lui*

Tenez, j'aimerais mieux la question ordinaire et extraordinaire, les ceps, tout ce qu'on voudra.

TOUS

Quelle horreur! oh!

SYLVIE

Monsieur Gille, cet affront m'est cruel, quoique vous soyez ivre.

TOUS *(Air des Trembleurs).*

> Epouvantable scandale,
> Grossièreté sans égale,
> Insolence aussi brutale,
> Jamais, jamais ne se vit.
> Pour être si malhonnête
> Il a donc perdu la tête
> Et sa démence est complète,
> Monsieur Gille, ah! fi! fi! fi!

GILLE

Mesdames, écoutez, je jure...

COLOMBINE

Il veut jurer, fi! monsieur Gille.

GILLE

Mais vous me mettez au supplice.

SYLVIE

De mieux en mieux, au supplice est poli. Laissez-le, mesdames, il n'y pas moyen d'y tenir.

TOUS, *reprise*

Epouvantable scandale, etc.

(Sylvie prend le bras de Valère qu'elle entraîne dehors. Tous sortent, excepté Gille).

SCÈNE XI

GILLE, puis COLOMBINE

GILLE *seul*

Air : *Cette théière, plus je la regarde* (Fich-ton-Kang).

J'ai tout le poids de la sottise
De mon trop stupide rival.
Quoi que je fasse et quoi qu'il dise,
C'est toujours moi qui fais le mal.
De tous ses torts je suis victime,
Je frémis du malentendu ;
S'il venait à commettre un crime,
A coup sûr je serais pendu.

COLOMBINE

Et bien, vous avez bien arrangé vos affaires.

GILLE

Qu'y a-t-il encore ? quelle nouvelle énormité de Valère ai-je à subir ?

COLOMBINE

Etes-vous un peu dégrisé maintenant ?

GILLE

Brisons là, Colombine. Tu vois un homme anéanti. L'étrangeté de mon infortune a détendu en moi tout ressort moral ; je suis devenu insensible aux coups du destin impitoyable qui semble s'acharner après moi.

COLOMBINE

Tant mieux si vous êtes insensible, car la signora...

GILLE

Après ?

COLOMBINE

Indignée de votre conduite...

GILLE

Poursuis, tu tapes sur de la ouate.

COLOMBINE

Et charmée des façons agréables de Valère...

GILLE

Achève.

COLOMBINE

Vient de demander à monsieur Pantalon de rompre avec vous.

GILLE

Stelle !

COLOMBINE

Et de la fiancer à votre ami.

GILLE

A mon ami, serpent, mon ami, lui ! Dis donc mon cauchemar, dis mon bourreau, dis mon mauvais génie ! ah !

COLOMBINE

Ah ! mais qu'est-ce qui vous prend ?

GILLE

Air : *Muse des Bois.*

Dans ce moment de fureur légitime,
En apprenant pareille trahison,
Oui je comprends les voluptés du crime,
Du feu, du glaive et même du poison.
Que sous mes coups sans plus tarder il tombe,
Furie, enfer, secondez mon transport.
Lui, c'est trop peu, je veux une hécatombe,
Toi, Colombine, elle et... quelqu'autre encor.
Oui, je veux faire une immense hécatombe
De tout le monde... et bien d'autres encor !

(Il sort furieux)

SCÈNE XII

COLOMBINE, VALÈRE

COLOMBINE

Quelle fureur ! jamais je ne l'ai vu dans un pareil état. Voilà qui devient grave. Pourvu qu'il n'aille pas faire quelque malheur. Monsieur Gille, monsieur Gille ! Ah ! bien oui, il court comme un fou.

VALÈRE *entrant*.

Où est-il cet ami ? que lui veut-on ?

COLOMBINE

Ah ! monsieur, prenez garde à vous, monsieur Gille en veut à vos jours.

VALÈRE

Lui que j'ai comblé de mes bienfaits.

COLOMBINE

Il veut vous assassiner, vous dis-je.

VALÈRE

C'est une plaisanterie.

COLOMBINE

Il s'en faut, rien n'est plus sérieux. Croyez-moi, fuyez.

VALÈRE

Fuir, voilà bien la poltronnerie des femmes. Fuir devant le danger... Je crois que c'est généralement ce qu'on a de mieux à faire. Mais mon mariage ?

COLOMBINE

Il est bien question de cela.

VALÈRE

C'est justement parce qu'il n'en a pas encore été question que je voudrais en toucher deux mots avant...

COLOMBINE

Avant de mourir, n'est-ce pas ?

VALÈRE

Avant de mourir !

COLOMBINE

Si vous tardez le moins du monde, je vous dis que ce n'est pas de votre mariage qu'il faudra vous occuper, mais de votre testament.

VALÈRE

C'est donc un enragé que ce Gille. Comme je l'avais mal jugé.

COLOMBINE

Tenez, tenez, le voilà, vous allez voir. Je vous laisse l'apprécier. *(A part).* Courons avertir ma maîtresse. *(Elle se sauve).*

VALÈRE

Colombine, ne me laisse pas seul. La lâche !

SCÈNE XIII

VALÈRE, GILLE

(Gille entre armé jusqu'aux dents)

GILLE

A nous deux maintenant, Valère, tu sais qu'il me faut tout ton sang.

VALÈRE

Bon, voilà qu'il me tutoie. Ce que c'est que la colère.

GILLE

En garde !

VALÈRE

Arrêtez, cher ami.

GILLE

Qui ? moi, ton ami ? En garde, misérable ! Voilà assez longtemps que je gémis sous le poids de ta sottise, il faut que je te supprime et tu vas mourir de ma main.

VALÈRE

A l'assassin ! à l'assassin !

GILLE

Tu m'as ravi le bonheur et la réputation. Au voleur ! au voleur !

VALÈRE

A l'assassin ! à l'assassin ! (*Poursuivi par Gille qui le menace de son épée, Valère se saisit de la table et s'en fait un bouclier*).

SCÈNE XIV

VALÈRE, GILLE, SYLVIE, COLOMBINE

SYLVIE

Arrêtez, malheureux, que prétendez-vous faire ?

GILLE

Me baigner dans le sang d'un odieux rival. Laissez-moi assouvir ma rage ou je l'immole sous vos yeux.

VALÈRE

C'est un cannibale !

SYLVIE

Et quoi, ma présence n'a pas le pouvoir de vous retenir ?

GILLE

Non, j'aspire après l'âpre volupté de la vengeance.

VALÈRE

C'est un scandale !

SYLVIE

Ma voix qui vous prie n'imposera pas à votre fureur ?

GILLE

J'ai soif de carnage, il me faut sa vie.

VALÈRE

C'est un vrai chacal !

SYLVIE

Ecoutez-moi, Gille, de grâce, tout cela n'était qu'un jeu.

GILLE

Un jeu ! Vous saviez donc que je n'étais pas coupable ? Cette ignoble pipe...

COLOMBINE

C'est monsieur qui la fumait.

GILLE

Cette bouteille.

SYLVIE

C'est lui qui l'a vidée, je le sais.

GILLE

Toutes ces sottises, ces impertinences...

COLOMBINE

Monsieur seul en est l'auteur.

SYLVIE

Je n'en ai jamais douté ; on s'est un peu moqué de vous, voilà tout.

GILLE

Quoi, chère Sylvie...

SYLVIE

Mais on savait bien rendre à chacun la justice qui lui est due.

VALÈRE

A la bonne heure.

GILLE

Mais cette rupture, ces nouveaux projets d'union ?...

SYLVIE

Rassurez-vous, je suis toujours votre fidèle fiancée.

GILLE

O bonheur ! la plaisanterie était cruelle pourtant.

SYLVIE

C'est pour vous punir d'avoir été jaloux.

VALÈRE

Et maintenant, embrassons-nous.

GILLE

Vous nous dites adieu ?

SYLVIE

Allons, bon voyage, monsieur Valère.

COLOMBINE

Votre cheval est sellé.

VALÈRE

Rien ne presse plus maintenant...

SYLVIE

Tous nos compliments au seigneur Polichinelle.

GILLE

Et quittons-nous bons amis.

VALÈRE

Ah ! ça, mais on dirait qu'on me met à la porte.

SYLVIE

Surtout ne racontez pas à monsieur Polichinelle ni à mon oncle Arlequin les infortunes du pauvre Gille ; vous voyez qu'il est sans rancune.

VALÈRE

Le pauvre garçon, on l'a pourtant un peu bafoué, sans qu'il s'en doutât... ni moi non plus.

GILLE *porte la main à son épée.*

Allons-nous nous rebrouiller au moment de nous séparer ?

VALÈRE

Non, non, non, vous savez bien que je tiens trop à votre amitié. Cependant, je vous avais mal jugé, je vous avais cru très doux.

GILLE

Je suis, au contraire, extrêmement vif.

COLOMBINE

Oh ! il est d'une vivacité !

VALÈRE

Il n'entend pas la plaisanterie.

COLOMBINE

Il ne peut pas garder d'amis, il les égorge tous au moindre mot de travers.

VALÈRE

Ah ! ah ! en effet, je crois qu'il vaut mieux que je m'en aille.

CHŒUR

Air de la *Ronde des Porcherons*.

Adieu donc et merci,
Votre visite ici
A su nous plaire,
Ainsi
Que nous distraire
Tous aussi.

GILLE

Air : *Allez-vous-en gens de la noce*.

Prendre pour un vrai gentilhomme
Un gros faquin des plus balourds
Et dédaigner un galant homme,
C'est ce que l'on fait tous les jours.
Or cette erreur est sans excuse,
Pourtant elle a toujours son cours,
Toujours, toujours
Elle a son cours,
On ne saurait l'empêcher d'avoir cours.
Et voilà comme l'on s'abuse,
Comme on s'abuse tous les jours.

TOUS

Et c'est ainsi que l'on s'abuse,
Mais on s'abuse tous les jours.

VALÈRE

Sottise inepte en évidence
Réduisant par tous ses discours
Le mérite obscur au silence,
C'est ce qu'on entend tous les jours.
Cette erreur-là n'a pas d'excuse, etc.

COLOMBINE

Croire à tout ce que manifeste
Coquette au cœur plein de détours,
Ignorer la vertu modeste,
C'est ce que l'on voit tous les jours.
Cette erreur-là, etc.

SYLVIE

Mais témoigner équité sage
Et savoir bien rendre toujours
Au vrai mérite un juste hommage,
C'est ce que l'on dit tous les jours.
Cette erreur-là, etc.

REPRISE DU CHŒUR

Adieu donc et merci, etc.

Le Carnaval en Famille

ou

CE QUE FEMME VEUT

(Proverbe)

PERSONNAGES

LE GÉNÉRAL.

MATHILDE \
EMMA } *Nièces du Général.*

Le Docteur RABATJOIE, *ami du Général.*

JUSTINE, *femme de chambre des jeunes filles.*

FIRMIN, *valet de chambre du Général.*

LA SCÈNE EST A LA CAMPAGNE, AU CHATEAU DU GÉNÉRAL

Le Théâtre représente un Salon quelconque.

LE CARNAVAL EN FAMILLE, OU CE QUE FEMME VEUT

SCÈNE PREMIÈRE

LE GÉNÉRAL, puis FIRMIN et JUSTINE.

LE GÉNÉRAL, *seul, une lettre à la main.*

Ce cher ami, ce cher Isidore, qui veut bien venir passer quelques jours chez moi, ici, à la campagne. Qui s'arrache à ses travaux scientifiques pour consacrer à l'amitié les moments de repos dont il peut disposer. — Que parlè-je de repos ? Est-ce que mes deux écervelées de nièces n'ont pas extorqué de ma faiblesse la permission de donner aujourd'hui un bal costumé à quelques jeunes fous des environs ? Non, non, c'est assez me sacrifier à leurs caprices. Mon ami le docteur Isidore Rabatjoie se moquerait de moi et il aurait raison. Oui, morbleu, il aurait raison ; car c'est un homme celui-là, un homme de caractère, un grand homme. Et moi je ne suis qu'une poule mouillée devant ces petites mutines, tout vieux général que je suis. — Mais, maugrebleu, je ne veux pas au moins l'être devant lui, et mille carabines, cette mascarde n'aura pas lieu en sa présence. (*Il sonne*). Firmin ?

FIRMIN

Général.

LE GÉNÉRAL

Appelle-moi Justine.

FIRMIN

Oui, général. (*Il sort*).

LE GÉNÉRAL

Ce sera, ventrebleu, le tour des vieux aujourd'hui, d'autant plus que ma diable de goutte par ces temps humides semble vouloir me faire des siennes. — Eh ! bien, personne. Justine !

JUSTINE, *entrant*.

Si fait, me voilà, général.

LE GÉNÉRAL

Ah ! bon. Appelez-moi Firmin.

JUSTINE

Oui, général.

LE GÉNÉRAL

C'est d'un véritable ami de se souvenir de moi au milieu de ses graves préoccupations, lui, une sommité de la science. — Ah ! ça Justine ! Firmin. (*Il sonne*).

FIRMIN

Voilà, général.

LE GÉNÉRAL

Mille millions de carabines, fais-moi donc venir Justine, animal.

JUSTINE

Mais, général, vous me dites d'aller vous chercher Firmin.

LE GÉNÉRAL

Assez raisonné, péronnelle, vous avez la langue trop bien pendue. — Ecoutez-moi bien tous deux : Je défends expressément qu'il soit fait aucun préparatif relatif à la comédie ou au bal masqué céans jusqu'à nouvel ordre. Vous entendez.

FIRMIN

Oui, général.

JUSTINE

Comment, monsieur...

LE GÉNÉRAL

Silence, bavarde. Si je vous vois faire un seul point à quelque chose qui ressemble à un costume de mascarade, je vous casse sur le champ.

JUSTINE

Oh ! général, soyez tranquille, je n'aurai pas de peine à vous obéir.

LE GÉNÉRAL

A la bonne heure.

JUSTINE

Il y a longtemps que les costumes de ces demoiselles sont prêts et je n'ai plus rien à y faire.

LE GÉNÉRAL

Mille carabines, je crois que vous me bravez, insolente. Mais, morbleu, je ne le souffrirai pas une fois de plus, entendez-vous bien. Savez-vous ce qui est arrivé à un dragon qui m'avait manqué il y a quelques vingt-cinq ans ?

JUSTINE

Non, général.

LE GÉNÉRAL

Et bien demandez à Firmin, demandez-lui, vipère.

FIRMIN

On l'a fusillé.

JUSTINE

Miséricorde !

LE GÉNÉRAL

Et toi, Firmin, je te défends également de rien commander, de rien préparer, de faire, en un mot, aucune commission pour mes nièces avant de m'en avoir référé. Voilà tout. Vous pouvez vous retirer.

FIRMIN

Suffit, général.

JUSTINE

Mais, monsieur, ces pauvres demoiselles qui comptent si bien sur leur petite fête. Quel crève-cœur !

LE GÉNÉRAL

Silence encore une fois. Un mot de plus et je vous pulvérise.

JUSTINE, *à mi-voix*

Jamais je n'ai vu monsieur si obstiné.

LE GÉNÉRAL

Ah ! Firmin, tu mettras en ordre la chambre d'ami du premier et un couvert de plus à dîner. J'attends aujourd'hui mon ami, le célèbre, le savant docteur Rabatjoie.

JUSTINE, *à mi-voix*

C'est donc cela. *(Firmin sort).*

LE GÉNÉRAL

Je crois qu'elle raisonne encore. — Vous, prévenez Mathilde et Emma de ma défense. — Aïe ! ma diable de goutte ! Et tâchez de veiller sur votre maudite langue. *(Il sort).*

SCÈNE II

JUSTINE, puis MATHILDE et EMMA
JUSTINE

Le général a l'air, cette fois-ci, de vouloir être obéi pour tout de bon. Si ce n'était qu'un accès de goutte et de mauvaise humeur, cela ne m'inquiéterait guères. Mais le diable est qu'il y a ici en jeu le bizarre amour-propre de monsieur. Lui, si bon, si faible, on peut le dire, il a la manie de rougir de ses qualités, et devant son ami surtout, le sévère et compassé docteur Rabatjoie, il tient à paraître sévère aussi et homme de caractère.

EMMA

Justine, il faudrait préparer nos costumes avant le dîner, car nous nous habillerons tout de suite en sortant de table.

MATHILDE

As-tu ajouté à mon corsage ces nœuds de rubans bleu de ciel que je t'ai priée d'y mettre ?

JUSTINE

Oui, mesdemoiselles, tout est prêt ; vos toilettes sont au grand complet.

MATHILDE

C'est bien. Je viens de donner un coup d'œil à l'orangerie où le tapissier a achevé de dresser le théâtre improvisé.

EMMA

Et moi, je viens de recevoir une réponse de notre amie Hortense qui me promet de venir de bonne heure avec toute sa famille.

MATHILDE

Notre bal costumé sera charmant, j'en suis sûre.

EMMA

Par exemple, je ne suis pas peu inquiète pour notre comédie, je crains toujours que l'émotion me fasse oublier mon rôle.

JUSTINE

Et bien, mademoiselle, gardez votre émotion pour un autre jour ; car, pour aujourd'hui, vous n'aurez, à ce qu'il paraît, ni bal costumé, ni comédie.

MATHILDE et EMMA

Comment cela ?

JUSTINE

Monsieur le général est de fort mauvaise humeur et vient de tout décommander.

EMMA

Quel malheur !

MATHILDE

Mais mon oncle n'y pense pas ; tous nos amis qui sont invités, tous nos préparatifs sont faits.

JUSTINE

Je vous dis qu'il n'en veut plus entendre parler. Il est même entré dans une colère atroce contre moi.

EMMA

Mais il nous a promis cependant.

JUSTINE

Il retire sa promesse.

MATHILDE

Allons donc. Cela ne se peut pas. Au dernier moment nous manquer de parole ainsi. Nous l'installerons dans un fauteuil et le spectacle de notre plaisir dissipera sa mauvaise humeur.

JUSTINE

Je vous assure, mademoiselle, que rien n'est plus sérieux et qu'il est bien décidé cette fois à faire respecter sa volonté.

MATHILDE

Mais c'est de la tyrannie.

EMMA

Ce pauvre oncle souffre peut-être de sa goutte.

JUSTINE

Justement.

MATHILDE

Raison de plus pour le distraire.

JUSTINE

Ne l'espérez pas ; il s'est mis dans une telle fureur quand j'ai osé hasarder quelques observations, qu'il m'a menacée, si j'osais m'occuper en quoi que ce soit des préparatifs de cette soirée, de me faire...

EMMA

Quoi ?

JUSTINE

De me faire fusiller.

MATHILDE et EMMA

Ah ! mon Dieu !

EMMA

Lui d'ordinaire si bon, si indulgent.

JUSTINE

Il est sorti de son caractère.

MATHILDE

Que peut-il lui avoir pris ?

JUSTINE

Ah ! voilà ; je crois que c'est l'arrivée de monsieur Rabat-joie qui vous vaut ce contre-temps. Vous savez quel ascendant il a sur l'esprit de monsieur le général qui le regarde comme son oracle. Monsieur Rabatjoie est un sévère et pédant docteur, qui ne rit jamais et il n'aime pas à voir rire les autres.

MATHILDE

Oh ! il n'y a pas de doute, voilà la seule cause de notre malheur. Notre oncle, qui a en grande admiration la fermeté stoïque de ce nouveau Caton, ne voudrait pas pour tout au monde passer pour un oncle gâteau devant lui.

EMMA

Quel contre-temps, mon Dieu !

MATHILDE

Comment faire ?

EMMA

Je crois qu'il ne nous reste qu'à nous résigner, C'est pourtant bien dur de renoncer à tout le plaisir qu'on s'était promis.

MATHILDE

Et cela pour les beaux yeux de monsieur Rabatjoie.

EMMA

Ah ! c'est à en pleurer de rage.

MATHILDE

Justine.

JUSTINE

Mademoiselle.

MATHILDE

Tu crois qu'il n'y aurait pas moyen de fléchir mon oncle ?

JUSTINE

Dam, mademoiselle, je vous ai dit dans quel état d'exaspération l'ont mis quelques mots bien innocents.

EMMA

Ainsi nul espoir, nul remède.

JUSTINE

Ah ! si monsieur Rabatjoie n'était pas venu, peut-être.....

EMMA

Oui, mais il va arriver.

JUSTINE

Oh ! dans quelques moments, bien certainement, car il sera ici pour dîner.

14

EMMA

Alors, Justine, range nos si jolis et si coquets costumes.

MATHILDE

Qui sont si gais à l'œil et qui vous vont si bien.

EMMA

Et prépare-nous des mouchoirs, car je prévois que nous passerons la soirée à pleurer plutôt qu'à rire.

JUSTINE

Mesdemoiselles, vous êtes toutes deux deux charmantes jeunes personnes, douces et résignées comme des agneaux ; mais, voyons, désirez-vous bien vivement que monsieur votre oncle vous laisse donner le bal de ce soir.

(Le général paraît au fond et écoute).

EMMA

Si nous le désirons, le plus vivement du monde.

MATHILDE

Non-seulement nous le désirons ; mais nous le voulons absolument.

JUSTINE

A la bonne heure. Et bien donc, moi qui vous sers depuis votre plus tendre enfance, permettez-moi de vous apprendre ceci. Aussi bien vous voilà bientôt en âge d'être mariées, il est bon que vous le sachiez avant d'entrer en ménage ; c'est que... ah ! le général !

MATHILDE

Dis vite. *(Justine leur parle bas et se sauve).*

SCÈNE III

MATHILDE, EMMA, LE GÉNÉRAL

LE GÉNÉRAL

Quoi ? qu'est-ce que c'est ? un complot, une révolte, nous voulons ; quel est ce langage, mademoiselle Mathilde ?

EMMA

Ah ! mon cher oncle ! comme vous êtes cruel pour nous. Vous nous aviez promis de nous donner carte blanche pour aujourd'hui.

LE GÉNÉRAL

Promesse extorquée par vos importunités.

MATHILDE

Ah ! mon oncle, je croyais qu'un galant homme, qu'un militaire, n'avait qu'une parole.

LE GÉNÉRAL

Vous avez raison, Mathilde, aussi je ne retire pas ma permission, je l'ajourne.

EMMA

Mais, mon oncle, tous nos préparatifs sont faits pour aujourd'hui.

LE GÉNÉRAL

Tant mieux, vous n'en serez que plus en avance.

MATHILDE

Mais tous nos amis sont convoqués pour ce soir.

LE GÉNÉRAL

Tous nos amis... Trois ou quatre familles des environs qu'il est facile de prévenir en une heure. J'enverrai Firmin les avertir qu'une circonstance imprévue...

MATHILDE

Oui, un deuil de famille, l'arrivée du docteur Rabatjoie.

LE GÉNÉRAL

Vous êtes une petite méchante, et, si je n'avais égard à l'étourderie de votre âge, je me tiendrais réellement offensé de la façon dont vous traitez mon meilleur ami. Un homme dont le caractère, l'âge, le talent, la position vous commandent le respect.

EMMA

Mais, mon oncle, vous avouerez pourtant que nous ne pouvons lui savoir bon gré de venir se jeter au travers de nos plaisirs.

LE GÉNÉRAL

D'ailleurs, j'ai entendu Mathilde se servir du mot vouloir et je trouve que ce verbe sonne mal dans une petite bouche de dix-sept ans. Il ne doit y avoir ici d'autre volonté que la mienne.

MATHILDE

Comme vous êtes sévère aujourd'hui, mon oncle.

LE GÉNÉRAL

Et ne fut-ce qu'en punition de votre rébellion, je maintiens ma défense. Je soupçonne fortement Justine de vous entretenir dans cet esprit d'insubordination et je serais curieux, mesdemoiselles, de savoir ce qu'elle vous disait lorsque je suis entré.

EMMA

Eh bien, mon oncle, nous vous demandons pardon de tout ce que nous avons dit qui ait pu vous offenser ; accordez-nous notre grâce et croyez bien que notre intention n'a jamais pu être de manquer à ce que nous vous devons.

MATHILDE

Oh ! bien certainement. Excusez notre vivacité.

LE GÉNÉRAL

Allons, allons, je vous pardonne, morbleu, mes chères enfants, vous savez bien que je ne peux pas être fâché contre vous.

EMMA

Vous êtes si bon, mon oncle ; voyons, ne vous arrêtez pas en si beau chemin d'indulgence et laissez-nous danser et faire nos folies ce soir.

LE GÉNÉRAL

Impossible, ma petite Emma, il ne faut pas me demander cela.

MATHILDE

Vous verrez que cela vous distraira de voir notre gaîté.

LE GÉNÉRAL

Il est certain que cela me fait plaisir de vous voir heureuses.

EMMA

Vous voyez bien. Nous vous donnerons tout le plaisir possible, allez.

LE GÉNÉRAL

Vous tenez donc bien à votre mascarade?

MATHILDE

Si nous y tenons ; mais songez donc, mon oncle, voilà quinze jours que nous travaillons et que nous nous donnons du mal pour nous préparer ces quelques heures de récréation, et, au moment de goûter le fruit de nos peines, il faudrait y renoncer.

LE GÉNÉRAL

Pauvres enfants, je comprends en effet... mais ne pouvez-vous garder tous vos préparatifs pour un autre jour?

EMMA

Tous nos amis sont invités, tous ont accepté et promis de venir. Qui sait un autre jour les obstacles qui pourraient survenir pour plusieurs d'entre eux, pour nous-mêmes.

LE GÉNÉRAL

C'est vrai ; cependant quelques jours de retard seulement...

MATHILDE

Suffiraient pour tout faire manquer. Ainsi, mon cher oncle, c'est entendu, rien n'est changé pour ce soir.

LE GÉNÉRAL

Comment, comment ?

EMMA

Et nous allons préparer nos toilettes.

LE GÉNÉRAL

Un moment, un moment, petites enjôleuses. Vous ne m'avez toujours pas dit ce que vous disait Justine tout bas, et, avant toutes choses, je tiens à le savoir.

EMMA

Et bien, Justine nous a dit...

MATHILDE

Mais, après que vous le saurez...

LE GÉNÉRAL

Nous verrons, nous verrons.

FIRMIN *annonce*

Monsieur le docteur Rabatjoie.

MATHILDE

Déjà !

SCÈNE IV

MATHILDE, EMMA, LE GÉNÉRAL, Dr RABATJOIE

LE GÉNÉRAL

Eh ! bonjour, cher ami, c'est plus que de l'amitié, c'est du dévouement de venir enterrer votre gloire au fond de notre province écartée.

RABATJOIE

Par exemple, général. — Mesdemoiselles, votre serviteur. — Outre le besoin que j'éprouvais de retremper mon âme fatiguée au sein de notre vieille amitié, je ne vous cacherai pas que votre retraite m'a souri plus que toute autre, parce que je devais y trouver le repos de corps et d'esprit qui m'est nécessaire pour achever un travail des plus sérieux que je prépare en ce moment.

EMMA, *bas à Mathilde*

Bon, nous voilà bien recommandées.

LE GÉNÉRAL

Ah ! ah ! en effet, ici vous ne serez guère dérangé par le monde.

RABATJOIE

Ce château reculé, entouré de vieilles et mystérieuses futaies, semble fait pour la méditation et l'étude.

MATHILDE, *bas à Emma*

Il va jeter des seaux d'eau glacée sur notre gaîté.

RABATJOIE

Vous devez vous estimer heureux, mon cher général, ayant la conduite de deux jeunes filles, de pouvoir les élever à l'ombre de cette retraite paisible, loin des dissipations de la société.

LE GÉNÉRAL *tousse pour cacher un léger embarras*

Hum ! hum ! mais oui, certainement.

RABATJOIE

C'est dans de telles conditions que peuvent se mener à bien les éducations solides qui font les âmes fortes et pures.

EMMA, *bas à Mathilde*

Prétend-il qu'on fasse de nous des Spartiates.

MATHILDE

Pardon, mon oncle, nous allons donner un dernier coup d'œil à nos apprêts, puisque vous voulez bien...

LE GÉNÉRAL

Mais je ne veux rien, je n'ai pas retiré ma défense.

EMMA

Comment, vous ne venez pas de nous permettre ?..

LE GÉNÉRAL

Ai-je permis, croyez-vous ?

RABATJOIE

De quoi s'agit-il donc ?

LE GÉNÉRAL

Une folie de ces deux enfants qui prétendent... mais non, qu'il n'en soit plus question à présent.

RABATJOIE

Mais encore ?

LE GÉNÉRAL

Elles voulaient jouer la comédie et donner un bal costumé.

RABATJOIE

Grandes folies en effet et que, sans doute, vous n'approuvez pas.

LE GÉNÉRAL

Comme vous dites, mon cher, que je n'approuve nullement, que j'ai expressément défendues.

MATHILDE

Par exemple, mon oncle !

RABATJOIE

Je croirais que ces demoiselles ne regardent pas votre arrêt comme sans appel.

LE GÉNÉRAL

Je voudrais bien voir cela. Et à qui pourraient-elles en appeler ?

RABATJOIE

Mais à vous-même, si les antécédents les autorisent, ce qui serait fâcheux, à penser qu'elles peuvent faire varier votre volonté.

LE GÉNÉRAL

Non pas, mille bombes ; mesdemoiselles, qu'il ne soit plus question de tout cela, je ne veux plus en entendre parler.

MATHILDE

Ah ! ce n'est pas possible que vous nous manquiez ainsi de parole deux fois de suite.

LE GÉNÉRAL

Je n'en veux plus entendre parler... jusqu'à nouvel ordre.

RABATJOIE

Prudente restriction.

EMMA

Viens, viens, Mathilde, nous fâcherions notre oncle en insistant, le moment est inopportun. *(Mathilde et Emma sortent)*

SCÈNE V

LE GÉNÉRAL, M. RABATJOIE

RABATJOIE

Tenez, mon cher général, voulez-vous que je vous dise, vous êtes trop faible avec vos nièces.

LE GÉNÉRAL

Par exemple, n'avez-vous pas vu que je viens de faire acte d'autorité ?

RABATJOIE

Je ne crois pas qu'elles soient bien convaincues de la durée de votre fermeté. Et, dans tous les cas, il paraît qu'elles avaient obtenu de vous la permission de faire toutes ces folies.

LE GÉNÉRAL

Il est vrai que, cédant à leurs importunités, j'avais consenti et qu'elles s'étaient hâtées d'en profiter.

RABATJOIE

Croyez-vous que de tels divertissements, le bal, la comédie, ne soient pas pernicieux pour des jeunes personnes déjà portées assez à l'étourderie et à l'irréflexion par la fougue de leur âge sans qu'il soit nécessaire de leur fournir des occasions de dissipation d'esprit et de fatigue corporelle ?

LE GÉNÉRAL

Parbleu, vous avez raison, aussi vous voyez, j'ai défendu expressément.

RABATJOIE

Et vous avez bien fait. Croyez-moi, les vertus perdent tout ce qu'on donne aux plaisirs, même les plus innocents.

LE GÉNÉRAL

Vous parlez d'or, cher ami.

RABATJOIE

Et vous-même, quelle figure, je vous le demande, feriez-vous au milieu de ces divertissements puérils et ridicules ?

LE GÉNÉRAL

Je n'en sais trop rien, en vérité.

RABATJOIE

On vous aurait sans doute travesti en père Cassandre ou en Pantalon.

LE GÉNÉRAL

Ma foi, je l'aurais mérité par ma faiblesse si j'avais consenti...

RABATJOIE

Eh ! vous n'avez pas dit votre dernier mot, je l'ai bien vu aux sourires d'intelligence des deux jeunes filles.

LE GÉNÉRAL

Vous croyez qu'elles comptent me forcer la main ?

RABATJOIE

J'en suis sûr. Or, comme je ne veux pas être un obstacle à leurs plaisirs, bien que je les blâme fortement et que je sois loin de vous approuver d'être le jouet de leurs caprices...

LE GÉNÉRAL

Mais vous vous trompez.

RABATJOIE

Comme, d'un autre côté, il ne me convient pas et qu'il me siérait mal d'y prendre part, vous trouverez bon que je me retire.

LE GÉNÉRAL

Je ne le souffrirais pas. Encore une fois, vous vous trompez ; je ne suis ni un Géronte, ni un Pantalon. Croyez-vous que je veuille sacrifier aux sottises de ces enfants le plaisir de jouir de notre vieille amitié. Non, ventrebleu, non. Je vous assure qu'elles y renonceront bon gré mal gré pour le moment. Venez que je vous installe dans la chambre qu'on vous a préparée et puis nous irons faire un tour dans le parc avant le dîner. Et je vous promets une tranquille soirée pour causer de nos souvenirs d'autrefois. (*Ils sortent*).

SCÈNE VI

MATHILDE, EMMA, puis JUSTINE, puis FIRMIN

MATHILDE

Ils sont partis, maintenant, voyons ce qui nous reste à faire.

EMMA

Mais je crois qu'il ne nous reste une seconde fois qu'à nous résigner.

MATHILDE

Pas si vite, nous avons le temps quand tout espoir sera perdu. Justine.

JUSTINE

Me voilà, mademoiselle.

MATHILDE

Prépare toujours nos toilettes pour ce soir, on ne sait pas ce qui peut arriver.

EMMA

Mais si nous allions fâcher notre oncle, il a l'air bien décidé cette fois.

JUSTINE

Il est certain que la présence de M. Rabatjoie lui impose singulièrement.

MATHILDE

N'importe. Savez-vous d'abord s'il a fait prévenir nos invités que la soirée annoncée n'avait pas lieu.

JUSTINE

Il a donné en ma présence quelques lettres à Firmin en lui ordonnant de les faire porter par un exprès. *(Firmin paraît)*.

EMMA

Justement voilà Firmin.

MATHILDE

Où allez-vous, Firmin ?

FIRMIN

Je vais, mademoiselle, envoyer ces lettres que le général m'a commandé de faire porter avant le dîner à leurs adresses.

MATHILDE

Montrez-les moi.

FIRMIN

Mais, mademoiselle, c'est la correspondance du général.

MATHILDE

Montrez-les moi, vous dis-je.

JUSTINE *les lui arrache des mains*

Allons donc, lambin

MATHILDE, *lisant les suscriptions*

Monsieur et Madame Primevère, Monsieur et Madame de la Rochepointue, Monsieur et Madame de la Ribaubinière. — C'est bien cela *(elle les met dans sa poche)*.

FIRMIN

Mais, mademoiselle, le général sera furieux contre moi.

MATHILDE

Soyez tranquille, je vous les rendrai plus tard, vous avez tout le temps de faire votre commission.

EMMA

C'est bien hardi ce que tu fais là, ma sœur.

MATHILDE

C'est de bonne guerre, j'intercepte les dépêches de l'ennemi — *(à Firmin)* Maintenant, recommandez au jardinier de mettre des fleurs où je lui ai dit, dans le vestibule, dans le salon, dans la salle à manger.

FIRMIN

Tout est prêt, mademoiselle, les fleurs, les rafraîchissements. Quand le général m'a défendu de rien préparer, j'avais déjà fini.

EMMA

Ah ! tant mieux.

JUSTINE

Seulement, je crains fort que tous ces apprêts ne servent à rien.

EMMA

Qu'à faire honneur à l'aimable docteur Rabatjoie.

MATHILDE

C'est ce qu'il faudra voir. — Voici notre oncle, vous pouvez aller à vos affaires.

FIRMIN

Mais mes lettres.

MATHILDE

Je m'en charge. Allez.

FIRMIN

C'est égal, je ne suis pas tranquille.

(Firmin et Justine sortent).

SCÈNE VII

MATHILDE, EMMA, LE GÉNÉRAL, M. RABATJOIE

MATHILDE

C'est donc à votre galanterie, monsieur, que nous devons d'être privées d'une petite fête dont l'organisation nous a donné tant de mal.

RABATJOIE

Avouez au moins, mademoiselle, que vous auriez pu employer plus utilement vos fatigues.

MATHILDE

En vérité nous vous en sommes bien reconnaissantes.

RABATJOIE

Je suis si loin de vouloir troubler en rien vos....

MATHILDE

Nos sottises, dites toute votre pensée, monsieur.

RABATJOIE

Non, vos récréations, mademoiselle, que je proposais au général de me retirer.

MATHILDE

En vérité, mais c'était de l'abnégation. Non, monsieur, si votre caractère auguste vous dispense de galanterie envers de petites pensionnaires comme nous, il nous commande par la même raison envers vous des égards auxquels nous ne saurions manquer ; par conséquent vouloir céder la place à nos plaisirs c'est positivement nous obliger à y renoncer.

RABATJOIE

Je ne sais pourquoi, mademoiselle, vous tenez absolument à me mettre en cause dans une affaire qui dépend uniquement de votre oncle. N'est-ce pas lui qui commande ici ?

EMMA

Mon cher oncle, voyons, laissez-vous fléchir.

LE GÉNÉRAL

Vous voudriez me mettre en père Cassandre, n'est-ce pas ?

EMMA

En quoi vous voudrez, mon oncle.

RABATJOIE

Je suis bien sûr qu'il n'est pas habitué à vous résister.

EMMA

Oh ! cela c'est bien vrai, il est si bon.

LE GÉNÉRAL

Vous vous trompez, Emma, je ne suis pas bon.

EMMA

Oh ! si par exemple.

RABATJOIE

Il est plus que bon.

LE GÉNÉRAL

Pas du tout. J'ai l'air bon comme cela parce que je cède dans les choses auxquelles je ne tiens pas ; mais quand j'ai une volonté j'entends qu'on la respecte.

RABATJOIE

Il se vante, n'est-ce pas, mademoiselle Mathilde ?

MATHILDE

Je vous en réponds.

LE GÉNÉRAL

Ah ! vous croyez que je suis un oncle de comédie. Non, morbleu, non, mesdemoiselles, et la preuve c'est que j'ai fait prévenir tous vos invités et que personne ne viendra ce soir.

MATHILDE

N'importe, mon bon oncle, si vous y consentez, nous nous donnerons le bal et la comédie à nous quatre, s'il ne vient personne d'autre.

RABATJOIE

Je vous prie de m'excuser. Quant à moi, je n'aime pas le spectacle et je ne sais plus danser.

MATHILDE

Oh ! vous, monsieur, on sait que vous êtes inflexible.

EMMA

Mais vous, mon oncle.

LE GÉNÉRAL

Mais moi je suis une girouette, n'est-ce pas ?

EMMA

Je ne dis pas cela.

LE GÉNÉRAL

Je n'ai pas le moindre caractère. Et bien vous verrez cela,

mille carabines, si vous me poussez à bout je me fâche tout rouge.

MATHILDE

Non, non, vous ne vous fâcherez pas contre nous.

LE GÉNÉRAL

Ah ! vous croyez cela. Et bien vous verrez, mille diables, si je suis le maître ou non. Je vais m'informer si Firmin a exécuté mes ordres. *(Il sort, Mathilde le poursuit).*

MATHILDE

Mon oncle, mon oncle.

SCÈNE VIII

M. RABATJOIE, EMMA

RABATJOIE

Votre oncle, mademoiselle, paraît bien absolu dans ses volontés.

EMMA

Oh ! mon Dieu non, monsieur, jamais je ne l'ai vu ainsi, habituellement il fait tout ce que nous voulons.

RABATJOIE

En vérité.

EMMA

Je suis sûre que c'est à cause de vous qu'il se montre si sévère. Il craint de vous désobliger par cette petite fête.

RABATJOIE

Je serais désolé, mesdemoiselles, que vous m'attribuassiez votre désappointement. Et cependant, tout en vous avouant que je suis loin d'approuver la comédie, ni le bal travesti, je crois que le général souffre un peu de sa goutte et qu'il n'est pas en train de s'amuser ni de voir du mouvement autour de lui.

EMMA

C'est égal, je suis sûre que si vous vouliez bien intercéder pour nous... mais il ne faut pas vous demander cela.

RABATJOIE

Je viens de vous faire ma profession de foi à l'égard des divertissements que vous vous proposez.

EMMA

Et vous êtes un homme trop austère et trop ferme pour faire la moindre concession à nos instances.

RABATJOIE

Mais, mademoiselle...

EMMA

A nos prières.

RABATJOIE, *à part*.

Petite sirène. (*Haut*). Une telle insistance pour un pareil motif. Mademoiselle, faut-il faire appel aux nobles instincts de votre âme, d'une âme bien née, pour vous faire sentir toute la vanité, toute la puérilité de semblables plaisirs ?

EMMA

Ah ! monsieur, combien de choses prétendues graves et sérieuses parmi les hommes qui sont au fond aussi puériles et aussi vaines que celles-là.

RABATJOIE

Je ne dis pas non.

EMMA

Eh bien donc, un peu d'indulgence, monsieur, pour nos puérilités, laissez-nous un jour de folie et vous verrez qu'il est raisonnable, qu'il est dans l'ordre des choses de voir rire et danser les enfants à qui la gaîté sied aussi bien que l'air maussade et les lunettes d'or au front grave des hommes sérieux.

RABATJOIE

L'argument est spécieux, mademoiselle, bien qu'il ne soit pas sans réplique, et vraiment, si cela ne dépendait que de moi... (*A part*). Je commence à comprendre la mollesse du général, ces jeunes filles sont de vraies fées.

EMMA

Mais certainement, monsieur, cela ne dépend que de vous. Croyez-vous, par hasard, que cela dépende de mon oncle ?

RABATJOIE, *à part.*

Il serait ridicule vraiment que ce fût moi qui lui donnasse l'exemple de la faiblese, il aurait trop sujet de rire à mes dépens.

EMMA

Allons, monsieur, je vais dire à mon oncle que vous êtes revenu de vos préventions et vous joindrez votre voix à la mienne pour qu'il retire sa défense. Oh! je vous promets une reconnaissance...

RABATJOIE, *à part*

Mais c'est que je ne sais plus comment m'en défendre. Allons, j'avais tort de juger si sévèrement mon ami, il n'est pas facile en effet de leur tenir tête.

EMMA

Venez, venez vite *(elle cherche à l'entraîner)*.

RABATJOIE

Un moment, mademoiselle, je vous assure que vous vous trompez ; je ne peux rien pour vous dans cette circonstance. Le général est comme tous les gens faibles et qui cèdent toujours, quand une fois par hasard il se met en tête de résister il ne faut pas songer à vaincre son entêtement. Or, de plus, cette fois, il est un peu souffrant de sa goutte, la douleur lui donne de la mauvaise humeur, prenez garde de le jeter dans un paroxysme de colère qui pourrait lui être bien fatal.

EMMA

Que me dites-vous là ?

RABATJOIE

Rien que de très vrai. Vous savez combien votre oncle est

emporté. Dans l'état où il se trouve, avec son âge et son tempérament, une surprise, une émotion forte, une fureur subite peuvent le tuer tout simplement.

EMMA

Le tuer ! ah ! mon Dieu ! qu'entends-je ?

RABATJOIE

Songez-y, mon enfant, et croyez-moi, renoncez à vos projets étourdis. *(Il sort)*.

SCÈNE IX

EMMA, MATHILDE, JUSTINE

EMMA, *appelant*

Mathilde, Justine.

MATHILDE

Qu'est-ce donc ?

JUSTINE

Que voulez-vous, mademoiselle ?

EMMA

Savez-vous ce que vient de me dire le docteur Rabatjoie ?

MATHILDE

Non, parle donc.

EMMA

Nous pouvons tuer notre oncle.

MATHILDE

Oh ! mais c'est une permission dont nous n'avons pas envie de profiter, je pense.

EMMA

Tu ne me comprends pas. Tu as empêché Firmin de porter les lettres de contr'ordre à nos invités.

MATHILDE

Je les ai dans ma poche.

EMMA

Envoie-les bien vite, Mathilde, bien vite, bien vite.

MATHILDE

Pas du tout.

EMMA

Toi, Justine, tu as préparé nos robes, nos coiffures.

JUSTINE

Tout est là, dans vos chambres, étalé sur tous les meubles.

EMMA

Range tout, Justine, remets tout dans les cartons, bien vite, bien vite.

MATHILDE

Ah ! ça nous expliqueras-tu ?...

EMMA

Il ne faut plus songer à notre bal. Savez-vous ce qui pourrait arriver si nous causions à notre oncle une surprise désagréable, une émotion violente, une fureur subite ? Cela peut le tuer.

MATHILDE

Ciel !

JUSTINE

Qui vous a dit cela, mademoiselle ?

EMMA

Le docteur Rabatjoie, ici, à l'instant.

JUSTINE

Je m'en méfie.

MATHILDE

Et moi aussi, à bon droit. Il a pu vouloir se débarrasser de notre soirée.

JUSTINE

Je le croirais volontiers.

EMMA

Oh ! le docteur Rabatjoie n'est pas un homme à parler légèrement.

MATHILDE

C'est vrai pourtant.

EMMA

Et, dans tous les cas, le moindre doute doit nous suffire pour nous abstenir.

MATHILDE

Oh ! bien certainement.

EMMA

Vois-tu tous nos invités arrivant à l'improviste en travestissements joyeux et nous-mêmes en bergère et en Colombine, et puis là, sous nos yeux, au milieu de tout cet attirail de plaisir, notre pauvre oncle, notre bon oncle tombant foudroyé.

MATHILDE

Ah ! c'est à faire frémir.

JUSTINE

Et moi, je persiste à croire que le docteur s'est moqué de vous.

EMMA

C'est égal, j'aime mieux être mystifiée que de m'exposer à une si épouvantable catastrophe.

MATHILDE

Comment faire ?

EMMA

Prendre décidément notre parti une bonne fois. C'est dur pourtant.

MATHILDE

Non, non, tout peut s'arranger. Une colère violente, une surprise désagréable peuvent tuer notre oncle, et bien qu'il n'ait ni surprise, ni colère. A toi, ma chère Emma, de l'amener où nous voulons; pour moi, je me charge du docteur.

EMMA

J'aime mieux cela, tu as la tâche la plus difficile.

MATHILDE

Je le sais bien, c'est aussi la plus glorieuse. Ecoutez bien, voici ce que nous allons faire... Justement, voici mon adversaire, venez que je vous développe mon plan en quelques mots. (*Elles sortent*).

SCÈNE X

M. RABATJOIE, puis MATHILDE

(*M. Rabatjoie entre un livre et un crayon à la main ; il lit et prend des notes*).

RABATJOIE, *seul*

Grande et complexe question ! — Que de mystères dans la nature, que de barrières que n'ont pu encore franchir les investigations de la science, il en est sans doute qu'elles ne franchiront jamais, mais il en est bien certainement aussi qu'elle doit encore forcer. Et la question que j'étudie est de ce nombre, j'en suis sûr. — Quelle gloire pour moi si je pouvais porter la lumière sur ce point obscur et pourtant si intéressant à connaître. — Mais, hélas ! Hippocrate a raison : La vie est courte et l'art est long. (*Mathilde entre*).

MATHILDE

Pardon, monsieur, de vous déranger dans vos profondes méditations. (*Rabatjoie salue sans quitter son travail*). Excusez mon étourderie de s'être jetée sur le passage de votre gravité. (*Rabatjoie salue de nouveau de même*). Peut-être en troublant vos travaux fais-je tort à la postérité d'une forte pensée ou d'une précieuse découverte.

RABATJOIE

Non, mademoiselle, la postérité n'y perdra rien, soyez tranquille.

MATHILDE

Oh ! je compte bien, dans tous les cas, échapper à ses reproches par mon obscurité.

RABATJOIE

Elle y perdra pour le coup.

MATHILDE

Eh quoi ! une fadeur ! De votre part, monsieur, voilà qui me surprend au dernier point.

RABATJOIE
Il est vrai que je ne suis pas coutumier du fait.
MATHILDE
Je suis flattée que vous ayez daigné faire une exception en ma faveur. Et cela m'enhardit, maintenant que je vous ai dérangé, à vous supplier d'accorder quelques minutes de votre temps précieux à mon indiscrète importunité.
RABATJOIE
Autant de minutes que vous voudrez, mademoiselle.
MATHILDE
Je voudrais, excusez je vous en prie ma hardiesse, je voudrais savoir par quels motifs vous blâmez si sévèrement notre petit bal costumé. Mon oncle, vous le savez, ne donne d'autre raison que sa volonté ; mais vous, monsieur, vous une intelligence d'élite, vous avez bien certainement les meilleures raisons du monde et vous allez peut-être même m'ouvrir les yeux et me faire prendre en horreur ce qui avait tant d'attraits pour moi.
RABATJOIE
Je le voudrais, mademoiselle, mais je ne puis l'espérer ; nous sommes l'un et l'autre aux deux pôles opposés de la vie, il est assez naturel que nous ayons des manières de voir bien différentes. Je vous donnerais les meilleures raisons du monde de penser comme moi que vous vous garderiez bien de vous y rendre. Il faudrait pour cela que je vous donnasse mes soixante ans.
MATHILDE
Quelle que soit votre générosité, je serais présomptueuse d'ambitionner un cadeau si considérable. Mais alors vous n'avez pas toujours pensé ainsi, et quand vous aviez notre âge...
RABATJOIE
Pardon, mademoiselle, j'ai toujours été fort raisonnable, moi.

MATHILDE

Ah! monsieur, ce n'est pas une fadeur au moins cela. — Ainsi vous n'aimiez pas le bal?

RABATJOIE

Je l'avais en horreur.

MATHILDE

Et vous ne vous travestissiez pas?

RABATJOIE

Jamais.

MATHILDE

Jamais! vous ne vous êtes jamais travesti? Mais alors vous ne savez pas ce que c'est.

RABATJOIE

Si fait, comme les Spartiates connaissaient l'ivresse d'après les Ilotes.

MATHILDE

Bon, encore une galanterie, car j'ai failli vous servir d'Ilote ce soir.

RABATJOIE

Si ma conversation vous déplaît... (*Il va pour reprendre son travail*).

MATHILDE

Mais du tout, monsieur, votre conversation est fort intéressante, très instructive. Mais vous voudriez peut-être reprendre votre travail. C'est bien assez d'abuser ainsi de votre patience, ce serait une exigence inouïe de vous demander encore des madrigaux par-dessus le marché.

RABATJOIE

Je serais incapable de vous satisfaire.

MATHILDE

Mais je persiste à dire que vous ne savez pas ce que c'est que de vous déguiser et que vous vous faites un monstre de ce qui vous est inconnu, comme cela arrive généralement.

RABATJOIE

Peut-être bien, mademoiselle.

MATHILDE

À la bonne heure, voilà une légère concession. — Une minute encore, je vous en prie, et je vous laisse avec Apollon.

RABATJOIE

Faut-il vous dire que je préfère votre société ?

MATHILDE

Et bien, j'espère que voilà un vrai madrigal pour le coup. Je disais donc que se travestir n'est rien, sinon mettre des habits qu'on ne met pas tous les jours. Et remarquez que c'est ce qu'on fait souvent, vous-même...

RABATJOIE

Oh ! moi jamais, je vous l'ai dit.

MATHILDE

Enfin, vous avez été garde national ?

RABATJOIE

C'est vrai.

MATHILDE

Et bien, chaque fois que vous montiez la garde n'étiez-vous pas travesti en militaire ?

RABATJOIE

A mon corps défendant, je vous prie de le croire.

MATHILDE

Je vous crois, ce travestissement n'est pas seyant le moins du monde.

RABATJOIE

Mais je n'ai pas besoin de vous faire sentir la différence qu'il y a entre cela et un ridicule déguisement de carnaval. Je vous demande un peu de quoi a-t-on l'air en Espagnol ou en Turc ?

MATHILDE

Mais on a l'air d'un Turc ou d'un Espagnol.

RABATJOIE

Oh ! c'est bien rare.

MATHILDE

Tenez, vous, monsieur — oh ! j'ai besoin de toute votre indulgence pour la supposition extravagante que j'ose me permettre — mais vous seriez fort bien en Turc.

RABATJOIE

Ah ! ah ! en vérité, mademoiselle, vous me donnez presqu'envie de rire. En Turc ! ah ! par exemple, je serais curieux...

MATHILDE

De le voir. (*A part*). Imprudent ! (*Haut*). Rien n'est plus facile.

RABATJOIE

Comment cela ?

MATHILDE

Voulez-vous me permettre ? — Ce tapis de table sur vos épaules. — C'est pour satisfaire votre curiosité seulement. — Cet autre devant vous... Cette écharpe autour de la taille...

(*Elle l'habille rapidement tout en parlant avant qu'il ait le temps de s'en défendre*).

RABATJOIE

Mais que faites-vous donc à m'affubler ainsi ?

MATHILDE

Attendez un peu, je vais vous conduire devant une glace.

RABATJOIE

A quoi pourrai-je bien ressembler après cela ?

MATHILDE

Vous allez avoir l'air d'un monsieur très farceur. Oh ! vous serez méconnaissable. — Avec ce châle, vous allez avoir le plus beau turban — là, vous êtes complet. — Attendez pourtant, voilà un petit plumeau qui va vous faire une aigrette ravissante.

RABATJOIE

Je dois être horriblement ridicule.

MATHILDE

Du tout. — Il vous manque une arme. Ah ! ce couteau à

papier passé dans votre ceinture va vous servir de poignard.
— Vous voyez, ce n'est pas plus difficile que cela. — Comme ces costumes orientaux ont de la grâce et de la majesté.

RABATJOIE

Vraiment, vous trouvez. — Ah ! j'entends la voix du général, qu'on ne me voie pas ainsi, j'en mourrais de honte.

MATHILDE

Restez, restez, ne bougez pas. Asseyez-vous dans ce coin, je vais me mettre devant vous.

SCÈNE XI

M. RABATJOIE, MATHILDE, LE GÉNÉRAL et EMMA

(Emma entre entraînant le général en costume de chicard avec un grand casque surmonté d'un plumet immense).

EMMA

Venez donc, mon oncle, venez donc vous montrer à Mathilde.

LE GÉNÉRAL

Etes-vous assez folles toutes les deux ? Et suis-je assez bête qu'une vieille moustache comme moi se laisse ainsi mener par deux petites étourdies ?

MATHILDE

Ah ! mon oncle, vous êtes charmant.

LE GÉNÉRAL

Surtout n'en dites rien à Rabatjoie. Et, maintenant que j'ai fait ce que vous avez voulu, débarrassez-moi de tout cela bien vite, j'ai toujours peur qu'il me surprenne et se moque de moi comme je le mérite.

MATHILDE

Ah ! mon oncle, restez comme vous êtes, et, si l'on se moque de vous, vous pourrez vous moquer du moqueur.

LE GÉNÉRAL

Non pas, non pas. Tout autre je ne dis pas, mais Isidore, diable, lui, l'homme fort, l'homme grave et réfléchi.

MATHILDE

Allons, docteur, allons.

LE GÉNÉRAL

Veux-tu bien te taire, Mathilde, et ne pas l'appeler maintenant.

EMMA

Il est trop tard, car le voilà.

MATHILDE, *gravement*.

Mon oncle, je vous présente le calife Haroun al Raschild, qui a bien voulu consentir à honorer de sa présence notre bal costumé de ce soir.

EMMA, *de même*.

Commandeur des croyants, j'ai l'honneur de vous présenter un général du royaume de la folie, le général Chicard.

(*Tous deux, après s'être regardé un moment d'un air penaud, partent d'un éclat de rire*).

LE GÉNÉRAL

Comment, *tu quoque*, mon grave et respectable ami ?

RABATJOIE

Mon cher général, je comprends maintenant votre faiblesse et je ne l'excuse pas...

LE GÉNÉRAL

Ah ! par exemple, c'est trop fort, on ne se met pas en grand Turc pour vous dire de ces choses-là.

RABATJOIE

Attendez donc : je ne l'excuse pas, je l'approuve.

LE GÉNÉRAL

A la bonne heure.

RABATJOIE

Vos nièces sont deux véritables lutins.

MATHILDE

Maintenant, vous êtes prêts tous deux pour le bal, mais nous ne le sommes pas. Nous allons aussi faire nos toilettes avant dîner.

LE GÉNÉRAL

Comme cela, rien n'était décommandé.

EMMA

Mais rien du tout, mon oncle.

LE GÉNÉRAL

Vous savez pourtant que j'ai mis une condition à ma complaisance, c'est que vous me diriez ce que Justine vous a dit tout bas à toutes deux ce matin.

EMMA

Quand donc?

LE GÉNÉRAL

Eh! quand je suis entré vous interrompre. Elle ajoutait que cela devait vous servir dans votre ménage futur.

RABATJOIE

Ah! j'y suis. Justine nous a dit :

Ce que femme veut, Dieu le veut.

THÉSÉE

OPÉRETTE

Personnages

Thésée.
Ariane, *Princesse, fille de Minos et de Pasiphaë.*
Minos, *Roi de Crète.*
Pasiphaë, *Reine, femme de Minos.*
Miss Clustenbrut, *Gouvernante anglaise d'Ariane.*
Suivantes de la Princesse.
Dames et Seigneurs de la cour de Minos.
Gardes.

La scène est en Crète, dans le palais de Minos.

(Le Théâtre représente une salle du palais. — Grand portique au fond fermé par une portière qui en s'ouvrant laisse voir le rivage et la mer).

THÉSÉE

OPÉRETTE

SCÈNE PREMIÈRE

ARIANE, MISS CLUSTENBRUT, suivantes d'Ariane

CHŒUR

Pour dissiper la tristesse
De notre jeune princesse,
O Phébus emplis nos chants
Des accords les plus touchants !
Dans l'âge de la folie,
Quand par la mélancolie
Son front pur s'assombrira,
Qui donc la déridera ?
Tralala, la déridera.

ARIANE

Laissez-nous, jeunes filles ; votre zèle me touche, mais vos chansons m'agacent. (*Elles sortent. — Ariane soupire*). Ah !

MISS CLUSTENBRUT *prenant une prise.*

Dix-neuf.

ARIANE

Quoi ?

MISS CLUSTENBRUT

Rien, princesse ; je dis seulement : dix-neuf.

ARIANE

Ah ! c'est différent. (*Elle soupire*). Ah !

MISS CLUSTENBRUT

Vingt. (*Elle prend une prise*).

ARIANE

Plaît-il ?

MISS CLUSTENBRUT

Rien, princesse ; je dis : vingt.

ARIANE

Après ?

MISS CLUSTENBRUT

C'est tout.

ARIANE

Vous m'agacez, miss Clustenbrut.

MISS CLUSTENBRUT

Je compte, ô princesse, les soupirs que vous avez poussés depuis que nous sommes dans cette salle, c'est-à-dire depuis un peu moins d'un quart-d'heure, et je remarque que vous avez déjà soupiré vingt fois. Je ne comprends vraiment pas votre mélancolie. Vous, une princesse du sang royal, la fille du grand Minos, le puissant roi de l'île de Crète, si fameux dans le monde entier par sa sagesse. Non moins excellent père que monarque prudent, cet auguste prince vous a donné pour couronner votre brillante éducation une gouvernante anglaise d'un commerce agréable et de manières distinguées. (*Elle prend une prise*).

ARIANE

Vous, miss Clustenbrut.

MISS CLUSTENBRUT

Que manque-t-il donc à votre bonheur ?

ARIANE, *soupirant*.

Ah !

MISS CLUSTENBRUT

Vingt-et-un.

ARIANE

Non, ne comptez plus, vous arriveriez avant la fin de la journée à un chiffre effroyable, car je ne suis pas heureuse, en effet. Vous me demandez ce qui manque à mon bonheur. Ah !... Avez-vous aimé, miss Clustenbrut ?

MISS CLUSTENBRUT, *pudiquement*.

Ah ! princesse !

ARIANE

Répondez-moi, avez-vous aimé?

MISS CLUSTENBRUT

Et bien... oui !

ARIANE

Il était beau, jeune, brave, n'est-ce pas? C'était un vaillant guerrier de Thessalie ou un intrépide marin d'Argos.

MISS CLUSTENBRUT

C'était un jeune officier polonais.

ARIANE

Et comment l'as-tu rencontré, comment vos cœurs se sont-ils entendus? Oh! conte moi cela, miss Clustenbrut.

MISS CLUSTENBRUT

C'est toute une histoire qui réveille en moi des souvenirs bien doux et bien amers. Nous nous vîmes un soir aux Champs-Elysées où je me promenais avec ma mère, une maîtresse femme, veuve d'un ancien officier de l'empereur... d'Assyrie, qui ne plaisantait pas avec la discipline. Il nous aborda, ma mère l'envoya à la balançoire, il se garda bien d'y aller; il nous suivit, se présenta chez nous, ma mère le mit à la porte. Mais, moi, je me désespérais, car j'étais déjà toquée de lui; si bien que j'eus la faiblesse de lui accorder un rendez-vous. Là, il me proposa de fuir avec lui dans une autre patrie cacher notre bonheur.

ARIANE

Et il t'a enlevée.

MISS CLUSTENBRUT

Hélas oui! il fallait que je fusse bien légère. Mais à ses brûlantes instances, je perdis la tête; une étrange émotion maîtrisa ma volonté, les oreilles me tintaient, ma vue se troubla, il me semblait que mon cœur se fondit, et... je m'évanouis.

ARIANE

Oh!... poursuis, je t'en prie.

MISS CLUSTENBRUT

Quand je revins à moi, je me sentis emportée au galop d'un vigoureux coursier avec mon amant. Nous traversâmes ainsi, dans une course furieuse, la barrière d'Italie, le petit Montrouge, la Thrace, la Thessalie, *et cætera ;* enfin nous mîmes pied à terre à Athènes où nous passâmes un mois entier qui s'écoula pour moi comme un rêve de bonheur dans les délices d'une passion coupable.

ARIANE

Ah ! tu es bien heureuse, toi.

MISS CLUSTENBRUT

Au bout de ce temps, il me planta là sans me laisser de monnaie. Après avoir donné quelques moments à mon désespoir, je m'adressai à un bureau de placement et je me fis institutrice pour guider les jeunes personnes de bonne famille dans le sentier de la vertu.

ARIANE

Et bien, Clustenbrut, tu me demandes pourquoi je soupire? Moi aussi je voudrais être aimée, être enlevée.

MISS CLUSTENBRUT

Mais, princesse, c'est fort mal ; il ne faut pas avoir de ces idées-là.

ARIANE

Ah ! n'importe. Quelle est mon existence dans ce palais où je meurs d'ennui? Le roi mon père est sans doute un fort bon homme, mais ma mère Pasiphaë n'est qu'une marâtre pour moi et me rend la vie désagréable au possible. Aussi je rêve sans cesse un jeune et galant cavalier, aimable, vaillant, fidèle, qui me délivre de cet esclavage et apaise les tourments de mon cœur.

MISS CLUSTENBRUT

Et bien, racontez donc des histoires morales aux jeunes filles, voilà comme elles en profitent.

ARIANE

Quand toute une soirée
Je contemple des cieux
La voûte diaprée
D'un regard anxieux,
Tu crois que j'étudie
Peut-être pour cela
La grave astronomie
Pendant tout ce temps-là ?
  Non, mais des cieux
Je rêve qu'en ce lieu
  Descend un dieu
Tendrement amoureux.

MISS CLUSTENBRUT

Mais, princesse, cet espoir-là est tout à fait extravagant.

ARIANE

Sur la mer infinie
Quand je vois le matin
Les vaisseaux de l'Asie
Apportant le butin,
Par une erreur étrange,
Crois-tu qu'en ce moment
Je sois au libre-échange
A rêver longuement ?
  Non, mais bien mieux,
Je rêve qu'en ces lieux,
  Sur les flots bleus,
Vient un prince amoureux.

MISS CLUSTENBRUT

Taisez-vous, taisez-vous, voici la reine votre mère.

SCÈNE II

ARIANE, MISS CLUSTENBRUT, PASIPHAË

PASIPHAË

Que faites-vous là, mademoiselle ? Miss Clustenbrut, pourquoi cette petite n'est-elle pas dans sa chambre ?

MISS CLUSTENBRUT

La princesse a désiré prendre l'air.

PASIPHAË

Prendre l'air d'une évaporée, n'est-ce pas?

ARIANE

J'aime le ton de tendresse maternelle dont sont empreintes vos observations, madame.

PASIPHAË

Faites-donc la sainte Nitouche, ce n'est pas moi qui serai la dupe de ces airs-là ; c'est bon avec le papa Minos.

ARIANE

Vous devez en savoir quelque chose.

PASIPHAË

Je ne veux pas que vous soyez toujours à vous promener dans le palais pour faire de l'œil aux officiers du roi.

ARIANE

Je n'aurais garde de chasser sur vos terres.

PASIPHAË

Sortez, mademoiselle, rentrez dans vos appartements et que je ne vous rencontre plus dans tous les coins.

ARIANE

Je ne le désire pas plus que vous.

MISS CLUSTENBRUT

Venez, venez, princesse, ne fâchons pas maman.

SCÈNE III

ARIANE, MISS CLUSTENBRUT, PASIPHAË, MINOS

ARIANE

Ah ! bonjour papa.

MINOS

Bonjour, cher petit trognon.

PASIPHAË

Bien, vous allez encore la soutenir contre moi.

MINOS

Comment cela?

PASIPHAË

Vous ne voyez donc pas que c'est une petite désobéissante dont je ne puis venir à bout; je lui ordonne de rentrer chez elle et de n'en pas sortir et je la trouve toujours en l'air.

MINOS

Comment, mademoiselle?... Ecoutez donc, ma bonne, la jeunesse a besoin de mouvement.

PASIPHAË

Parfait, encouragez-la.

MINOS

Mais non, pas du tout. — Mais savez-vous, ma chère Pasiphaë, la nouvelle que je viens de recevoir?

PASIPHAË

Non. Quelle nouvelle?

MINOS

Une nouvelle politique, vous savez bien que je suis constamment occupé du soin de mon royaume et du bonheur de mes sujets.

ARIANE

Le monde entier, mon cher père, admire votre justice et votre bonté.

MINOS

Je puis me flatter d'avoir relevé la Crète.

PASIPHAË

Comment, vous êtes encore là, petite curieuse.

ARIANE

Mais, madame...

PASIPHAË

Sortez, mademoiselle, les secrets d'Etat ne vous regardent pas.

MINOS

Sortez, mademoiselle, les secrets...

ARIANE

Mon bon petit papa.

MINOS

Au fait, ce n'est pas un secret d'Etat, je ne vois pas d'inconvénient à ce qu'elle l'entende aussi. Vous savez donc que tous les ans les Athéniens m'envoient quelques jeunes gens dont je puis disposer comme bon me semble. C'est un tribut que j'ai exigé d'eux à seule fin de leur montrer que je ne me mouche pas du pied et que les Crétois ne sont pas des crétins. — Or c'est aujourd'hui que doit se détacher le coupon de cette petite rente originale et j'apprends que, parmi les prisonniers remis cette année à ma discrétion, se trouve qui ?...

ARIANE

Oui, qui?

PASIPHAË

Qui, qui, qui?

MINOS

Thésée, le propre fils du roi d'Athènes.

PASIPHAË

Le fils du roi !

ARIANE

Un jeune prince, brave, aimable, beau, sans doute.

MISS CLUSTENBRUT

Ah ! princesse, un jeune homme superbe, je l'ai vu à Athènes.

PASIPHAË

Entendez-vous cette petite effrontée ? Pour la dernière fois, rentrez chez vous, mademoiselle.

MINOS

Un peu d'indulgence, chère amie.

PASIPHAË

Vous êtes trop bonasse aussi de souffrir qu'elle brave ainsi mon autorité.

MINOS

Mais du tout, rentrez chez vous, princesse.

ARIANE
Mais je veux voir le prince.
MINOS
Sois tranquille, mon chou, quand il arrivera je te ferai prévenir.
ARIANE
Merci, mon papa, vous êtes bien gentil. *(Elle sort avec Clustenbrut).*

SCÈNE IV

MINOS, PASIPHAË
PASIPHAË
Vous êtes avec cette enfant d'une faiblesse qui n'a pas de nom.
MINOS
Mais aussi, chère amie, vous la tarabustez toujours.
PASIPHAË
Croyez-vous que je n'aie pas mes raisons? Est-ce que vous entendez quelque chose à l'éducation d'une jeune fille? Je vous dis que celle-ci a besoin d'être tenue avec la plus grande sévérité.
MINOS
Cependant, ma chère Pasiphaë, il me semble que la douceur!...
PASIPHAË
Vous n'y connaissez rien. Vous savez bien que si je vous laisse jouir devant le monde d'une réputation énormément surfaite de prudence et de capacité, c'est à la condition que, quand nous sommes en tête à tête, vous n'aurez pas la prétention de m'en imposer comme au public. Or je prévois que, si je n'y mets bon ordre, Ariane tournera mal.
MINOS
Du moment que vous prévoyez cela, c'est différent. Cependant je ne vois pas ce qui vous autorise à penser...

PASIPHAË

C'est que votre intelligence est horriblement myope. Tout à l'heure je suis entrée dans son appartement, où je ne l'ai pas trouvée ; j'ai pénétré jusqu'à sa chambre à coucher, dont l'inventaire fait en quelques coups d'œil m'a scandalisée.

MINOS

Vraiment, bobonne, qu'avez-vous donc vu ?

PASIPHAË

Dans son cabinet de toilette,
Réduit modeste et virginal,
De la plus profonde coquette
J'ai découvert tout l'arsenal.
J'ai trouvé de parfumerie
Un assortiment sans égal,
Du maquillage d'Assyrie,
Du blanc, du rouge végétal.

Ah ! si nous n'y mettons bon ordre,
Votre Ariane assurément
Donnera du fil à retordre
A papa tout comme à maman.

J'ai pu de sa littérature
Juger en voyant un bouquin,
Certain roman qui, je vous jure,
N'est pas signé par feu Berquin.
Au lieu d'avoir, comme l'observe
Fillette aux pensers ingénus,
La chaste image de Minerve,
Elle a les amours de Vénus.

Ah ! si nous n'y mettons bon ordre, etc.

A l'aiguille elle est étrangère,
Je n'ai rien vu de ses travaux ;
Mais tous ses rayons d'étagère
Sont encombrés de bibelots.
Enfin une photographie
A soudain frappé mon regard,
En maillot collant, je vous prie,
Le portrait du beau Léotard !

Ah ! si nous n'y mettons bon ordre, etc.

MINOS
Eh ! en effet, tout cela est assez singulier. Savez-vous, ma chère bébelle, il faudra la marier.
PASIPHAË
C'est cela, pour être grand'mère.
MINOS
Vous avez raison, je n'y songeais pas.
PASIPHAË
Vous n'êtes qu'un vieux cornichon.
MINOS
Du monde, ne compromettez pas la dignité royale.
UN GARDE
Sire, un vaisseau portant pavillon athénien vient d'aborder au port et d'y débarquer le fils du roi d'Athènes au nombre des prisonniers qu'on vous envoie. Qu'ordonne votre majesté ?
MINOS
Qu'on l'introduise en ma présence. Ah ! d'abord qu'on fasse ranger mes gardes en haie, qu'on prévienne les seigneurs de ma cour, qu'on commande un détachement de pompiers. Un peu de pompe ne peut pas faire mal.

SCÈNE V

MINOS, PASIPHAË, ARIANE, MISS CLUSTENBRUT, SEIGNEURS ET DAMES DE LA COUR, GARDES, PUIS THÉSÉE

(Minos et Pasiphaë s'asseoient sur leur trône, à côté duquel s'assied Ariane et près d'elle Miss Clustenbrut).

CHŒUR

Ah! qu'on est fier d'être Crétois
Sous les lois
Du plus sage des rois.
Chantons tous à la fois :
Vive Minos, et crions sur les toits :
Vive le roi des Crétois.

Athènes, qui devant les rois
Quelquefois
Ose élever la voix,
A cédé cette fois
Devant Minos et doit subir ses lois.
Vive le roi des Crétois !

(THÉSÉE *entre, escorté de quelques gardes*).

Le voilà, le voilà,
Le célèbre Thésée,
Sa démarche est fière, est aisée.
Quel air il a
Ce gaillard-là !

THÉSÉE

O grand Minos, recevez mon hommage,
Je suis bien votre serviteur.

ARIANE, *à part*.

Pauvre jeune homme, ah ! quel dommage,
Son sort cruel me fend le cœur.

MINOS *à Pasiphaë*.

Qu'en penses-tu, ma toute belle ?

PASIPHAË

Mais sa figure me revient.

MISS CLUSTENBRUT *à Ariane*.

Qu'en dites-vous, mademoiselle ?

ARIANE

Ah ! qu'il est bien ! ah ! qu'il est bien !

THÉSÉE à part, apercevant Ariane.

Ah ! nom de nom, la charmante princesse,
Quel ravissant petit minois,
Je n'ai pas vu son pareil dans la Grèce.

ARIANE à Clystenbrut.

Ma chère, il me lorgne, je crois.

MINOS à Thésée.

A sa parole il est fidèle,
Je le vois, le peuple athénien.

PASIPHAÉ, à part.

C'est un bel homme !

THÉSÉE regardant Ariane.

Ah ! qu'elle est belle !

ARIANE regardant Thésée.

Ah ! qu'il est bien ! qu'il est donc bien !

CHŒUR

Le voilà, etc.

MINOS

Approchez sans crainte, jeune étranger, que la majesté royale ne vous effraie pas.

THÉSÉE

Mon cœur ne connaît pas la crainte et mes yeux, ô roi, sont familiarisés avec l'éclat du trône.

MINOS

A ce fier langage, à cette noble assurance, je reconnais en vous un jeune homme de bonne famille.

THÉSÉE

Je suis Thésée, fils du roi d'Athènes.

MINOS

Thésée, vous !

THÉSÉE

Je croyais que vous m'interrogiez.

MINOS

Sans doute, je dis : Thésée ! — vous ? Mais comment se fait-il que vous, un prince du sang, on vous ait sacrifié ainsi ?

THÉSÉE

Je me suis offert moi-même pour mes concitoyens.

ARIANE, *à part.*

Quel dévouement.

MINOS

C'est très beau, jeune homme, c'est très beau. Mais vous savez sans doute le sort qui vous attend.

THÉSÉE

Je sais que je dois être donné en proie aux fureurs du Minotaure.

MINOS

Il est étonnant. Mais vous ne connaissez pas le Minotaure, c'est une grosse bête à cornes, qui fait : hou ! hou !

THÉSÉE

Je vous l'ai dit, mon cœur ne connaît pas la crainte.

MINOS

Ce garçon est intrépide.

ARIANE

Entends-tu, Clustenbrut, quel courage.

MINOS

Je croyais que la renommée exagérait vos exploits, mais je commence à voir que ce ne sont pas des canards. Contez-nous un peu cela. *(à Pasiphaë)* Voulez-vous, mon chat ?

PASIPHAË

Je ne demande pas mieux.

THÉSÉE

Vous l'exigez, ô roi. Silence, ma modestie.

A peine au sortir de l'enfance,
Ma mère Ethra me mit en main
Une épée avec confiance,
Quoique je fusse encor gamin :
  Et maintenant va,
  Dit-elle, avec ça,
  Chercher ton papa
  Qui t'a planté là.

MINOS

Et vous vous mîtes en voyage
Muni de ce léger bagage.
Ah! vraiment, ah! vraiment,
Ce jeune homme est étonnant.

TOUS

Ah! vraiment, ah! vraiment,
Ce jeune homme est étonnant.

THÉSÉE

Or, pour aller vers Athènes,
Les routes sont, comme on dit,
D'honnêtes gens aussi pleines
Que la forêt de Bondy.
 Je fis bientôt rencontre
 D'un horrible géant
Qui me demanda poliment
 Mon argent et ma montre.
  D'un coup de bâton
J'envoyai le pauvre hère
Voir l'heure au cadran solaire
  De maître Pluton.

CHŒUR

Ah! vraiment, ah! vraiment,
Ce jeune homme est étonnant.

THÉSÉE

A Sinnis, autre canaille,
A Sciron, à Cercyon,
J'infligeai par représaille
La peine du talion.
 Châtiment non moins juste
 Pour un cœur aussi noir,
J'ai fait passer au laminoir
 Le gueusard de Procuste.

J'ai su vaincre enfin
Les monstres les plus perfides,
Les superbes Pallantides,
Le terrible Arpin.

CHŒUR

Ah ! vraiment, ah ! vraiment,
Ce jeune homme est étonnant.

MINOS

Jeune héros ! vos exploits me pénétrent d'admiration. Mon avis est que vous méritez d'être distingué par un traitement spécial. Qu'en penses-tu, poupoule ?

PASIPHAË

Je crois en effet que ce prince magnanime est digne de quelques égards. *(A part)* C'est un fort joli garçon, ma foi.

MINOS

Qu'allons-nous faire de vous, voilà la question ?

ARIANE

Oh ! grâce, mon père, grâce pleine et entière pour le brave Thésée.

PASIPHAË

Taisez-vous.

THÉSÉE

Puisque je viens de vous le dire.

PASIPHAË

Je ne vous parle pas, je parle à la princesse.

THÉSÉE

Pardon, excuse en ce cas. *(A part)* La reine n'a pas l'air commode, mais la princesse est charmante.

PASIPHAË, *à part*

Elle l'aime la malheureuse. *(Haut)* Pas de grâce, ô roi, ce serait faire injure au vaillant Thésée ; il vous a déclaré qu'il n'avait pas peur du Minotaure.

THÉSÉE

C'est-à-dire que je m'en fiche proprement.

MINOS

Jeune téméraire ! Voyons, mes fidèles Crétois, devons-nous livrer...

PASIPHAÉ

Oui, oui, au Minotaure.

TOUS

Au Minotaure !

MISS CLUSTENBRUT

Princesse, du courage ; je dois vous faire observer qu'on vous observe, ainsi observez-vous.

THÉSÉE, *à part.*

Elle se trouve mal, la pauvre petite. Quel amour de princesse. (*Il lui envoie des baisers*).

PASIPHAÉ *l'apercevant.*

Eh bien qu'est-ce que vous faites donc ?

MINOS

Puisque telle est l'opinion de la majorité, nous allons, jeune homme, vous conduire au labyrinthe. En attendant vous pouvez vous reposer quelques heures dans ce palais, où vous resterez prisonnier sur parole, sous la garde d'un piquet de gendarmerie.

Puisqu'il y tient,
Livrons au Minotaure
Ce jeune Athénien
Qui ne doute de rien.
Mais on voit bien
Que le gaillard ignore
Quel brutal
Est cet animal.

ARIANE

Arrêt détestable,
Qui condamne, ô ciel !
Ce jeune prince aimable
Au sort le plus cruel.

THÉSÉE

Je le dis encore :
Ça m'est bien égal,
De votre Minotaure
Je me fiche pas mal.

PASIPHAÉ

Vous l'entendez, le téméraire
Se rit de nous.

MINOS

Tant pis pour lui.
De gamme il va changer, ma chère,
Cet imprudent qui dans sa barbe a ri.

TOUS

Puisqu'il y tient,
Livrons au Minotaure
Ce jeune Athénien
Qui ne doute de rien.
Mais on voit bien
Que le gaillard ignore
Quel brutal
Est cet animal.

(*Tous sortent pendant le chœur — excepté Thésée qui continue d'envoyer des baisers à Ariane pendant le défilé. — Quand tout le monde est parti, celle-ci revient tout à coup sur ses pas*).

SCÈNE VI

THÉSÉE, ARIANE

ARIANE

Malheureux prince !

THÉSÉE

Adorable princesse.

ARIANE

Votre perte est certaine, ce monstre...

THÉSÉE

Ah ! si vous saviez comme je m'en moque. Ah ! Ah ! c'est moi qui m'en moque.

ARIANE

Héroïque intrépidité.

THÉSÉE

Regardez-moi ce biceps.

ARIANE

Je ne doute ni de votre force, ni de votre courage, mais vous ne savez pas toute l'étendue des dangers qui vous menacent et qui me désespèrent ; car...

En vain je chercherais
A vous faire un mystère
Des sentiments secrets
Que je ne saurais taire.
Dans ma naïveté
S'il est quelqu'imprudence,
Hélas ! mon innocence
Fait ma sincérité.

THÉSÉE

Ah ! si vous consentez
A répondre à ma flamme,
Les périls affrontés
Seront doux à mon âme.
Lorsque tant de beauté
Répond de ma constance,
Prenez donc confiance
Dans ma sincérité.

Ah ! consentez qu'en partant pour Athène
Dans mon vaisseau je vous emmène.
Les feux qu'ont dans mon cœur allumés vos beaux yeux
Peuvent aller à l'eau, n'en flamberont que mieux.

ARIANE

Quitter ainsi ces sacrés toits Crétois,
En vérité, je ne sais si je dois...
Le monde est si méchant, il se pourrait bien faire
Que l'on trouvât la démarche légère.

THÉSÉE

Faut-il, par Cupidon !
Se gêner, ma princesse,
Pour le qu'en dira-t-on ?
Ah ! croyez ma tendresse.
Acceptez aujourd'hui,
Montrez-vous moins timide,
Ce bras là pour appui,
Le dieu d'amour pour guide.

ARIANE

J'hésite, voyez-vous,
De la mer Icarienne
A braver le courroux,
Ainsi que de la mienne.
Je devrais refuser,
De peur d'être indiscrète,
Les portières de Crète
Sur moi vont bien jaser.

ARIANE

Mais vous parlez de fuite, infortuné jeune homme, vous ne savez donc pas ce que c'est que le labyrinthe où l'on va vous conduire.

THÉSÉE

Je n'en ai pas la moindre idée.

ARIANE

C'est un immense bâtiment, composé d'un nombre infini de corridors entremêlés de telle manière qu'une fois qu'on y est engagé il est impossible d'en retrouver l'entrée et qu'il faut infailliblement y périr.

THÉSÉE

Cette nécessité manque de charmes.

ARIANE

Que vous serviront votre vigueur, votre courage, votre héroïsme, quand vous chercherez inutilement votre chemin à travers ces inextricables détours ?

THÉSÉE

Absolument à rien.

ARIANE

Vous voyez donc bien si j'ai raison d'être inquiète et de désespérer de votre salut.

THÉSÉE

Je commence à l'entrevoir.

ARIANE

Et pourtant, vous ne pouvez périr ainsi misérablement.

THÉSÉE
J'aimerais assez à m'en dispenser.
ARIANE
Amour, amour, inspire-nous.
THÉSÉE
Oui, amour, souffle-nous quelque truc ingénieux.
ARIANE
Fournis à tes fidèles quelqu'une de ces ruses dont tu possèdes le secret.
THÉSÉE
Indique-nous quelque ficelle...
ARIANE
Que dites-vous ?... ah ! fameux.
THÉSÉE
Et bien, quoi ?
ARIANE
C'est le fils de Cythère lui-même qui a parlé par votre bouche.
THÉSÉE
Vous croyez, il aurait daigné se servir de mon organe ?
ARIANE
Tenez, prenez ce peloton de fil de lin.
THÉSÉE
C'est un souvenir ?
ARIANE
Mais non. Ecoutez-moi bien : vous attacherez un bout de ce fil à l'entrée du labyrinthe et vous dépelotonnerez en y pénétrant, et puis, quand vous voudrez sortir, vous n'aurez qu'à repelotonner.
THÉSÉE
Oh ! mais c'est excessivement ingénieux. Chère princesse, je vous admire, je n'aurais jamais trouvé celui-là. Grâce à ce peloton de fil....
ARIANE
De fil de lin.

THÉSÉE
De lin, de laine, n'importe.

ARIANE
Non, le lin est bien plus sûr, car dans votre précipitation vous auriez pu perdre la laine.

THÉSÉE
C'est juste, vous pensez à tout ; mon amour se multiplie par ma reconnaissance. Sans le secours de votre imagination, je serais resté à moisir dans cet affreux labyrinthe et je me serais cassé la tête contre les murs sans pouvoir en faire sortir une idée pour me tirer de là, je me connais.

ARIANE
Il me souvient qu'on m'a conté que le malheureux Icare, enfermé comme vous dans ce lieu terrible, n'en pût jamais retrouver la porte et finit par se confectionner des ailes de cire au moyen desquelles il s'envola.

THÉSÉE
Et bien mais ce n'était déjà pas si bête.

ARIANE
Sans doute ; mais ses ailes fondirent au soleil et il tomba au beau milieu de la mer, où il se noya.

THÉSÉE
C'est différent. Dans ce cas, je préfère votre fil aux ailes.

ARIANE
Et maintenant, adieu.

THÉSÉE
Au revoir plutôt ; vous savez que c'est convenu, je vous emmène.

ARIANE
Et bien tant pis, j'accepte et je vais préparer mes malles.

ENSEMBLE
A quoi tient l'espérance,
Le bonheur à quoi tient-il ?
A quoi tient l'existence ?
Souvent à rien de plus qu'un fil.

THÉSÉE

En cette circonstance,
Pour me tirer de péril,
Je prends de confiance
Ce peloton de simple fil.

ARIANE

Vous braverez sans crainte
L'enchevêtrement subtil
De l'affreux labyrinthe.
Mais n'allez pas perdre le fil.

ENSEMBLE

A quoi tient l'espérance ? etc.

(Ariane sort).

SCÈNE VII

THÉSÉE, PASIPHAÉ

PASIPHAÉ, *entrant*

Prince, voulez-vous qu'on vous sauve ?

THÉSÉE

Encore ! est-ce qu'elle va m'offrir une seconde bobine ?

PASIPHAÉ

Au lieu de vous laisser exposer aux fureurs du Minotaure et aux dangers du labyrinthe, je vous attacherai à ma personne, vous serez mon...

THÉSÉE

Votre quoi, s'il vous plaît ?

PASIPHAÉ

Mon écuyer, mon secrétaire, le titre n'y fait rien. Voulez-vous que je vous fasse nommer inspecteur général des musées de la Crète.

THÉSÉE

Très bien, très bien, cela ne me va pas.

PASIPHAÉ

On plutôt vous serez mon conseiller, mon confident, mon ami.

THÉSÉE

Ah ! oui dà.

PASIPHAÉ

Vous aurez des chevaux, des esclaves, une maison montée, de l'or à discrétion, et les devoirs de votre charge seront bien faciles à remplir, ils ne consisteront qu'à témoigner à votre reine un peu d'amitié.

THÉSÉE

Ce n'est déjà pas si aisé.

PASIPHAÉ

Tenez, Thésée, je dois m'expliquer sans détours.

THÉSÉE

Parbleu, je comprends parfaitement, toutes les femmes sont folles de moi.

PASIPHAÉ

Faut-il vous l'avouer enfin, Thésée, je vous aime.

THÉSÉE

Cela ne m'étonne pas.

PASIPHAÉ

Oh ! le petit fat.

Veux-tu, c'est bien facile,
Vivre oisif et gandin,
Avoir hôtel en ville
Entre cour et jardin ?
Réponds, réponds. Et bien ?

THÉSÉE

Non, non, je ne veux rien.

PASIPHAÉ

Je veux te satisfaire
Dans tes prétentions ;
Dans toute belle affaire
Veux-tu des actions ?
Réponds, réponds. Et bien ?

THÉSÉE

Non, non, je ne veux rien.

PASIPHAÉ

Veux-tu qu'on te procure,
Pour vivre en grand seigneur,
Brillante sinécure ?
Veux-tu... la croix d'honneur ?
Réponds, réponds. Et bien ?

THÉSÉE

De vous je ne veux rien.

PASIPHAÉ

En toute assurance
Ici sur moi tu peux compter,
Dans cette occurrence
T'est-il possible d'hésiter ?
Quand mon tendre zèle
Veut t'arracher à ce danger,
A mon cœur fidèle
Tout ne doit-il pas t'engager ?

THÉSÉE

Quelle différence
Près d'Ariane, ô Jupiter !
Pour la préférence
Comment donc pourrais-je hésiter ?
Cette jeune belle
Des détours vient me débrouiller,
Hélas ! tandis qu'elle
Ne cherche qu'à m'entortiller.

PASIPHAÉ

Dites un mot et, au lieu de la mort la plus misérable et la plus affreuse, je vous donne l'existence la plus voluptueuse et la plus fortunée.

THÉSÉE

Et bien non.

PASIPHAÉ

Comment non ? Quand je vous offre toutes les délices de la vie avec mon cœur par-dessus le marché.

THÉSÉE

J'aime mieux le Minotaure.

PASIPHAÉ

Misérable, vous m'insultez, vous dédaignez ma faveur. Ah ! je vois ce que c'est, une autre m'aura prévenue. N'est-il pas vrai, petit vaurien, vous en aimez une autre ?

THÉSÉE

Vous êtes trop curieuse.

PASIPHAÉ

C'est en vain que vous cherchez des détours. La petite Ariane vous a donné dans l'œil, je m'en suis bien aperçue. Et bien je me vengerai d'elle et de vous. De vous d'abord en hâtant votre supplice.

THÉSÉE

Hâtez, madame, hâtez.

PASIPHAÉ

Voyons, petit entêté, il est temps encore de vous repentir. Vous ne savez pas ce que vous refusez. Qu'auriez-vous pu espérer de l'amour d'une jeune fille ignorante et inexpérimentée ? Ah ! vous ne connaissez pas les ressources infinies de la tendresse d'une femme mieux instruite par Vénus.

THÉSÉE

Ne m'approchez pas.

PASIPHAÉ

Ah ! tu persistes à me repousser, indigne, et bien tant pis pour toi.

SCÈNE VIII

THÉSÉE, PASIPHAÉ, MINOS, GARDES

PASIPHAÉ

A quo pensez-vous donc, Minos, de laisser là ce misérable Athénien ? est-ce qu'il ne devrait pas être enlabyrinthé depuis longtemps.

MINOS

C'est très juste, mon cœur, vous avez raison. J'aurais voulu, brave Thésée, pouvoir vous faire grâce en considération de votre mérite hors ligne...

PASIPHAË

Non, non, pas de grâce.

THÉSÉE

Je n'en demande fichtre pas non plus.

MINOS

Cette fierté vous sied bien. D'autant plus que si vous en demandiez ce serait absolument la même chose, attendu que mon conseil n'est pas d'avis...

THÉSÉE

Je suis prêt, qu'on me conduise.

MINOS

C'est ce à quoi nous allons procéder. Ne pouvant faire pour vous tout ce que je voudrais, j'ai pensé vous devoir donner néanmoins toutes les marques de ma bienveillance qui ne peuvent porter atteinte à la Constitution ; c'est pourquoi je vais vous adresser quelques paroles bien senties.

THÉSÉE

Ah ! non par exemple. Je m'en priverai très volontiers.

MINOS

Ingrat, vous refusez mes bienfaits.

THÉSÉE

La seule grâce que je demande est qu'on en finisse avec moi le plus tôt possible.

PASIPHAË

Vous l'entendez, Minos, à quoi bon lambiner davantage ?

MINOS

Ne m'appelez pas lambin, mon chat, il y a du monde.

PASIPHAË

Alors finissez-en, car si vous m'impatientez ainsi, je ne serai pas maîtresse de moi.

MINOS

Gardes, qu'on l'emmène puisqu'il est si pressé. Vous en répondez sur votre tête.

PASIPHAË

Va, jeune imprudent, va apprendre ce qu'il en coûte de braver nos fureurs et de dédaigner nos bontés.

> A ce téméraire
> Montrons à la fin
> Qu'il en cuit de faire
> Par trop le malin.

THÉSÉE

> Ah ! la bonne histoire,
> Que vous m'amusez,
> Quand à la victoire
> Vous me conduisez.

CHOEUR	THÉSÉE
A ce téméraire	Je suis téméraire
Montrons à la fin,	Et jusqu'à la fin,
Qu'il en cuit de faire	Je pourrais bien faire,
Par trop le malin.	Je crois, le malin.

(Les gardes emmènent Thésée — tous sortent — Ariane et Clustenbrut, qui guettaient leur départ, entrent).

SCÈNE IX

ARIANE, MISS CLUSTENBRUT

MISS CLUSTENBRUT

Ils sont partis, princesse.

ARIANE

Ainsi donc c'en est fait, il est maintenant exposé aux périls que son grand cœur méprise. Clustenbrut, soutiens mon courage, je ne vis pas, je suis sur le gril. Ah ! s'il allait succomber.

MISS CLUSTENBRUT

Ce serait dommage, un si bel homme.

ARIANE

Mais non, il m'a défendu de douter de sa victoire et je ne dois songer qu'au bonheur qui nous attend.

MISS CLUSTENBRUT

Rappelez-vous, princesse, que j'ai fait tous mes efforts pour vous détourner...

ARIANE

C'est bon, c'est bon, tu m'ennuies. Fais promptement porter nos malles au vaisseau de Thésée par un esclave sûr.

MISS CLUSTENBRUT

Oui, princesse.

ARIANE

Ensuite, tu iras flâner dans les environs et tu viendras m'avertir dès que tu apercevras ce héros.

MISS CLUSTENBRUT

C'est convenu.

ARIANE

Et alors nous prenons nos cliques et nos claques et nous courons nous embarquer.

MISS CLUSTENBRUT

O Vénus ! protége notre voyage. *(Elle prend une prise)*.

ARIANE

Cours, ne perds pas un instant, et surtout que tout soit fait avec mystère.

SCÈNE X

ARIANE, PASIPHAË

PASIPHAË

Encore ici, mademoiselle, quand je vous ai dit une fois pour toutes de rester dans votre chambre.

ARIANE

Soyez tranquille, c'est bien la dernière fois que vous m'y rencontrerez.

PASIPHAË

Vous espériez sans doute y retrouver le beau Thésée. Mais, Dieu merci, le roi votre père s'est décidé à en finir avec lui. Cela ne fait peut-être pas votre compte ?

ARIANE

Pourquoi cela, madame ?

PASIPHAË

Pourquoi, jeune fille dissimulée ? parce que vous osez aimer cet ennemi de l'Etat. Aurez-vous le toupet de le nier ?

ARIANE

Et bien oui, je l'aime ; mon cœur n'a pu être insensible aux brillantes vertus de ce héros ; je ne veux pas m'en cacher plus longtemps et je viens de ce pas de sacrifier une colombe à Vénus pour qu'elle s'intéresse à son salut.

PASIPHAË

Quelle effronterie ! et vous osez me le dire ?

ARIANE

Je n'ai plus de ménagements à garder désormais.

PASIPHAË

Ah ! oui dà, c'est un peu fort.

ARIANE

Non-seulement je l'aime, mais encore il m'aime aussi. Bien plus... nous nous aimons réciproquement.

PASIPHAË

C'est trop me braver. Pour vous apprendre, je vais demander à Minos de vous faire enfermer à perpétuité dans une bonne tour.

ARIANE

De votre part, il n'est pas de tour qui puisse me surprendre.

PASIPHAÉ

Et là, vous attendrez que votre cher amant, pour vous en délivrer, revienne de chez Pluton.

ARIANE

Comment, que dites-vous ?

PASIPHAÉ

Est-ce que vous comptiez encore sur lui ? Ah ! ah ! ah ! il est parfaitement défunt à l'heure qu'il est.

ARIANE

Qu'entends-je, ô ciel ! (*Elle pleure*).

SCÈNE XI

ARIANE, PASIPHAÉ, MINOS

MINOS

Qu'as-tu donc à pleurer, mon chou ?

ARIANE

Ah ! papa, je suis bien malheureuse.

PASIPHAÉ

Ne l'écoutez pas, elle vient de me manquer et mérite d'être punie.

MINOS

Ah ! mon petit chat, c'est bien vilain de manquer à sa maman.

ARIANE

C'est maman qui me tourmente toujours à propos de tout.

MINOS

Il faut aussi un peu de douceur avec cette enfant, bobonne.

PASIPHAÉ

Je vous dis qu'elle est incorrigible et fait mon désespoir.

MINOS

Il faut écouter sa maman aussi, mon cher trognon.

ARIANE

Maman n'est pas juste avec moi.

MINOS

Le fait est, mon cœur, que vous êtes un peu sévère.

PASIPHAÉ

Tenez, vous n'êtes qu'un vieux cornichon.

MINOS

Du monde, ne compromettez pas ma dignité.

UN GARDE

Sire, le vaillant Thésée revient du labyrinthe vainqueur du Minotaure, pour faire hommage de sa tête aux pieds de votre majesté.

Cris au-dehors :

Vive le brave Thésée !

ARIANE

Sauvé ! merci, mon Dieu !

PASIPHAÉ

Se peut-il !

MINOS

Ce jeune homme est étonnant.

ARIANE

A la faveur du tumulte et de l'enthousiasme, donnons-nous de l'air en douceur. *(Elle sort)*.

MINOS

Remontons sur notre trône pour le recevoir.

SCÈNE XII

MINOS, PASIPHAÉ, THÉSÉE, GARDES, COURTISANS

THÉSÉE

Sire, le Minotaure n'est plus, ce bras lui a fait mordre la poussière.

MINOS

C'est qu'il l'a fait comme il le disait. Mais comment êtes-vous sorti du labyrinthe ?

THÉSÉE

Une divinité m'en a tiré.

MINOS

Du moment que les dieux vous protégent, je me fais un plaisir de m'associer à leurs bonnes intentions à votre égard. Votre courage mérite une digne récompense et, en faveur de ce dernier exploit, je fais remise aux Athéniens, à l'avenir, du tribut en nature qu'ils me payaient.

THÉSÉE

O grand roi, ma reconnaissance vous est acquise. Ce n'est pas à tort qu'on vous répute le plus sage des monarques.

MINOS

Maintenant, vous êtes libre ; retournez donc auprès du roi, votre auteur, et dites-lui, grand prince, dites à cet heureux père... oui, dites-lui... bien des choses de ma part.

THÉSÉE

Vous êtes bien bon ; je n'y manquerai pas.

MINOS

Tout couvert de gloire,
Allez près de lui.
De votre victoire
Goûter l'heureux fruit.

CHŒUR

Chantons la victoire
Du vaillant héros,
Célébrons la gloire
Du sage Minos.

Ce monarque sage
Dans son équité
Sait rendre au courage
L'honneur mérité.

(*La portière du fond s'est ouverte et laisse voir le bord de la* mer et le vaisseau où *Thésée va s'embarquer pendant le chœur. Quand le vaisseau commence à s'éloigner, on aperçoit dessus Thésée tenant Ariane par la taille et miss Clustenbrut qui prise avec fureur*).

MINOS

Allez, jeune guerrier, et qu'à nos vœux propice,
Neptune vous procure un voyage joyeux
  Et des écueils vous garantisse.

PASIPHAÉ

Que vois-je ? misérable, en croirai-je mes yeux ?

MINOS

Qu'est-ce donc ?

PASIPHAÉ

Regardez : Ariane.

MINOS, *qui a mis ses lunettes.*

      Ma fille !
Il enlève Ariane. Ah ! filou ! ah ! brigand !

PASIPHAÉ

Quel camouflet... pour la famille !

MINOS

A moi, gardes, courez après cet intrigant.

  Vite, vite,
  A la poursuite
  De ce farceur
  De ravisseur,
  Qu'on s'élance
  Et qu'on lance
  Tous les canots
  Parmi les flots.
  Mais allez donc,
  Mais courez donc.

TOUS, *sans bouger de place.*

  Courons vite
  A la poursuite
  De ce farceur
  De ravisseur.
  Allons, allons,
  Courons, courons.

MINOS

Quelle charge,
Il prend le large
En nous narguant,
En naviguant.

PASIPHAË

O défaite !
Je suis refaite
Et pour mes frais
J'en resterais.
Mais allez donc,
Mais courez donc.

TOUS, *sans bouger davantage*

Courons vite
A la poursuite
De ce farceur
De ravisseur.
Courons, allons,
Partons, volons,
Marchons, allons,
Courons, volons.

(*Pendant la reprise du chœur, le vaisseau continue à s'éloigner et finit par disparaître; tous les assistants crient : courons, volons, toujours sans bouger ; Minos et Pasiphaë s'agitent avec désespoir*).

A LA MONACO

L'ON CHASSE L'ON DÉCHASSE

PROVERBE

EN VERS, EN POUDRE ET EN BATONS,
MÊLÉ DE COUPLETS

PERSONNAGES

La Comtesse ARGENTINE.
Le Chevalier PIERROT.
Le Marquis POLICHINELLE.
VALÈRE, Officier.

A LA MONACO

SCÈNE PREMIÈRE

VALÈRE, LE CHEVALIER

VALÈRE

Voilà, cher chevalier, comment s'est terminée
La dernière campagne et comment, cette année,
Des beaux lauriers de Mars ton ami tout couvert
Vient jouir à Paris de ses quartiers d'hiver.
Maintenant en échange, après six mois d'absence,
J'attends aussi de toi quelqu'autre confidence ;
Tu m'as parlé jadis, autant qu'il m'en souvient,
De certaine comtesse aimable et belle : Et bien
Comment vont tes amours ?

LE CHEVALIER
Mal.
VALÈRE
Tudieu ! Qu'est-ce à dire ?
La belle est insensible à ton tendre martyre.

LE CHEVALIER

Je ne sais, mais de fait près de cette beauté
Je ne suis pas toujours, mon cher, des mieux traité
Et depuis près d'un an que dure mon servage,
J'ignore dans son cœur où j'en suis.

VALÈRE
Quel courage.
Et tu peux, à ton âge, oublieux des plaisirs,
Pousser aussi longtemps de stériles soupirs ?
D'une telle constance il faut, je le déclare,
Que l'objet, vertubleu ! soit d'un mérite rare.
Elle est donc bien jolie ?

LE CHEVALIER

     Ah ! ce serait trop peu !
Esprit, attraits et grâce, elle a tout.

    VALÈRE

       Maugrebleu !

    LE CHEVALIER

Oui tout ce qui séduit, captive, enivre, enchante,
Elle est enfin, mon cher, elle est... elle est charmante.

    VALÈRE

Mais cruelle.

    LE CHEVALIER

    Hélas ! oui. De plus, assez souvent
Capricieuse, vive, exigeante, abusant
Fort tyranniquement de son fatal empire,
Au prix de cent tourments me vendant un sourire.

    VALÈRE

Ah ! ah ! voilà l'envers. Mais à tous ces attraits,
A la place, avec ça, moi, je renoncerais.

    LE CHEVALIER

Bien des fois je me suis tenu même langage,
Et de rompre mes fers n'ai pas eu le courage,

  AIR : *Un homme pour faire un tableau.*

    Elle a l'esprit et la beauté,
    Toutes les grâces en partage ;
    Un cœur loyal est reflété
    Sur les traits purs de son visage.
    Mais hélas ! elle est à la fois
    Vive, impatiente, intraitable...

    VALÈRE

    Enfin tu la trouves, je vois,
    Charmante,... mais insupportable !

    LE CHEVALIER

De plus, j'ai par malheur un dangereux rival.

    VALÈRE

Ah ! voilà ! qu'on préfère et l'on te traite mal.

LE CHEVALIER

Je le crains ; mais pourtant qui put jamais bien lire
Dans le cœur féminin ?

VALÈRE

C'est pourquoi ton délire
S'obstine à l'espérance. — Oh ! tu me fais pitié
Et je voudrais d'honneur que ma vieille amitié
Put te servir, mon cher, en cette circonstance.

LE CHEVALIER

Comment ?

VALÈRE

En guérissant ta fatale constance.

LE CHEVALIER

Impossible.

VALÈRE

Ou bien en lui faisant obtenir...

LE CHEVALIER

Et comment pourrais-tu, mon cher, y parvenir
Quand les soins assidus, la cour la plus fidèle...

VALÈRE

Le nom de ce rival ?

LE CHEVALIER

Marquis Polichinelle.
Un parfait gentilhomme et, bien que mon rival,
Aimable, séduisant, j'en fais l'aveu loyal.

VALÈRE

Si d'un bon coup d'épée on arrangeait l'affaire ?

LE CHEVALIER

Oh ! non, ce serait pour tout gâter, au contraire.

VALÈRE

Crois-tu ? je ne suis pas de cet avis, morbleu !

LE CHEVALIER

Tiens, le voici qui vient.

VALÈRE

Ecartons-nous un peu.

Je voudrais, chevalier, quelque sachant sans doute
Moins bien prendre une femme, hélas ! qu'une redoute,
Je voudrais travailler à ton bonheur ici ;
Laisse-moi t'expliquer mon idée en ceci.

SCÈNE II

Le Marquis POLICHINELLE, *seul*.

Je ne suis pas vraiment enchanté d'Argentine ;
Elle ne m'encourage et me fait bonne mine
Que devant mon rival ; hors de là, serviteur,
On ne me montre plus qu'un assez triste humeur.
Que de bizarrerie entre dans la cervelle
De l'être féminin ! et je n'ai de mon zèle
D'autre fruit que de faire enrager quelque peu
Ce pauvre chevalier. — Oh ! ce n'est pas parbleu
Que je tienne beaucoup à la belle comtesse ;
Mais c'est mon amour-propre ici qui s'intéresse.
Un échec semblerait pour moi trop singulier.

SCÈNE III

Le Marquis POLICHINELLE, le Chevalier PIERROT.

LE CHEVALIER

Eh ! bonjour, cher marquis,

POLICHINELLE

Eh ! bonjour, chevalier.
Il n'est pas encor jour chez la belle comtesse,
Déjà chacun de nous à sa porte s'empresse.

LE CHEVALIER

Votre assiduité, mon cher marquis, a moins
De mérite ; en effet, vous trouvez de vos soins
Un prix encourageant.

POLICHINELLE

Mais, à parler sans feindre,
D'honneur, cher chevalier, j'aurais tort de me plaindre ;
La façon dont céans je me vois accueilli
N'est pas faite pour m'en éloigner, Dieu merci.

LE CHEVALIER

Ah ! vous êtes heureux !

POLICHINELLE

Croyez-vous qu'une belle
Se donnant avec moi les airs d'être cruelle
Me retiendrait longtemps ?

LE CHEVALIER

Quand on aime, marquis,
Cependant.

POLICHINELLE

Non, vraiment, je n'ai jamais compris
Près de froide beauté cette belle constance,
Se payant des dédains et de l'indifférence ;
Que ne peuvent jamais rebuter les mépris.
Tout comme leurs faveurs notre hommage a son prix ;
Quand on aime, mon cher, il faut qu'on vous réponde,
La glace éteint chez moi le plus beau feu du monde.

LE CHEVALIER

La comtesse d'ailleurs entre nous deux encor
Ne se prononce pas ; j'espère un meilleur sort.

POLICHINELLE

Ah ! parbleu, voulez-vous l'obliger à le faire ?

LE CHEVALIER

Comment ? par quel moyen ? Avec son caractère,
Tant qu'elle ne veut pas...

POLICHINELLE

      Quittons-la tous les deux.
Je m'offre le premier à faire mes adieux.
Une femme se voit délaissée avec peine,
Elle rappellera, la chose est bien certaine,
L'un ou l'autre, en ce cas celui-là restera.

LE CHEVALIER

Le moyen est scabreux pour moi.

POLICHINELLE

       Bah ! l'on verra.
J'y risque plus que vous, d'ingratitude affreuse
Elle va m'accuser.

LE CHEVALIER

    Mais si, moins généreuse,
Elle nous a demain donné des remplaçants.

POLICHINELLE

Nous porterons ailleurs nos vœux et notre encens.

LE CHEVALIER

Oui-dà

POLICHINELLE

   Des sentiments du cœur de la coquette
Nous avons fait alors une épreuve complète.

LE CHEVALIER

L'épreuve est forte et si contre vous seul enfin
Elle tournait ?

POLICHINELLE

    J'aurais ma revanche soudain
Et comme cette belle, avec insouciance,
Goûterais les plaisirs piquants de l'inconstance,
Et me consolerais bien vite. Chevalier,
On a toujours le temps, allez, de se lier,
Tant qu'on peut librement courir de belle en belle,
On trouve chez chacune une grâce nouvelle :

L'une est vive, enjouée, une autre a l'air rêveur,
L'une a plus de finesse et l'autre plus d'ampleur ;
Une est brune ou châtaine, une autre rouge ou blonde,
Il n'en est pas vraiment deux pareilles au monde ;
Mais chacune a son charme et la variété
Ajoute à notre feu plus de vivacité,
Il n'a que plus de flamme en ses courtes délices,
La glace est immobile, un feu plein de caprices.

LE CHEVALIER
Oh ! palsambleu, marquis, le système est gaillard.

POLICHINELLE
Il est bon, c'est le mien. Voyons, à tout hasard,
Essayez-en. — Parbleu, c'est chose décidée,
Vous me remercierez plus tard de mon idée.
C'est en ami sincère au moins ce que j'en dis.

LE CHEVALIER
Oui, peut-être elle est bonne ; essayons donc, marquis.

POLICHINELLE
Voici l'heure où s'en va paraître cette belle,
Tenez, je me dévoue et prendrai congé d'elle
Le premier. Vous voyez que je vous fais beau jeu.

LE CHEVALIER
Mais de vous, si lorsqu'elle aura reçu l'adieu,
Elle me retenait ?

POLICHINELLE
    L'épreuve sera faite
Et je vous abandonne alors cette conquête.

LE CHEVALIER
O généreux ami.

POLICHINELLE
    Touchez-là, cher ami.
J'ai donc votre parole.

LE CHEVALIER
    Et moi la vôtre aussi.

(*Le chevalier sort*).

SCÈNE IV

POLICHINELLE, ARGENTINE

POLICHINELLE
Maintenant que j'ai su gagner sa confiance,
Je suis d'en abuser rempli d'impatience.

ARGENTINE
Ah ! vous voilà, marquis, je vous trouve à propos.

POLICHINELLE
Le mot m'est doux, madame, et me rend tout dispos.

ARGENTINE
Oui, je suis ce matin d'une humeur effroyable.

POLICHINELLE
Ah ! bien, la circonstance est pour moi favorable.

ARGENTINE
J'ai fait un vilain rêve, ai l'esprit à l'envers,
Lisette m'a coiffée aujourd'hui de travers.

POLICHINELLE
Je vous trouve divine.

ARGENTINE
                Oh ! je suis trop maussade,
Pour goûter, voyez-vous, un compliment si fade,
Mais je ne vois pas là le petit chevalier.

POLICHINELLE
Je n'aurais donc pas l'heur de le faire oublier.

ARGENTINE
Je suis accoutumée à vous avoir ensemble.
Et quand il en manque un, c'est tout comme, il me semble,
Une paire de gants dont j'aurais égaré
La main gauche ou la droite.

POLICHINELLE

      Adorable à mon gré.
Ce pauvre chevalier, un peu bien téméraire,
A formé le dessein, paraît-il, de se faire
Regretter, en privant vos beaux yeux de le voir.

    ARGENTINE

Le fat aurait conçu cet outrageant espoir.

    POLICHINELLE

Il se pourrait.

    ARGENTINE

    Eh ! bien peut-être sa visite
Ne manquerait aussi, car il a du mérite.

    POLICHINELLE

En est-ce un d'être fou de vos divins attraits ?
C'est celui que pour moi je revendiquerais.

    ARGENTINE

Ne le plaisantez pas, marquis ; en leur absence,
De mes amis je prends volontiers la défense.

    POLICHINELLE

Que dites-vous, madame, oh ! croyez sur ma foi
Qu'il ne saurait avoir d'ami plus chaud que moi.
Est-il un peu naïf ? il se peut qu'on le dise,
Moi je veux appeler cela de la franchise.
On l'accuse d'avoir quelque timidité,
Est-on plus galant homme étant plus redouté ?
Sa conversation semble terne, à vrai dire,
Mais faut-il préférer un esprit qui déchire ?
C'est un fort bon garçon, tel qu'on aime au total
A l'avoir pour ami, mais surtout pour rival.

  ARGENTINE *à Pierrot qui est survenu pendant que Polichinelle*
    parlait et qui l'a écouté.

Ah ! l'éloge est pompeux. Mais approchez de grâce,
Chevalier, vous craignez de rougir ?

SCÈNE V

Le Marquis POLICHINELLE, la Comtesse ARGENTINE,
Le Chevalier PIERROT

LE CHEVALIER
Il surpasse
Mon mérite à coup sûr.
ARGENTINE
Vraiment, qui ne verrait
Que votre ami vous porte un furieux intérêt ?
S'il faut prendre à la lettre au moins ce que sur l'heure
Il disait.
POLICHINELLE
Non, rien n'est plus sincère, ou je meure.
LE CHEVALIER
N'osant pas approcher, j'avais entendu tout,
Mais, madame, il faudrait en rabattre beaucoup.

AIR : *Des cabinets particuliers.*

  Tracé par un ami fidèle
  De moi ce portrait, je le vois,
  Vous donne une idée assez belle,
  Mais hélas ! songez toutefois
  Qu'il faut craindre aussi que parfois
  L'image soit peu ressemblante
  Et trop flattée en un tableau
  Où de l'amitié bienveillante
  La main dirige le pinceau.
  Oui, c'est l'amitié bienveillante
  Qui tenait ici le pinceau.

ARGENTINE
De la part d'un rival elle est plus méritoire.
LE CHEVALIER
Nous ne le sommes plus maintenant, j'aime à croire.
Le marquis ne vous a-t-il pas fait ses adieux ?

POLICHINELLE

Doucement, chevalier.

ARGENTINE

Que veut dire, messieurs ?
Est-ce un complot ?

POLICHINELLE

Voici, nous avions fait partie
D'aller nous pendre enfin tous deux de compagnie,
Pour vos beaux yeux armés d'un peu trop de rigueur.

ARGENTINE

Ah ! l'idée est bouffonne et me rend bonne humeur.

POLICHINELLE

Trop heureux que par moi ce beau front se déride.

LE CHEVALIER

A moins que la pitié pourtant ne vous décide.

ARGENTINE

Et que je ne me mette en supplication.

LE CHEVALIER

Oh ! pour moi, je n'ai pas cette présomption.

POLICHINELLE

Et moi, belle comtesse, un seul petit sourire
Pour me rendre à la vie à présent peut suffire.

ARGENTINE

Bon, je vois qu'il ne faut pas plus que de raison
Compter, mon cher marquis, sur votre pendaison.
Je crois que si je veux qu'on mette en mon histoire,
Chose faite après tout pour rehausser ma gloire,
Un gentilhomme est mort d'amour pour elle, il faut
Que j'espère plutôt du chevalier Pierrot.

LE CHEVALIER

Vous me connaissez bien.

POLICHINELLE

Il est mélancolique.

ARGENTINE

Oui, je le crois plus propre à cet acte héroïque,
On pourrait essayer.

LE CHEVALIER

Et vous ne seriez pas
Touchée, on le voit bien, même de mon trépas.

ARGENTINE

Mon cœur serait vraiment le plus touché du monde.
Je vous promets un pleur.

LE CHEVALIER

O cruauté profonde,
Vous me désespérez.

ARGENTINE

Je voulais aujourd'hui
Dissiper des vapeurs dont j'éprouve l'ennui,
Je vous l'ai déjà dit, je cherche à me distraire,
Un homme au désespoir ferait mal mon affaire ;
C'est pourquoi, cher marquis, donnez-moi votre bras.
Au revoir, chevalier..., mais ne vous pendez pas.

SCÈNE VI

Le Chevalier PIERROT, VALÈRE

VALÈRE

Elle s'en va, je crois, avec Polichinelle.

LE CHEVALIER

C'est une ingrate, hélas ! Valère, une cruelle.

VALÈRE

Eh ! c'est une coquette enfin, cela dit tout.

LE CHEVALIER

Oh ! mais je suis ma foi poussé, mon cher, à bout,
J'efface de mon cœur son image si chère

VALÈRE

Parbleu, tu ferais bien, mais tu n'es pas sincère.

LE CHEVALIER

Je te jure que si.

VALÈRE

Veux-tu que maintenant
J'essaie à te guérir, mais radicalement.

LE CHEVALIER

J'y consens volontiers.

VALÈRE

Tu sais ce que mon zèle
T'a proposé tantôt ; je tombe amoureux d'elle,
Je lui fais la cour.

LE CHEVALIER

Bon, cela m'obligera.

VALÈRE

Je me montre jaloux, brutal et *cœtera ;*
Menace ses amants de ma fureur terrible
Et si pour leurs dangers elle reste insensible,
C'est qu'elle est sans tendresse et que son cœur tari
N'a que vanité seule.

LE CHEVALIER

Alors, je suis guéri.

VALÈRE

Si je la vois trembler pour le péril extrême
D'un des deux, c'est qu'alors c'est celui-là qu'elle aime.
Si c'est pour toi.

LE CHEVALIER

Mon cher, alors, tout me sourit.

VALÈRE

Mais si c'est le marquis.

LE CHEVALIER
Je suis encor guéri.

La chose est évidente.

VALÈRE
Ou du moins je l'espère.
Je vais mener cela de façon militaire.

LE CHEVALIER
Que de reconnaissance !

VALÈRE
Allons donc et pourquoi?
Je voudrais de grand cœur faire encor mieux pour toi.

Air : *On dit que je suis sans malice.*

> Te supplanter près de ta belle,
> Et, mon cher, tu dois bien savoir
> Que c'est là d'un ami fidèle
> Remplir simplement le devoir.
> A l'amour c'est un bon office
> Que l'amitié rend constamment,
> Sans réclamer pour ce service
> Le plus petit remerciment.
> Sans vouloir de remerciment.

LE CHEVALIER
Justement, la voici seule.

VALÈRE
Quitte la place.
Je vais ouvrir le feu.   (*Le chevalier sort.*)

SCÈNE VII

VALÈRE, ARGENTINE

VALÈRE
Excusez mon audace,
C'est celle d'un soldat par Mars lui seul formé,
Que l'éclat de vos yeux a soudain enflammé.

ARGENTINE

La déclaration est brusque et cavalière.

VALÈRE

J'en conviens, mais chacun la fait à sa manière.
Je sais que par malheur j'ai des rivaux nombreux ;
Que vous donniez ou non quelqu'espoir à mes feux,
J'y suis bien résolu, je m'en ferai justice,
Afin que, resté seul, votre cœur me choisisse.

ARGENTINE

Vous le tuerez ?

VALÈRE

Non, mais m'en débarrasserai,
Ou du moins de celui qui se voit préféré.

ARGENTINE

Et vous pensez ainsi m'imposer votre flamme ?

VALÈRE

Peut-être. En tous les cas, veuillez n'y voir, madame,
Que la vivacité de ma sincère ardeur.

ARGENTINE

Oui dà, mais savez-vous, monsieur le pourfendeur,
Qu'aux petites maisons il faudra qu'on vous mette.

VALÈRE

Oh ! ce n'est pas sa mort pourtant que je projette,
Pour m'en défaire on va l'exporter simplement.
Pour les Indes demain part tout mon régiment :
Quatre hommes dévoués enlèvent à la brune
Mon rival préféré, qui va chercher fortune
Avec Royal-Vexin.

ARGENTINE

Quel guet-apens affreux !

VALÈRE

Tous les moyens sont bons aux guerriers amoureux.

ARGENTINE

Et vous croyez qu'ainsi se laissera surprendre
Le marquis ?

VALÈRE

C'est pour lui que votre cœur est tendre ?

ARGENTINE

Je n'ai pas à vous prendre ici pour confident.

VALÈRE

Vous vous êtes trahie (à part) Oh ! voyons cependant
Si ce n'est qu'une feinte. (haut) Oh ! mais alors, madame,
J'ai fait une bévue énorme, atroce, infâme.

ARGENTINE

Comment ?

VALÈRE

De faux rapports m'ont trompé, je crois voir,
Car c'est le chevalier qu'on enlève ce soir.

ARGENTINE, à part.

Ciel ! je me meurs.

VALÈRE, à part

Elle a pâli, c'est lui qu'elle aime.

ARGENTINE

Mais je vais l'avertir.

VALÈRE

Inutile, moi-même
Je vais donner contre-ordre à mon monde embusqué.
Et c'est votre marquis qui sera l'embarqué.

ARGENTINE

Vraiment, je n'en fais pas non plus le sacrifice
Et je cours de ce pas prévenir la justice. (Elle sort).

SCÈNE VIII

VALÈRE, le Chevalier PIERROT et le Marquis
POLICHINELLE, *sans être vu.*

LE CHEVALIER

Eh ! bien ?

VALÈRE

Sois satisfait, chevalier, j'ai cru voir
Qu'elle penche pour toi.

LE CHEVALIER

Se peut-il ? quel espoir !

VALÈRE

Mais il faut obtenir qu'enfin elle décide
De t'accorder sa main, que ce marquis perfide
De céans soit banni.

LE CHEVALIER

Sans doute.

POLICHINELLE, *sans être vu*

Contre moi
L'on forme un noir complot, on se ligue, je crois.

VALÈRE

A nous deux nous allons l'expulser de la place.

POLICHINELLE

Oui dà, divisons-les.

LE CHEVALIER

Que faut-il que l'on fasse ?

VALÈRE

Les grands moyens : prenons chacun un bon bâton.

LE CHEVALIER

Voilà. Quel est ton plan ?

VALÈRE
Tu vas voir s'il est bon.
Regardons bien d'abord si personne n'écoute.

(Pendant qu'ils vont regarder chacun de leur côté, Polichinelle, sans être vu, s'avance au milieu et donne un coup de bâton à Pierrot par derrière).

LE CHEVALIER
Oh ! pourquoi l'essayer sur moi ?

VALÈRE
Quoi donc ?

LE CHEVALIER
Sans doute,
C'est une trahison.

VALÈRE
Ah ça ! deviens-tu fou ?

LE CHEVALIER
Sur ma nuque, parbleu, j'ai bien senti le coup.

VALÈRE
C'est donc sans m'en douter, alors, par maladresse.

LE CHEVALIER
Enfin, c'est singulier.

VALÈRE
Mais, mon cher, le temps presse,
Il nous faut du secret ; regardons si par là
Personne ne survient.

(Même jeu, Polichinelle donne un coup de bâton à Valère).

Oh ! c'est bête cela.

LE CHEVALIER
Quoi ?

VALÈRE
Tu ne me crois pas, voilà que tu te venges.
Brutalement sur moi de tes doutes étranges.

LE CHEVALIER

Mais je n'ai pas bougé.

VALÈRE

Bon, quittes nous voici.
Je disais donc qu'il faut... n'entends-je pas du bruit ?

(Pendant que chacun tourne la tête d'un côté sans s'éloigner l'un de l'autre, Polichinelle revient par derrière entre eux et leur donne un coup à chacun, puis se sauve).

VALÈRE

Ah ! c'est trop !

LE CHEVALIER

Pour le coup, j'ai senti la gaulade.

VALÈRE

Quoi, lorsqu'on vient t'aider en brave camarade...

LE CHEVALIER

Lorsque je me confie et suis plein d'abandon...

VALÈRE

Tu me réponds ici par des coups de bâton.

LE CHEVALIER

Tu m'assommes ; vraiment, ce procédé me choque.

VALÈRE

Et, non content, de moi ta traîtrise se moque.

LE CHEVALIER

C'est toi-même plutôt, et j'en suis fort touché,
Qui me railles encor par dessus le marché,
Mais la plaisanterie est tout à fait mauvaise.

VALÈRE

Ah ! tu veux du bâton, et bien tout à ton aise.

(Ils se donnent des coups de bâton).

Tiens coquin, tiens pendard.

LE CHEVALIER

Tiens traître, tiens bourreau.

POLICHINELLE *vient taper sur tous les deux*
Parbleu, je veux m'en mettre.

LE CHEVALIER *l'aperçoit*

Ah ! Valère !

VALÈRE *le voit aussi*

Ah ! Pierrot.

POLICHINELLE

Je veux vous séparer.

VALÈRE *le menace*

Attends, mon camarade.

POLICHINELLE

Merci bien, serviteur à votre bastonnade.

(*Polichinelle se sauve poursuivi par Valère*).

SCÈNE IX

Le Chevalier PIERROT, la Comtesse ARGENTINE.

ARGENTINE

Quel est tout ce vacarme et que fait-on armé ?

LE CHEVALIER

'tien qu'avec le marquis un colloque animé.

ARGENTINE

Vous n'êtes pas blessé ?

LE CHEVALIER

Pour cet intérêt tendre
Sans regret tout mon sang pourrait bien se répandre.

ARGENTINE

J'ai craint que ce ne fût Valère, ce brutal.

LE CHEVALIER

C'est mon meilleur ami, n'en dites pas de mal.

ARGENTINE

En êtes-vous bien sûr ?

LE CHEVALIER

Je lui dois l'espérance
Que vous aurez un jour pitié de ma souffrance.

ARGENTINE

Il a menti.

LE CHEVALIER

Madame, oh ! laissez-vous fléchir,
Sur le choix d'un époux c'est assez réfléchir.
Tant d'esprit, de beauté, de grâces infinies,
Doivent à la bonté se trouver réunies.

ARGENTINE

Oh ! oh ! mais, chevalier, si j'avais, voyez-vous,
Ces perfections-là, pour le choix d'un époux
J'aurais droit de montrer furieuse exigence.
Mais du peu que je vaux j'ai trop la conscience.

LE CHEVALIER

Air : *Dans un bosquet.*

Non ce n'est point un type imaginaire,
Tous ces dons là sont réunis en vous,
Et cependant d'un mérite ordinaire
Vous daigneriez accepter un époux.
Prêt à fermer des nœuds de cette sorte,
Jamais cœur noble, aimant et généreux
S'occupa-t-il du peu que l'autre apporte,
Lorsqu'il se voit assez riche pour deux ?
Que fait enfin le peu qu'on vous apporte ?
N'êtes-vous pas assez riche pour deux !
Oui vous serez assez riche pour deux.

ARGENTINE

Mais c'est qu'il est vraiment aimable tout à fait.

SCÈNE X

Le Chevalier PIERROT, la comtesse ARGENTINE,
Le marquis POLICHINELLE.

ARGENTINE

Voici fort à propos le marquis.

LE CHEVALIER

En effet
Sa venue est la plus opportune du monde.

ARGENTINE

Approchez, tous les deux il faut que je vous gronde :
J'entends, sachez-le bien, que vous restiez amis.

POLICHINELLE

Touchez-là, chevalier.

LE CHEVALIER

Touchez aussi, marquis.

POLICHINELLE

Vos désirs sont pour moi des ordres sans réplique.

LE CHEVALIER

Mais entre nous enfin que votre cœur s'explique.

POLICHINELLE

Vous nous l'aviez promis un jour, mais après tout
J'ai craint que d'insister ne fût de mauvais goût.

LE CHEVALIER

Je cru dans vos beaux yeux lire un peu d'espérance.

POLICHINELLE

J'ai pensé quelquefois avoir la préférence.

LE CHEVALIER

Peut-on se plaire ainsi à torturer les cœurs ?

POLICHINELLE

Vous me verrez bientôt occis par vos rigueurs.

LE CHEVALIER

Ah ! vous auriez en moi l'époux le plus fidèle.

POLICHINELLE

Des esclaves en moi vous avez le modèle.

ARGENTINE

Air du *Menuet d'Exaudet*.

On voudrait
Un arrêt
Qu'un cœur tendre,
Un sage et discret amant
Doit toujours patiemment
Sans murmurer attendre.

LE CHEVALIER

Il ne faut
Qu'un seul mot
Pour nous rendre
Le bonheur le plus parfait,
Si votre cœur n'est muet,
Faites-le donc entendre.

SCÈNE XI

Les mêmes, VALÈRE

VALÈRE

Ah ! ah ! vous voilà donc, monsieur le bâtonneur.

ARGENTINE

Encore ce soldat.

VALÈRE

Ma parole d'honneur,
Il faut, puisqu'en ces lieux je retrouve mon homme,
Madame, excusez-moi, qu'à vos yeux je l'assomme.

POLICHINELLE

Il ne sait pas du tout vivre ce guerrier-là.

ARGENTINE

Oh ! mon cher chevalier, le butor que voilà.
Restez auprès de moi, je saurai vous défendre.

LE CHEVALIER

Il n'en est pas besoin.

VALÈRE

Tiens et sans plus attendre,
Vlan ! Vlan ! voilà pour toi.

(Il donne des coups de bâton à Polichinelle)

POLICHINELLE

A la garde, au secours.

ARGENTINE *au Chevalier*

Ah ! je respire, il n'en voulait pas à vos jours.

VALÈRE *à Argentine*

Votre cœur a parlé.

ARGENTINE

Comment ?

VALÈRE

Mais oui, madame,
Vous avez laissé voir le penchant de votre âme.

LE CHEVALIER

Pourquoi vous en défendre ?

ARGENTINE

Ah ! j'essaierais en vain,
Tenez, cher chevalier, tenez, voilà ma main.

VALÈRE

A la fatuité du sieur Polichinelle
La petite leçon que voilà suffit-elle.

POLICHINELLE

Vous appelez cela, mon brave, une leçon ?
Mais l'heureux dénouement c'est de rester garçon.

LE CHEVALIER

Il est incorrigible.

ARGENTINE

Et bien grand bien lui fasse.

VALÈRE

Non, je ne puis souffrir qu'ainsi cela se passe,
De céans aujourd'hui quand on va le bannir,
Sur ce mot immoral nous ne pouvons finir,
Il en triompherait, montrons-lui donc, de grâce,
Comme à la Monaco l'on chasse l'on déchasse.

(Il tape polichinelle avec son bâton).

A la Monaco
L'on chasse l'on déchasse,
A la Monaco
L'on chasse comme il faut.

POLICHINELLE

Ah ! ah ! là là.

Lorsque d'un fat
Avec éclat
On veut punir
La sotte suffisance
Et le bannir
De sa présence,
Pour le chasser on fait comme cela.

(Il tape Polichinelle qui crie).

A la Monaco, etc.

LE CHEVALIER

Quand un amant
Vient constamment
A la beauté
Qui nous donna son âme,
Trop entêté,
Conter sa flamme,
Avec vigueur on lui montre comment.
A la Monaco, etc.

(Il tape Polichinelle qui crie).

ARGENTINE

Au sexe fort,
Sans nul effort,
Le sexe fin
Oppose sa faiblesse.
On voit enfin
Que par adresse,
Le sexe faible est encor le plus fort.
A la Monaco, etc.

(Pierrot et Valère battent tous deux Polichinelle qui crie).

POLICHINELLE

Coricoco,
Fait un coco,
Par quiproquo
Qui me roule et me joue,
Mais à peco,
S'il me bafoue,
Peut-être un jour lui dirai-je en écho :
A la Monaco, etc.

(Ils se battent tous les trois, Polichinelle est chassé par Valère qui le poursuit).

ARGENTINE

Trêve aux coups de bâton, donnez-moi, s'il vous plaît,
Votre main, chevalier, pour le dernier couplet.

ARGENTINE *au public, donnant la main au Chevalier.*

Ne croyez pas,
Messieurs, qu'hélas !
Ce proverbe aille
Pour un air de bataille,
Au bal demain,
Pour notre hymen,
Nous chanterons en nous donnant la main.
A la Monaco, etc.

LES
ROUERIES DE MAITRE GILLE

OPÉRETTE

Personnages

PANDOLPHE.

COLOMBINE, *nièce et pupille de Pandolphe.*

GILLE, *futur de Colombine.*

ARLEQUIN, *amoureux de Colombine.*

ZÉLINDE, *servante de Colombine.*

Deux valets de Pandolphe *qui ne parlent pas.*

Le Théâtre représente le jardin de l'habitation de Pandolphe. — A gauche du spectateur, l'entrée de la maison. — Devant la maison, table et siéges rustiques. — A droite, un petit berceau de verdure.

LES ROUERIES DE MAITRE GILLE

SCÈNE PREMIÈRE

PANDOLPHE, COLOMBINE

PANDOLPHE

Et moi, ma nièce, je vous dis que vous épouserez maître Gille.

COLOMBINE

Et moi, mon oncle, mon cher tuteur, je vous affirme que je ne l'épouserai pas.

PANDOLPHE

Il serait beau que vous prétendissiez braver mon autorité.

COLOMBINE

Vous prétendez bien tyranniser mon cœur.

PANDOLPHE

Vous pensez donc toujours à ce maraud d'Arlequin? Peut-être même, malgré mes défenses, vous le voyez à la dérobée.

COLOMBINE

Ce serait bien de votre faute, puisque vous ne voulez pas le recevoir et qu'il ne peut me voir devant vous.

PANDOLPHE

La raison est excellente.

COLOMBINE

Assurément.

PANDOLPHE

Quel lourd fardeau que la conduite d'une jeune fille, quand donc en serai-je débarrassé par votre mariage?

COLOMBINE

Il ne tient qu'à vous.

PANDOLPHE

J'y travaille, comme vous voyez; Gille doit arriver bientôt et j'espère que nous terminerons promptement cette affaire-là.

COLOMBINE

Ce n'est pas ainsi que je l'entends. Quant à votre Gille, je ne veux même pas le voir.

(Arlequin paraît au fond et, apercevant Pandolphe, s'arrête et écoute.)

PANDOLPHE

Quelle obstination !

COLOMBINE

Pas plus grande que la vôtre qui n'avez jamais voulu voir le pauvre Arlequin.

PANDOLPHE

Toujours Arlequin ! je ne veux plus en entendre parler et je vais donner ordre que s'il ose paraître en ces lieux, on l'assomme sans miséricorde. *(Arlequin se sauve après avoir témoigné par sa pantomime qu'il ne se tient pas pour battu).*

COLOMBINE

Quelle cruauté, mais vous êtes donc le plus barbare des tyrans.

PANDOLPHE

Votre arlequin
Est un coquin,
A la famille il ferait honte,
Sans l'avoir vu, j'en ai d'ailleurs,
Croyez-moi, j'en ai sur son compte
Appris de toutes les couleurs.

COLOMBINE

Hélas ! la calomnie
A ce pauvre garçon
S'attaque, je parie,
De plus d'une façon.
Mais par ses défauts même
Il sait charmer les cœurs.
On voit ce que l'on aime,
Sous de belles couleurs.

PANDOLPHE

A chaque instant,
Très inconstant,
Du rouge au blanc il passe, il saute.
On m'a dit sa légèreté,
Ce serait une grande faute
De compter sur sa fixité.

ENSEMBLE

PANDOLPHE	COLOMBINE
Oui toujours il varie	Hélas ! la calomnie
Et serait, ce garçon,	A ce pauvre garçon
Un époux, je parie,	S'attaque, je parie.
Fait de triste façon.	De plus d'une façon.
Sur son compte à moi-même,	Mais par ses défauts même
On m'en a dit d'ailleurs,	Il sait charmer les cœurs.
Sans une peine extrême,	On voit ce que l'on aime
De toutes les couleurs.	Sous de belles couleurs.

(Pandolphe sort).

SCÈNE II

COLOMBINE, ZÉLINDE, puis GILLE

ZÉLINDE, *entrant*

Et bien, mademoiselle, vous savez que maître Gille va arriver?

COLOMBINE

Ne m'en parle pas, je suis au désespoir, je ne sais comment me tirer de là. Mon tuteur ne veut pas céder et exige absolument que je lui obéisse.

ZÉLINDE

Ce n'est pas admissible.

COLOMBINE

Si encore je pouvais voir mon cher Arlequin et me

concerter avec lui, mais mon tuteur a donné les ordres les plus sévères à son égard et il y aurait danger pour lui à s'introduire ici.

ZÉLINDE

C'est terrible. Et pourtant tout ne peut pas être perdu. Arlequin a une imagination fertile et trouvera bien quelque biais.

COLOMBINE

Encore faudrait-il que je pusse le prévenir, m'entendre avec lui ; mais mon oncle est tellement prévenu contre lui sans le connaître que je redouterais quelque malheur s'il le surprenait ici.

ZÉLINDE

Il est donc bien entiché de M. Gille.

COLOMBINE

Il ne le connait pas d'avantage. Mais ce brave Pandolphe, bonhomme au fond pourtant, est, comme tu sais, sujet à subir les influences étrangères ; on l'a persuadé en faveur de maître Gille, on lui a dit du mal d'Arlequin, et il s'est subitement coiffé de l'un et pris d'aversion pour l'autre, sans avoir plus de raison pour son antipathie que pour son engouement.

ZÉLINDE

Avec cela, il est extrêmement têtu.

COLOMBINE

Très emporté, très violent quand on lui résiste.

ZÉLINDE

Horriblement brouillon et tatillon.

COLOMBINE

De plus, il est...

ZÉLINDE

Je crois, mademoiselle, que son panégyrique est complet comme cela.

COLOMBINE

N'importe, il aura beau faire, il ne saurait me contraindre à épouser son Gille.

GILLE, *entrant*

On parle de moi, écoutons, *(Il s'arrête au fond)*.

ZÉLINDE

Il est certain que si vous vous y refusez absolument...

COLOMBINE

Je puis bien détester Gille sans le connaître, comme il fait pour mon cher Arlequin.

GILLE, *à part*

Qu'est-ce que j'entends ?

ZÉLINDE

C'est parfaitement juste.

COLOMBINE

Et je suis capable aussi, si Gille se présente à ma vue, de me porter à quelqu'horrible extrémité envers lui.

GILLE, *à part*

Oimè ! de la prudence. *(Il se cache dans le bosquet)*.

COLOMBINE

Je suis faible et timide,
J'ai peur quand vient la nuit,
Comme un agneau candide,
Sans peine on me conduit.
Je suis soumise et tendre
Et pleine de douceur,
Mais si l'on veut prétendre
Tyranniser mon cœur...
Si Gille que j'abhorre
Se présente aujourd'hui
Pour exciter encore
Ma fureur contre lui,
On verra la colère
Me fournir en ces lieux
Des ongles de panthère
Pour lui percer les yeux.

ZÉLINDE

Sa douceur et ses larmes,
Notre sexe alarmé
N'a que ces faibles armes
Quand il est opprimé.
On vous sait bonne et tendre,
Trop bonne, voyez-vous,...

COLOMBINE

Si l'on ose prétendre
M'imposer un époux,...
Ma fureur légitime
Est capable de tout,
Et j'irai jusqu'au crime
Si l'on me pousse à bout.
Si Gille se hasarde
A paraître à mes yeux,
Ici je le poignarde,
Gille m'est odieux.

ENSEMBLE

COLOMBINE	ZÉLINDE	GILLE
Si Gille se hasarde	Si Gille se hasarde	Peste, quelle gaillarde,
A paraître en ces lieux,	A paraître à mes yeux,	Je lui suis odieux,
Il faut vous mettre en garde,	Ici je le poignarde,	Pour qu'elle me poignarde
Contre hymen odieux.	Gille m'est odieux.	Paraîtrai-je à ses yeux ?

COLOMBINE

En attendant, nous allons tâcher de prévenir par un billet mon cher Arlequin et tantôt, à la brune, nous pourrons peut-être profiter de la demi-obscurité pour nous voir et tromper la surveillance des argus de M. Pandolphe.

ZÉLINDE

Hâtez-vous, mademoiselle, de mettre à exécution ce louable projet, votre Arlequin doit être impatient d'avoir de vos nouvelles. (*Elles rentrent dans la maison. Après s'être assuré de leur départ, Gille sort du berceau avec précaution*).

SCÈNE III

GILLE, *seul.*

Je ne sais vraiment ce que je dois faire : la prudence me dit de partir au plus vite, mais l'amour m'oblige à rester. — C'est qu'elle est charmante cette chère Colombine. J'ai eu tort de la regarder ; si je m'étais contenté de l'écouter, je serais déjà loin ; et maintenant, malgré les dangers affreux qui sont suspendus sur ma tête, je ne puis m'arracher de ces lieux. Mais elle est vive et paraît en effet capable de tout. — Allons, pas de folie, ne nous exposons pas aux fureurs de cet agneau timide. — Et pourtant, j'ai le consentement de M. Pandolphe, son tuteur ; dois-je renoncer ainsi à cette ravissante personne ? — Amour, amour, tu perdis Troie, serais-je le quatrième ?

SCÈNE IV

GILLE, ARLEQUIN, *sous le costume de Gille*

ARLEQUIN

Sous ce costume, Pandolphe va me prendre pour mon rival et je pourrai sans danger.... (*Il aperçoit Gille.*) Ah ! diavolo !

GILLE

Corpo di Bacco ! que vois-je ? Un sosie que je ne me connaissais pas.

ARLEQUIN, *à part*

J'arrive trop tard.

GILLE

Pardon, signor, jusqu'à présent je m'étais cru très simple, il paraîtrait que je suis double.

ARLEQUIN

Le fait est que nous nous ressemblons un peu.

GILLE

Qui donc êtes-vous ?

ARLEQUIN

Je suis maître Gille, le fiancé de mademoiselle Colombine, nièce de monsieur Pandolphe. Et vous ?

GILLE

C'est singulier, moi aussi je suis Gille.

ARLEQUIN

Voilà qui est gênant.

GILLE

Je suis de votre avis.

ARLEQUIN

On n'a besoin que d'un seul Gille ici et cette surabondance pouvant être fâcheuse, il faut absolument que l'un de nous deux disparaisse.

GILLE

Je le pense aussi.

ARLEQUIN

Voulez-vous que nous tirions à la courte paille ?

GILLE

Hein ? Plaît-il ?

ARLEQUIN

Pour savoir lequel des deux Gilles cédera la place à l'autre.

GILLE

Oh ! par exemple, je vous trouve admirable, vous prétendez que...

ARLEQUIN

Ou bien préférez-vous que le sort des armes en décide ?

GILLE

Oh ! non ma foi.

ARLEQUIN

Il faut pourtant choisir. Un de nous deux est de trop ici.

GILLE

Attendez que je réfléchisse. *(A part)* Oh ! quelle idée ! le malheureux ne sait pas ce qui l'attend, donnons-le en proie aux fureurs de Colombine ; laissons-le se faire assassiner à ma place, ce sera très fort.

ARLEQUIN

Et bien ?

GILLE

Je préfère la courte paille. *(A part)* Je vais tâcher de tricher.

ARLEQUIN

Soit. *(A-part)* Je vais essayer d'aider le sort à me favoriser.

GILLE

Je vais faire les pailles.

ARLEQUIN

Celui qui aura la plus longue restera Gille.

GILLE

C'est cela. *(Il va derrière le bosquet préparer les pailles et revient les tenant cachées dans sa main).*

ARLEQUIN, à part

C'est incroyable comme il se prête de bonne grâce... Aurait-il aussi l'intention de tricher ? J'y ferai attention.

GILLE

Là, tirez.

ARLEQUIN

Mais vous serrez trop fort, je ne puis pas l'amener.

GILLE

Vous voulez les tirer toutes les deux, ce n'est pas de jeu. Vous avez touché celle de gauche la première, vous devez la prendre, il faut être loyal.

ARLEQUIN

Je vais bien voir si vous n'avez pas triché vous-même. (*Il tire une paille d'une longueur démesurée*). Non, c'est de franc jeu. J'ai gagné.

GILLE, à part

L'infortuné, il appelle cela gagner.

ARLEQUIN

C'est moi qui suis Gille, allez-vous en.

GILLE

Le sort me contraint à vous céder ma personnalité. Mais, au fait, qui vais-je être, moi, pendant que vous serez moi, vous?

ARLEQUIN

Je ne sais pas trop. — Ah! ah! ah! (*A part*). Si je le faisais assommer à ma place. (*Haut*). Voulez-vous être Arlequin?

GILLE

Mon rival! être mon propre rival! mais ce serait ridicule de ma part. — Mais, au fait, attendez-donc. (*A part*). Pourquoi pas? je serai mon rival préféré, j'irai au rendez-vous à la brune, Colombine n'aura pour moi que des douceurs, pendant que lui... (*Haut*). Mais cela me va parfaitement, mais parfaitement.

ARLEQUIN

Alors, il vous faut changer d'habits. — Voici ma clef, la deuxième maison à main droite en sortant du jardin; vous trouverez dans la première pièce à gauche tout ce qu'il faut pour opérer votre métamorphose.

GILLE

Votre clef. Ah! ça mais, mon gaillard, vous êtes donc...

ARLEQUIN, à part

Aïe, aïe! je me suis trahi.

GILLE

Parbleu, vous êtes Arlequin, je vous perce à jour. Croyez-vous qu'on puisse m'en imposer ?

ARLEQUIN

Prétendriez-vous maintenant..?

GILLE

Un moment, un moment, vous n'êtes plus Arlequin, maintenant, vous êtes Gille. C'est moi qui suis Arlequin, ne vous en déplaise. (*A part*). Je l'envoie à la boucherie ; et moi, à la place de mon rival..., oh ! mais c'est extrêmement fort.

ARLEQUIN

C'est bien ainsi que je l'entends.

ENSEMBLE

Il y tient ; le pauvre diable
Ne connaît pas son bonheur ;
Mais soyons impitoyable,
Profitons de son erreur.

GILLE

La charmante Colombine
Va me bien traiter ce soir.

ARLEQUIN

Pandolphe va sur ma mine
Chez lui me bien recevoir.

GILLE

Pendant que sur sa tête
Tombera la tempête
On va me faire fête,
Quel bonheur sans égal !

ARLEQUIN

A moi seul les tendresses,
A moi les politesses,
Et toutes les rudesses
Seront pour mon rival.

GILLE

Mais n'allons pas surtout aujourd'hui nous trahir,
De notre personnage il faut nous souvenir.

ARLEQUIN

Soyez tranquille,
Au nom de Gille
Je répondrai fort bien.
Qu'on vous rudoie,
Ou qu'on vous choie,
Vous êtes Arlequin.

GILLE

Qu'on soit honnête,
Ou qu'on vous traite
Comme un faquin,
Vous serez Gille.

ARLEQUIN

Soyez tranquille.

GILLE

Et je suis Arlequin.

ENSEMBLE

Ah! vraiment le pauvre diable
Ne connaît pas son bonheur,
Mais soyons impitoyable,
Profitons de son erreur.

ARLEQUIN

Le tuteur va me le faire
Assommer dès aujourd'hui.

GILLE

La signora va, j'espère,
Me débarrasser de lui.

Pendant que sur sa tête, etc.

(Gille sort).

SCÈNE V

ARLEQUIN en GILLE, PANDOLPHE

ARLEQUIN *frappe à la porte de Pandolphe*

Est-ce bien ici que demeure le seigneur Pandolphe ?

PANDOLPHE *sortant*

Qui est-ce qui me demande ?

ARLEQUIN

Ah ! seigneur Pandolphe, enchanté de vous voir. Il y a longtemps que je souhaite l'honneur de me présenter chez vous, mais des raisons de santé m'avaient obligé à différer jusqu'à présent.

PANDOLPHE

Oh ! mais, je ne me trompe pas, d'après la peinture qu'on m'a faite de votre personne, vous devez être...

ARLEQUIN

Eh ! certainement.

PANDOLPHE

Qui donc ?

ARLEQUIN

Parbleu, votre futur neveu, Gille.

PANDOLPHE

C'est ce que je pensais. Sans vous avoir jamais vu auparavant, je vous ai reconnu tout de suite. Dans mes bras, mon cher Gille ; dans mes bras, je vous en prie.

ARLEQUIN

Très volontiers.

PANDOLPHE

Savez-vous que je vous attendais avec une impatience...

ARLEQUIN

Ne pourrais-je voir ma charmante fiancée ?

PANDOLPHE

Attendez un moment, il faut d'abord que nous causions un peu ensemble. Vous avez fait un bon voyage au moins.

ARLEQUIN

Excellent, merci ; mais je serais bien aise de saluer mademoiselle Colombine.

PANDOLPHE

Tout à l'heure — Ah ! ça vous allez vous installer chez moi, je n'entends pas que vous vous logiez à l'auberge.

ARLEQUIN

Comme vous voudrez. Mais il serait bon que je fisse connaissance avec votre aimable nièce.

PANDOLPHE

Nous avons le temps. Il faut auparavant que je vous dise...

ARLEQUIN

Au point où nous en sommes, mon cher monsieur Pandolphe, il est nécessaire que vous nous accordiez quelques tête-à-tête pour nous bien connaître.

PANDOLPHE

Assurément. Je vais la faire avertir que vous êtes là ; mais, en attendant, je dois vous prévenir...

ARLEQUIN

Pas de cérémonies avec moi, je vous en prie. Je ne voudrais pas que Mlle Colombine se crût obligée à la moindre étiquette. Allons la trouver sans donner de solennité à ma visite.

PANDOLPHE

Votre empressement me plaît, mais écoutez-moi pourtant un instant. Ma nièce est certainement une fort gentille personne et vous n'aurez pas lieu de vous plaindre d'elle, j'en suis sûr, quand vous vous connaîtrez mieux...

ARLEQUIN

C'est parce que je n'en doute pas que je voudrais hâter le moment...

PANDOLPHE

Laissez-moi donc achever. Elle a pourtant quelquefois certaines idées, certains caprices passagers, ah ! sans importance, lubies de jeunes filles ; quand une fois elle aura un époux, je ne doute pas que tout cela passe bien vite. Ainsi ne vous rebutez pas si son premier accueil vous semblait un peu froid.

ARLEQUIN

Je vous promets que je m'en contenterai.

PANDOLPHE

C'est qu'elle s'est un peu monté la tête pour un mauvais garnement du voisinage qui rôde sans cesse autour de la maison.

ARLEQUIN

Un rival, cela ne m'inquiète pas.

PANDOLPHE

Un certain Arlequin que j'ai entrevu quelquefois cherchant à s'introduire dans ce jardin et que je me promets de bâtonner de la bonne façon s'il s'y aventure à l'avenir.

ARLEQUIN

Ah ! vous ferez très bien, je ne puis que vous approuver. Mais je crois que, s'il vous connaît, le maraud ne s'y risquera plus.

PANDOLPHE

Je l'espère aussi.

ARLEQUIN

Il doit savoir que vous n'êtes pas un homme dont on endort la vigilance.

PANDOLPHE

Je m'en flatte.

21

ARLEQUIN

Et il n'est pas facile de jouer un compère comme vous.

PANDOLPHE

Je me pique de quelque prudence.

ARLEQUIN

Il me suffit de vous voir pour en avoir une haute opinion.

PANDOLPHE

Mais l'heure du souper est encore éloignée, vous accepterez bien quelques rafraîchissements, une légère collation, en attendant qu'on ait préparé Colombine à votre visite.

ARLEQUIN

Je vous remercie, je n'ai besoin de rien.

PANDOLPHE

Si fait, si fait, vous venez de voyager; quelques gâteaux et un verre de Syracuse.

ARLEQUIN

Si vous y tenez absolument.

PANDOLPHE, *allant à la maison*

Zélinde ! apportez-nous quelques pâtisseries et une bouteille de Syracuse, et prévenez Colombine que je vais avoir à lui parler. (*Il revient.*) Je ne lui fais pas encore savoir que vous êtes là, je me réserve de le lui apprendre moi-même tout à l'heure.

ARLEQUIN

A quoi bon tant de ménagements ?

PANDOLPHE

Laissez-moi faire, mon cher Gille.

(*Zélinde apporte un plateau qu'elle dépose sur la table.*)

ZÉLINDE, *à part*

Gille ! courons prévenir mademoiselle. (*Elle sort.*)

ARLEQUIN

Vous êtes vraiment trop aimable. (*Gille en Arlequin paraît au fond, et, les voyant ensemble, s'arrête à les observer.*)

PANDOLPHE

Asseyez-vous et goûtez-moi ce vin-là.

ARLEQUIN

A votre santé, mon cher oncle.

GILLE, à part

Le pendard abuse de mon individualité pour se faire goberger.

PANDOLPHE

Qu'en dites-vous ?

ARLEQUIN

C'est un nectar, monsieur Pandolphe.

PANDOLPHE

Je vous disais donc, mon cher Gille, que ma nièce me donne quelquefois bien du tintoin et que j'ai hâte de la voir votre femme.

ARLEQUIN

Je n'en ai pas moins de hâte que vous.

PANDOLPHE

Alors nous ferons bien de conclure le plus tôt possible, et de tâcher de vaincre sa ridicule résistance.

ARLEQUIN

Je vous promets d'enlever son consentement.

PANDOLPHE

Ah ! vous me rendriez un grand service, mon bon Gille, encore un verre de Syracuse.

ARLEQUIN

A vos ordres, mon oncle.

GILLE, à part

Il va me griser.

PANDOLPHE

Je vous avoue que je commence à espérer beaucoup que vous plairiez à ma nièce, car vous m'avez plu à première vue.

ARLEQUIN

Je souhaite que vous gardiez ce sentiment là quand vous me connaîtrez mieux.

PANDOLPHE

Je vous le promets, ma première impression ne me trompe jamais. — Encore un verre de Syracuse.

ARLEQUIN

On ne peut rien vous refuser.

GILLE, *à part*

Il n'est pas raisonnable, c'est ridicule de me faire boire comme un Templier.

ARLEQUIN

J'ai pour le Syracuse
Certain faible en effet,
Mais il faut qu'on m'excuse,
Votre vin est parfait.

PANDOLPHE

Il n'est pas de la veille,
Car il est mon aîné.
On le mit en bouteille
Le jour où je suis né.

ARLEQUIN

Un vin comme le vôtre
Mérite des égards,
Vous êtes l'un et l'autre
Deux excellents vieillards.

ENSEMBLE

Allons encore un verre
De ce nectar charmant,
Un verre afin de faire
Connaissance amplement.

GILLE, *à part*

Encore !

ARLEQUIN

Amants d'une coquette,
Infortunés maris,
Tuteurs d'une fillette
Dont le cœur est surpris,

Les gens que l'on abuse
Ici bas tous les jours
Au vin de Syracuse
Devraient avoir recours.
Car le trompeur redoute
Le doux jus du tonneau,
Puisqu'on trouve sans doute
Veritas in vino.

Allons encore un verre, etc.

GILLE, *à part*

Encore, non, c'est trop fort.

(*Il s'avance, Pandolphe l'aperçoit.*)

PANDOLPHE

Ah ! coquin, tu as encore l'audace d'entrer chez moi. — Voyez, mon cher Gille, l'impudence de cet Arlequin.

ARLEQUIN

Vous m'en voyez stupéfait.

GILLE

Mais, écoutez donc...

PANDOLPHE

Attends, attends, misérable séducteur. — Holà ! Basile, Piétro, qu'on m'assomme ce drôle s'il ne décampe pas plus vite. (*Deux valets armés de bâtons paraissent et s'élancent vers Gille qui s'enfuit poursuivi par eux.*)

PANDOLPHE

Nous en voilà débarrassés maintenant. — Attendez-moi un moment là, je vais annoncer votre arrivée à Colombine et la préparer à vous recevoir

ARLEQUIN

J'attends ce bonheur avec la plus vive impatience.

(*Pandolphe rentre dans la maison.*)

SCÈNE VI

GILLE en Arlequin, ARLEQUIN en Gille.

GILLE, *revenant avec précaution*

Ces brutaux ont perdu ma trace.

ARLEQUIN

Vous voilà encore, je vous croyais assommé.

GILLE

Peu s'en est fallu. Mais je vois que je fais un rôle de dupe et j'en ai assez.

ARLEQUIN

Comment cela ?

GILLE

Parbleu ! vous êtes là à vous gorger de Syracuse pour mon compte, pendant que j'empoche les coups de bâton à votre place, cela ne me va pas du tout.

ARLEQUIN

Ce n'est pas ma faute, c'est le sort qui en a décidé ainsi.

GILLE

C'est moi qui suis Gille, après tout, et je ne vois pas pourquoi je vous laisserais abuser de mon nom. D'ailleurs, vous n'avez donc pas vu que j'ai indignement triché en faisant les pailles.

ARLEQUIN

Alors, de quoi vous plaignez-vous ?

GILLE

Je reprends mon personnage et je vous engage à le quitter, car je vais aller de ce pas prévenir ce bon M. Pandolphe, que vous trompez indignement.

ARLEQUIN

Non, c'est inutile, ne faisons pas de scandale, aussi bien il pourrait vous en vouloir autant qu'à moi, car vous avez été de moitié dans la fourberie.

GILLE

C'est vrai.

ARLEQUIN

Il est donc inutile d'en parler. Reprenez votre habit, puisque vous le voulez absolument, et supposez que c'est moi qu'on a roué de coups, et vous qu'on a comblé de politesses.

GILLE

J'espère bien que cette supposition-là prendra, tout à l'heure, la consistance d'une réalité, et je cours quitter votre défroque que je vous rendrai bien époussetée, je vous en réponds.

ARLEQUIN

J'entends quelqu'un, c'est sans doute Pandolphe qui revient; vous n'avez pas besoin de vous en aller, il ne saurait pas ce que signifie votre disparition. Tenez, contentez-vous de revêtir ce costume par dessus le mien, comme j'avais fait. *(Arlequin ôte son habit et son pantalon de Gille et paraît vêtu de son costume traditionnel — Gille s'en revêt par dessus son costume d'Arlequin.*

GILLE

Soit. — Mais M. Pandolphe va s'apercevoir peut-être de la substitution de personne ?

ARLEQUIN

Je ne crois pas, il est extrêmement myope et l'ensemble seul le frappe chez un individu ; maintenant je vous laisse.

GILLE

Je crois que ce sera prudent de votre part, car il ne m'a pas l'air de faire bon pour vos céans.

ARLEQUIN, *à part*

Observons un peu la tournure que vont prendre les choses.

(Il feint de s'en aller et se cache dans le berceau).

SCÈNE VII

GILLE, ARLEQUIN *caché*, puis ZÉLINDE

GILLE

Pour compléter l'illusion de M. Pandolphe, prenons auprès de cette bouteille la place qu'occupait ce goulu d'Arlequin.

ZÉLINDE, *accourant*

Monsieur Gille, monsieur Gille !

GILLE, *inquiet*

Qu'est-ce que c'est ?

ZÉLINDE, *avec volubilité*

Avant que ma maîtresse
En ces lieux ne paraisse,
J'accours avec prestesse,
Vous prévenir, monsieur,
Qu'à vous il serait sage,
Sans tarder davantage,
De replier bagage,
Car je crains un malheur,

Fille qu'on veut contraindre
Est parfois bien à craindre,
Je n'ose vous dépeindre
Jusqu'où va sa fureur.
Son tuteur la sermonne,
Mais la jeune personne
N'écoute plus personne
Et vraiment me fait peur.

Jadis tendre et timide,
Quel désordre perfide !
Son œil doux et limpide
Lance à présent l'éclair,
Métamorphose étrange,
C'était naguère un ange,
Mais quel transport la change
En un démon d'enfer ?

Elle, autrefois si sage,
Je l'ai vue avec rage
Cacher dans son corsage
Un poignard, s'il vous plaît.
Elle enfin, si craintive,
J'ai cru la voir furtive
En poche, alerte et vive,
Glisser un pistolet !

A vous je m'intéresse,
Avant que ma maîtresse
En ces lieux ne paraisse,
Je vous préviens, monsieur,
Qu'à vous il serait sage
Sans tarder davantage,
De replier bagage,
Car je crains un malheur.

GILLE

Mais c'est donc décidément une furie que cette jeune fille là. Vous me donnez la chair de poule.

ZÉLINDE

La voilà, la voilà, vous allez en juger vous même.

(Gille se recule avec effroi).

SCÈNE VIII

GILLE, ARLEQUIN *caché*, ZÉLINDE, COLOMBINE

COLOMBINE

Ah ! c'est vous, monsieur, qui prétendez abuser de la prévention de mon oncle pour me contraindre à vous donner a main.

GILLE

Permettez-moi, mademoiselle, de me justifier.

COLOMBINE

Vous justifier, c'est impossible, monsieur ; vous êtes la cause de l'horrible tyrannie dont on veut me faire victime. Parce que je ne suis qu'une faible femme vous voulez profiter de mon impuissance à me défendre. Ah ! c'est lâche !

GILLE

Si vous vouliez prendre la peine de me connaître avant...

COLOMBINE

Non, monsieur, non, je ne le veux pas, car je vous déteste et ne veux même pas vous voir.

GILLE

J'espère que vous changerez de sentiment.

COLOMBINE

Oh ! vous comptez sur ma versatilité, vous ajoutez l'insulte et le mépris à vos autres offenses. Prenez-y garde, monsieur, le désespoir peut fournir à notre sexe craintif une irrésistible énergie. Pour défendre sa liberté, Clélie n'a pas craint de braver la mort, Judith n'a pas hésité à tremper ses faibles mains dans le sang d'un guerrier farouche, et moi je me suis armée de ce poignard.

GILLE, *effrayé*

Oh ! non, prenez garde, on ne joue pas avec ces choses là.

ZÉLINDE

Ah ! mademoiselle !

COLOMBINE

Non, ne retiens pas mon bras, c'est trop souffrir une injuste contrainte. Attendrai-je que ce monstre m'ait traînée au pied des autels comme une victime qu'on veut sacrifier.

GILLE

Comme une victime, ah ! par exemple.

COLOMBINE *à Zélinde*

Tu vois, il ne cherche qu'à attiser le feu de ma colère ;

chacune de ses paroles est un nouvel outrage. C'en est fait, il faut que je me débarrasse de sa présence.

GILLE

Au secours, au meurtre. (*Il se sauve et court se cacher dans le berceau, d'où sort Arlequin*).

ARLEQUIN

Ah ! ma chère Colombine, combien votre constance me touche.

COLOMBINE

Arlequin, mon cher Arlequin, je vous retrouve donc.

Vous, que mon cœur fidèle
A chaque instant appelle,
Je vous retrouve enfin,
Arlequin, mon seul bien.

ARLEQUIN

Pour vous redire encore
Combien je vous adore,
Vous le voyez, j'accours
Au péril de mes jours.
Cher trésor de mon âme,
Pour vous prouver ma flamme
Qui ne s'éteindra pas,
Je brave le trépas.

ENSEMBLE

ARLEQUIN	COLOMBINE
Je puis, bonheur suprême,	Ah ! quel bonheur extrême
Vous dire : je vous aime,	De répéter qu'on s'aime
En dépit des jaloux,	En dépit des jaloux,
Que ce moment est doux.	Que ce moment est doux.

ZÉLINDE

Quittez-vous, croyez-moi, je tremble
Que monsieur Pandolphe en ce lieu
Ne vienne à vous surprendre ensemble.

COLOMBINE

Quoi se quitter déjà.

ARLEQUIN

Déjà se dire adieu.

ZÉLINDE

Quand l'ombre et le mystère
Auront couvert la terre,
Ce soir vous pourrez mieux
Vous parler tous les deux.

COLOMBINE

C'est cela.

ARLEQUIN

C'est cela,
Ce soir je serai là.

COLOMBINE

A l'heure où le mystère
Enveloppe la terre
De son voile charmant,
C'est l'heure solennelle
Où mon tuteur fidèle
Digère en s'endormant.

(Gille par sa pantomime exprime sa vexation).

Pour empêcher que mon malheur s'achève
Nous chercherons moyens ingénieux.

ARLEQUIN

S'il le faut même audacieux,
Oui, s'il le faut, je vous enlève.

ZÉLINDE

Allons donc, ne vous en déplaise;
C'est tarder bien trop en ce lieu,
Vous causerez ce soir plus à votre aise.

ARLEQUIN

Quoi se quitter déjà.

COLOMBINE

Déjà se dire adieu.

ENSEMBLE

Ah ! quel bonheur extrême.
De répéter qu'on s'aime,
En dépit des jaloux,
Que ce moment est doux.
Au revoir,
A ce soir.

(Colombine et Zélinde rentrent dans la maison).

SCÈNE IX

ARLEQUIN, GILLE *sortant du berceau.*

GILLE, *à part*

J'ai fait une école, je vois décidément que ma première idée était la bonne ; tâchons avec adresse de me substituer à lui de rechef, le soir, à la faveur de l'ombre, Colombine sera facilement abusée par la ressemblance et c'est moi qui l'enlèverai. Voilà qui est extrêmement fort.

ARLEQUIN

Ah ! que ne puis-je prolonger un entretien si charmant.

GILLE

Dites donc, monsieur Arlequin.

ARLEQUIN

Encore vous ?

GILLE

Je ne voudrais pas passer à vos yeux pour un homme sans parole ; je vous avais cédé mon personnage, j'ai eu tort par conséquent de vouloir le reprendre. On ne doit pas revenir sur une convention faite de bonne foi.

ARLEQUIN

C'est ce qu'il me semblait.

GILLE

Aussi je regrette mon erreur et je suis prêt à la réparer immédiatement.

ARLEQUIN

Est-ce tout de bon, au moins, cette fois?

GILLE, *à part*

Je le roule indignement. (*Haut*) Voilà qui est fait. (*Il se dépouille de son costume de Gille, Arlequin s'en revêt*).

ARLEQUIN

A la bonne heure, mais vous avouerez que je suis bon enfant, car je ne sais plus si je dois me fier à vous.

GILLE, à part

Endormons sa défiance. (*Haut*) Mon cher Arlequin, je m'engage, foi de galant homme, à vous céder mon rôle pour tout le temps que vous voudrez le garder.

ARLEQUIN

Pandolphe ! il était temps.

GILLE

Aïe ! dissimulons-nous. (*Il se cache dans le berceau*).

SCÈNE X

ARLEQUIN en *Gille*, GILLE *caché*, en *Arlequin*, PANDOLPHE

PANDOLPHE

Mais entrez donc, mon cher Gille, on va bientôt souper.

GILLE, à part

Souper ! ce gaillard-là a toujours la chance de se repaître à mes dépens.

ARLEQUIN

Me voilà, cher monsieur Pandolphe.

PANDOLPHE

Je crois que ma nièce est devenue plus traitable et que j'ai fini par en avoir raison.

ARLEQUIN

Je l'ai vue, monsieur Pandolphe, et je vous assure que je n'ai pas à me plaindre de son accueil.

GILLE, à part

Il gouaille encore, le chenapan.

PANDOLPHE

Vraiment, voilà qui me fait grand plaisir, et je m'applaudis de ma fermeté. Entrez, vous allez la trouver.

ARLEQUIN

Je cours lui faire la mienne. (*Il entre dans la maison*).

GILLE, *à part*

Ah ! mais non, c'est trop bête, je me suis encore mis dedans cette fois. (*Il sort du berceau*).

SCÈNE XI

GILLE *en Arlequin*, PANDOLPHE

PANDOLPHE

Ah ! c'est trop fort. Comment, coquin, vous osez encore paraître chez moi.

GILLE

Un mot, je vous en supplie, un seul mot...

PANDOLPHE

Attendez un peu, insigne maraud, que j'aille chercher un bâton pour causer avec vous.

GILLE

Ce n'est pas nécessaire.

PANDOLPHE

Holà ! Basile...

GILLE

Mais je ne suis pas qui vous croyez.

PANDOLPHE

Vous n'êtes pas Arlequin ?

GILLE

Eh ! non, parbleu, je suis Gille.

PANDOLPHE

Mais, intrigant, vous me croyez donc tout à fait aveugle et idiot pour vouloir m'en faire gober de cette force-là. Gille est là, chez moi, auprès de sa fiancée.

GILLE

Et c'est justement ce qui vous trompe ; c'est Arlequin qui s'est introduit chez vous sous mes apparences.

PANDOLPHE

Qu'est-ce que cela signifie? je flaire quelque piège. Cet habit que je reconnais pourtant...

GILLE

N'est par le mien, mais celui d'Arlequin en effet.

PANDOLPHE

D'où vient donc qu'il est sur votre dos ? voilà qui est louche.

GILLE

Vous allez le comprendre ; mais ne précipitez rien, monsieur Pandolphe, et craignez quelque funeste méprise dont vous pourriez avoir à vous repentir.

PANDOLPHE

Ainsi vous prétendez que c'est vous que j'ai reçu tout à l'heure et à qui j'ai offert quelques verres...

GILLE

Eh ! non, c'est Arlequin.

PANDOLPHE

Mais Arlequin je l'ai fait chasser à coups de bâton.

GILLE

Du tout, c'est Gille.

PANDOLPHE

Gille ! Mais puisqu'il était là quand ma nièce a consenti à le recevoir.

GILLE

Justement, c'est Arlequin.

PANDOLPHE

Au diable, vous me les embrouillez tous les deux et vous confondez toutes mes idées.

GILLE

Tenez, voilà qui va les éclaircir : heureusement, j'ai gardé sur moi cette lettre d'introduction qui va vous prouver que je suis bien celui que vous attendez et que l'autre n'est qu'un fourbe dont il faut vous débarrasser au plus vite.

PANDOLPHE *lit*

Mais, en effet, voilà qui est manifeste. Et ce drôle est avec Colombine et se moque de nous. Ah ! je cours...

GILLE

Un moment encore. Sans doute, il est urgent de chasser l'imposteur ; mais, pourtant, je crois qu'il sera bien plus fort de le battre...

PANDOLPHE

C'est ce que je compte faire, et de la bonne façon.

GILLE

Ecoutez donc : de le battre avec ses propres armes. Ayons l'air d'être sa dupe, laissons-le dans une perfide sécurité. Le coquin a eu l'impudence d'obtenir un rendez-vous de votre pupille, ici, ce soir.

PANDOLPHE

Ah ! le drôle, qu'il y vienne, il y laissera ses os, je le jure.

GILLE

Mais, au contraire, laissez-le faire.

PANDOLPHE

Comment, que je laisse faire ce suborneur d'Arlequin

GILLE

Mais puisque c'est Arlequin qui est Gille, vous ne comprenez donc pas que c'est Gille qui est Arlequin.

PANDOLPHE

C'est-à-dire que je n'y comprends plus rien du tout.

GILLE

C'est moi qui viendrai à sa place au rendez-vous.

PANDOLPHE

Ah bon ! vous Gille, qui êtes Arlequin ; c'est-à-dire, non, Arlequin, qui êtes Gille. Enfin n'importe.

GILLE

Et Colombine, trompée par la ressemblance, à la faveur de la clarté douteuse du soir, se laisse enlever par moi.

PANDOLPHE

Par vous, Arlequin.

GILLE

Non, par moi Gille.

PANDOLPHE

J'y suis.

GILLE

Que dites-vous de ma contremine, est-ce fort ?

PANDOLPHE

Très fort. En attendant, je ne veux pas laisser plus longtemps cet intrigant avec ma nièce.

GILLE

Oh ! mais non, renvoyez-le au plus vite sous un prétexte quelconque.

PANDOLPHE

J'aurai bien de la peine à ne pas lui rompre une canne sur le dos.

GILLE

Ce ne sera que différé ; mais attendez, ce n'est pas tout. Ce soir, quand nous serons ensemble ici, Colombine et moi, Colombine me prenant toujours pour Arlequin...

PANDOLPHE

Pour Arlequin qui est Gille.

GILLE

N'insistez pas, nous n'en finirions jamais.

PANDOLPHE

Soit, passons.

GILLE

Vous nous surprenez ensemble.

PANDOLPHE

Oui.

GILLE

Vous vous emportez contre elle et contre moi ; vous dites : « Comment, ma nièce, vous n'avez pas de honte de recevoir ainsi à mon insu, en tête à tête, cet infâme Arlequin ? »

PANDOLPHE

Vous êtes donc Arlequin ?

GILLE

Laissez-moi finir, je vous en prie.

PANDOLPHE

Ah ! bon, bon, j'y suis.

GILLE

Je me jette à vos pieds, j'invite Colombine à en faire autant, vous vous laissez fléchir et vous dites : « Allons, ma nièce, je vois bien qu'il faut vous unir à ce vaurien, aussi bien il vous a compromise. » Vous nous faites rentrer dans un salon faiblement éclairé, où vous avez eu soin de faire préparer un notaire, un contrat, des témoins, une table avec tout ce qu'il faut pour écrire, et l'affaire est bâclée. Hein ? est-ce fort ?

PANDOLPHE

Votre plan est admirable.

GILLE

A trompeur, trompeur et demi. Allez vite maintenant éloigner le séducteur d'auprès de votre pupille, et moi je ne m'écarte pas d'ici jusqu'à ce soir.

PANDOLPHE

J'y vole. J'aurais du plaisir pourtant à lui administrer...

GILLE

Nous nous donnerons cet agrément après la signature du contrat. (*Pandolphe rentre dans la maison.*)

SCÈNE XII

GILLE, puis ARLEQUIN

GILLE, *seul*

Si l'on croit qu'on m'abuse
Par d'habiles détours,
Comme un autre à la ruse
Je sais avoir recours.
Tournant la fourbe même
Contre son propre auteur,
C'est un plaisir extrême
De tromper le trompeur.

L'éclat et le scandale
Souvent nuisent à tous,
Et la fureur brutale
Est bonne pour les fous.
Mais par sa fourbe même,
Sans danger et sans peur,
Ah ! quel plaisir extrême
De tromper le trompeur.

ARLEQUIN, *en Gille, sortant de la maison (à part)*

Que signifie cet empressement de Pandolphe à m'éloigner. Il m'a presque mis à la porte. Aurait-il quelque soupçon ?

GILLE, *ironiquement*

Et quoi, vous vous en allez déjà, seigneur Gille.

ARLEQUIN

Oui, j'allais vous chercher.

GILLE

Moi ?

ARLEQUIN

Oui, je venais vous rendre votre personnage et vous remercier de la bonne grâce avec laquelle vous me l'avez prêté ; je ne veux pas en abuser plus longtemps.

GILLE

C'est trop de délicatesse.

ARLEQUIN

On va se mettre à table pour le souper et il répugne à mon honnêteté de manger un repas qui vous appartient.

GILLE

Pour le souper. Ah ! c'est gentil de votre part, justement je meurs de faim. Mais, au fait, cependant je consens à vous céder la place.

ARLEQUIN

Vous êtes trop généreux ; d'autant plus que le festin a l'air des plus appétissants.

GILLE

Vraiment.

ARLEQUIN

J'ai senti l'odeur flatteuse de certaines saucisses de Bologne.

GILLE

Bah ! moi qui les adore.

ARLEQUIN

J'ai aperçu certain macaroni au fromage.

GILLE

Ah !

ARLEQUIN

J'ai entrevu certain plat sucré.

GILLE

Ah !

ARLEQUIN

Et une rangée de flacons de toutes les formes et de toutes les grandeurs.

GILLE

Assez, assez. Arlequin, vous êtes un galant homme, rendez-moi mes habits pour le moment, mais je vous revaudrai cela. Après souper immédiatement, foi de Gille, je rentre dans les conditions de notre traité. (*Il remet ses habits de Gille dont Arlequin s'est dépouillé.*)

ARLEQUIN

Je suis trop loyal pour vouloir abuser de votre obligeance.

GILLE, à part

Je puis toujours souper maintenant que Pandolphe est prévenu, sans préjudice de la petite comédie de ce soir.

ARLEQUIN

Dépêchez-vous, je crois qu'on vient vous chercher pour se mettre à table.

GILLE, à part

Je vais faire en sorte que les estafiers de M. Pandolphe fassent bonne garde autour du jardin, avec leurs bâtons, pour l'empêcher de venir nous troubler cette nuit. *(Haut)* Au revoir, seigneur Arlequin.

ARLEQUIN

Bon appétit, seigneur Gille.

(Au moment où Gille va pour entrer dans la maison, Colombine en sort précipitamment ; Gille recule avec effroi).

SCÈNE XIII

GILLE, ARLEQUIN, COLOMBINE, ZÉLINDE

COLOMBINE, accourant

Ah ! mon pauvre Arlequin !

ARLEQUIN

Quoi donc ?

COLOMBINE

Ah ! vous avez quitté votre déguisement. Je crois, en effet, qu'il était devenu inutile ; je tremble que mon tuteur ne vous ait deviné.

ARLEQUIN

Je m'en suis douté à la manière brusque dont il m'a congédié.

ZÉLINDE

N'en doutez pas, il sait tout. Je ne sais qui a pu le prévenir. J'ai bien vu les regards furieux qu'il lançait à la dérobée.

GILLE, à part

Ce diable de Pandolphe n'a pas de politique.

COLOMBINE, apercevant Gille

Vous ici encore, mon persécuteur, ah ! cette fois je veux vous arracher la figure.

GILLE, effrayé

Arlequin, mon ami, retenez-la, je vous en conjure.

ARLEQUIN

Que faire, ma chère Colombine ? Il faut donc désespérer de notre bonheur.

COLOMBINE

Ah ! que deviendrais-je sans vous, mon Arlequin bien aimé ? Non, non, quoi qu'il arrive, je jure de n'être qu'à vous.

ARLEQUIN

Et moi, cher ange adoré, je jure de vous aimer toujours.

ZÉLINDE

Ciel ! monsieur Pandolphe !

GILLE, à part

Ah ! ah ! nous allons voir cette fois maître bâton tomber sur qui de droit.

SCÈNE XIV

GILLE, ARLEQUIN, COLOMBINE, ZÉLINDE, PANDOLPHE

PANDOLPHE

Comment, ma nièce, vous n'avez pas de honte de recevoir ainsi à mon insu, en tête à tête, cet infâme Arlequin ?

GILLE, à part

Allons bon, voilà qu'il déflore le boniment de ce soir.

ARLEQUIN

Grâce, monsieur Pandolphe, grâce pour elle et pour moi. Serez-vous inexorable pour un amour aussi pur qu'il est ardent ?

COLOMBINE

Voulez-vous faire, par une cruelle obstination, le malheur éternel de celle dont la destinée vous fût confiée ?

ARLEQUIN

Faut-il embrasser vos genoux ? Colombine, ne craignons pas de nous humilier devant l'autorité respectable de votre auguste tuteur.

GILLE, à part

Et bien c'est un peu fort, voilà qu'il me prend mon truc à présent.

COLOMBINE

Ah ! mon oncle, voilà notre amour à vos pieds, votre cœur se laissera-t-il toucher enfin ?

PANDOLPHE

Oui, oui, relevez-vous, mes enfants, vous m'avez ému. Allons, ma nièce, je vois bien qu'il faut vous unir à ce vaurien.

GILLE, s'avançant

Mais c'est trop tôt.

PANDOLPHE

Aussi bien il vous a compromise.

COLOMBINE

O bonheur !

COLOMBINE

Quelle reconnaissance !... mon oncle, que je vous embrasse.

ARLEQUIN

Ah ! je ne sais, monsieur, comment vous exprimer ce que je ressens.

GILLE

Mais vous vous trompez, monsieur Pandolphe, vous vous enfoncez atrocement.

ARLEQUIN

Taisez-vous, malheureux !

PANDOLPHE, *bas à Arlequin*

Laissez-le parler ; ma nièce vous prend toujours pour Arlequin, ne détruisez pas cette heureuse erreur.

ARLEQUIN, *stupéfait*

Plaît-il ?

GILLE

C'est moi qui suis Gille, le vrai, le seul Gille.

PANDOLPHE

Connu, connu. Et bien, mon cher Gille, ma nièce, comme vous voyez, épouse Arlequin. N'est-ce pas, Colombine ?

COLOMBINE

Oh ! certainement, mon oncle, et rien désormais ne m'en séparera plus, puisque vous y consentez.

ZÉLINDE

Il est vrai que c'était la même chose avant qu'il n'y consentît.

GILLE

Mais vous commettez la plus affreuse boulette.

PANDOLPHE

Allons, j'ai fait prévenir un contrat et dresser un notaire ; non, c'est le contraire : j'ai fait dresser un notaire et prévenir un contrat, c'est la même chose, allons le signer. (*Bas à Arlequin*) J'ai hâte d'en venir à la bastonnade.

GILLE

Mais je m'y oppose.

PANDOLPHE, *à Arlequin*

Décidément, il faut faire assommer tout de suite cet animal d'Arlequin, sans quoi il va tout nous gâter. — Holà ! Basile, Pascal, qu'on m'assomme ce drôle.

GILLE

Encore ! je ne peux donc l'éviter sous aucun costume.

ARLEQUIN, à *Colombine*

Il y a là un quiproquo dont j'aurai la clef plus tard ; il s'agit d'en profiter en attendant.

GILLE

Il est écrit que cet Arlequin profitera de toutes mes rouéries.

ARLEQUIN

Non, monsieur Pandolphe, croyez-moi, n'assommons personne, et s'il veut consentir à se tenir tranquille, invitons plutôt maître Gille à souper avec nous.

PANDOLPHE, *bas à Arlequin*

C'est imprudent, mon cher Gille, ce que vous faites-là.

ARLEQUIN, *à part*

Il me prend pour Gille, je m'y perds.

GILLE

Ah ! voilà qui me désarme et me ferme la bouche. Tant de grandeur d'âme mérite ma reconnaissance, et je renonce en faveur d'un rival aussi généreux à toutes mes prétentions. (*A part*) C'est égal, je suis indignement refait.

ENSEMBLE

Bien mieux que la crainte
Et que la contrainte
L'adresse ou la feinte
Nous fait réussir.
Sachons de la ruse,
Dont il faut qu'on use
Quand amour l'excuse,
Sachons nous servir.

Tuteurs intraitables,
Jaloux détestables,
Vos cris redoutables
Ne servent de rien.
Car la plus novice
Trouve à son service
Plus d'une malice
Quand amour veut bien.

UNE FAUSSE INVITE

ou

LE PIANO DE BERTHE

———×———

COMÉDIE DE SALON

Pour faire suite au *Piano de Berthe*

(Comédie de Barrière).

PERSONNAGES

Berthe de BEAUMONT.
Madame de PRÉVAL.
JULIE, *femme de chambre de Madame de Beaumont.*
FRANTZ, *artiste.*

LA SCÈNE EST A PARIS, CHEZ Mme DE BEAUMONT.

Une fausse invite ou le Piano de Berthe

SCÈNE PREMIÈRE

FRANTZ, BERTHE

FRANTZ
Oui, madame, j'étais enfant de la Bretagne.
Pauvre pâtre, j'appris dans mon âpre montagne
Le chant en écoutant les oiseaux matineux
Et l'harmonie au bruit des vents tumultueux;
En admirant des mains faites comme les vôtres
J'appris la statuaire; enfin, comme bien d'autres,
Artiste je devins par un instinct heureux,
Comme chez nous, madame, on devient amoureux.
BERTHE
Et comment devient-on amoureux, chez vous?
FRANTZ
                            Dame,
Tout comme vous voyez.
BERTHE
    Monsieur Frantz !
FRANTZ
                        Oh ! madame,
Pardon : l'aventure est qui chez vous m'a conduit
Singulière en effet; je me suis introduit
Céans d'une façon cavalière peut-être,
J'en conviens. En passant près de votre fenêtre,
Je vous entends soudain vous-même exécuter
Mon œuvre favorite.
BERTHE
    Alors sans hésiter

Vous montez m'avertir avec franchise entière
Que je vous écorchais d'une horrible manière.

FRANTZ

Pardon, madame, encor ; si ma témérité
A pu vous offenser, croyez qu'en vérité
Je m'en repens au moins. Mais si la hardiesse
Et l'indiscrétion, qu'il faut que je confesse,
Tout à l'heure m'ont fait y pénétrer, eh ! bien,
En ces lieux à présent l'amour seul me retient.

BERTHE

Monsieur Frantz !

FRANTZ

        Je l'avoue, oh ! cela, sur mon âme,
Je ne m'en repens pas, par exemple, madame.

BERTHE

Ecoutez-moi, monsieur : si votre qualité
D'artiste excuse en vous une excentricité,
Que j'ai tort, je le vois, pourtant, d'avoir permise,
Faut-il d'aller plus loin que je vous interdise ?
D'ailleurs, sachez, s'il faut vous en faire l'aveu,
Que je ne suis pas libre et j'ai promis.

FRANTZ

                        Parbleu
Ne tenez pas.

BERTHE

       Je dois bientôt par l'hyménée
Au comte de Nerville unir ma destinée.

FRANTZ

Qui ? ce fameux sportsman dont ici j'aperçoi
Le portrait, se peut-il ?

BERTHE

           Monsieur, oubliez-moi,
Je le veux, oubliez toute cette aventure.

FRANTZ

Non, non, je ne le puis, madame, je vous jure.
Vous oublier ! non, car, plus je vous vois, en vous
Plus je crois retrouver un souvenir bien doux,
Une apparition suave et ravissante
Que j'eus autrefois, mais qui m'est toujours présente.

BERTHE

En Bretagne peut-être ?

FRANTZ

Oui, quelque part par là.

BERTHE

Par un beau soir d'été ?

FRANTZ

Justement, c'est cela.
Je m'en allais chantant et rêvant au nuage ;
Quand une jeune fille...

BERTHE

En habit de village ?

FRANTZ

Justement... égarée et cherchant son chemin
Se présente à ma vue.

BERTHE

Et jusqu'au lendemain
Vous donnâtes abri sous votre toit modeste ?...

FRANTZ

Précisément. Eh ! bien la vision céleste
Qui m'apparut alors et rapide s'enfuit,
En vous il m'a semblé la revoir.

BERTHE, à part

C'était lui !

FRANTZ

Mais qu'avez-vous ? parlez, vous paraissez émue.

BERTHE

Rien... Cette jeune fille offerte à votre vue...
C'était moi.

FRANTZ

C'était vous, ce sylphe, ce lutin !
Vous, ô madame, ô Berthe, il est donc un destin !

JULIE, *annonçant*

Madame de Préval.

FRANTZ

Qui ?

BERTHE

Tenez-vous tranquille,
Chut, c'est la propre sœur de monsieur de Nerville.

FRANTZ

Que le diable l'emporte.

BERTHE

Hein ? plait-il ?

FRANTZ

Enchanté,
Dis-je, de lui pouvoir être ici présenté.

SCÈNE II

BERTHE, FRANTZ, MADAME DE PRÉVAL

MADAME DE PRÉVAL

J'accours en toute hâte auprès de vous, ma chère,
Vous rassurer enfin sur le sort de mon frère.
Pour vous accompagner au concert de ce soir
Car sur lui vous comptiez et de ne pas le voir
Vous êtes étonnée à coup sûr, chère Berthe,
Lorsque vous l'attendiez de très bonne heure.

FRANTZ

Oh ! certe,
Madame ne l'attend plus du tout.

MADAME DE PRÉVAL
Il a fait
Tout à l'heure une chute.

FRANTZ
Une chute, en effet,
Des plus lourdes.

BERTHE
Vraiment, j'ignorais... Je vous prie,
Dites-moi ce que c'est.

MADAME DE PRÉVAL
Voici, ma chère amie ;
Tantôt, en revenant de Longchamps, son cheval
S'est abattu.

BERTHE
Grand Dieu !

MADAME DE PRÉVAL
Sans se faire grand mal
Il est tombé du reste et peut en être quitte
Pour des contusions. De vous faire visite
Il ne se voulait pas pour cela dispenser,
Même à se mettre au lit il l'a fallu forcer ;
Mais j'ai cru l'y devoir contraindre par prudence.

FRANTZ
Et l'on ose du ciel nier la providence.

BERTHE, *le présentant*
Monsieur Frantz.

MADAME DE PRÉVAL
Ce nom là ne m'est pas inconnu.

BERTHE
Il doit à votre oreille être déjà venu.
Monsieur Frantz est artiste et son talent hors ligne
De quelque renommée a pu le rendre digne.

FRANTZ

Sans doute; et puis, ce point ne doit pas être omis,
Dans le petit journal j'ai plusieurs bons amis.

MADAME DE PRÉVAL

Ah ! j'y suis, c'est monsieur qui doit se faire entendre
Ce soir à la salle Herz où nous allions nous rendre.

FRANTZ

C'est lui-même en effet.

MADAME DE PRÉVAL

        Nous regrettons hélas !
Doublement l'accident de mon frère, en ce cas,
Puisqu'il doit nous priver de ce plaisir.

FRANTZ

                   Madame,
Comment donc.

MADAME DE PRÉVAL

        Mais, je crois, le public vous réclame
Et nous ne voulons pas ici vous retenir.

FRANTZ, *à part*

Bien au contraire. Oh ! mais je pourrai revenir,
Car cette dame là, bien qu'étant à la pose,
Semble fine et se doute un peu de quelque chose.

MADAME DE PRÉVAL

Nous vous applaudirons, j'espère, un autre soir.

FRANTZ

Oh ! je l'espère aussi, nous pourrons nous revoir.

MADAME DE PRÉVAL

Plaît-il ?

FRANTZ

      Pour professeur, madame la comtesse,
Puisque vous m'agréez, souffrez que je m'empresse
De venir vous prouver mon zèle à ma façon
En vous donnant demain ma première leçon.

SCÈNE III

BERTHE, MADAME DE PRÉVAL

MADAME DE PRÉVAL
C'est votre professeur de chant?
BERTHE
Oui.
MADAME DE PRÉVAL
Ses manières,
A ce que j'ai pu voir, m'ont paru singulières.
BERTHE
C'est un artiste, il peut vous sembler singulier.
MADAME DE PRÉVAL
Il m'a semblé surtout quelque peu familier.
BERTHE
Vous croyez, je n'ai pas remarqué.
MADAME DE PRÉVAL
Toute émue
Encore, quand ici je vous ai prévenue
Du fâcheux accident à mon frère arrivé,
Je dois vous avouer que je n'ai point trouvé
Mainte réflexion qu'il s'est alors permise
Ni d'un tact bien exquis, ni tout à fait de mise ;
Sans doute il crut piquants les mots qu'il a lancés,
Ils m'ont à moi paru simplement déplacés.
BERTHE
De grâce assurez-moi que monsieur de Nerville
N'a rien de grave au moins.
MADAME DE PRÉVAL
Mais non, soyez tranquille,

Je puis vous l'affirmer sur l'avis du docteur.
Mais, pour en revenir à ce jeune chanteur....

BERTHE

Monsieur Frantz ne fait pas de l'art de la musique
Son étude exclusive et son objet unique ;
Il a comme sculpteur aussi quelque talent,
Il est poète et peint fort agréablement.

MADAME DE PRÉVAL

Quel homme universel, mais un savoir semblable,
Il faut en convenir, est vraiment admirable.

BERTHE

De railler vous avez grand tort, car c'est, je croi,
Un jeune homme en effet de mérite.

MADAME DE PRÉVAL

        Et pourquoi ?
Je parle du savoir, est-ce lui faire injure,
Mais non du savoir-vivre au moins, je vous assure.

BERTHE

Vous êtes bien sévère, hélas ! à son égard.
S'il ne possède pas parfaitement tout l'art
De ces raffinements dont l'étude profonde
Recouvre d'un vernis chez les hommes du monde
La sottise et souvent la triste nullité,
Pour faire pardonner la singularité
De ses façons d'agir, se peut-il qu'on refuse
D'admettre en son talent une valable excuse ?
Il ignore en effet de ces dandys charmants,
Qui font de nos salons les plus beaux ornements,
L'aménité banale et les tours agréables,
Les manières enfin niaisement aimables ;
Mais il aime, il connaît le beau, le vrai, le grand,
Dont les arts qu'il cultive et que son cœur comprend

Sont, madame, ici-bas, l'expression sublime ;
Il faut donc l'admirer, et non lui faire un crime,
D'ignorer et d'avoir même en aversion
Le faux et le mesquin et la convention.

MADAME DE PRÉVAL, *à part*

Voilà qui m'inquiète un peu ; que me dit-elle ?
(*Haut*) Vraiment, vous défendez ce garçon, chère belle,
Avec une chaleur.

BERTHE

Lui, mon dieu non ; je veux
Combattre seulement des préjugés fâcheux,
Dont vos préventions, qu'en cette circonstance
Je ne partage pas, semblent la conséquence.

MADAME DE PRÉVAL

Voulez-vous, chère amie, ici pour un moment
Que nous causions un peu tout amicalement
Comme deux bonnes sœurs, dites-moi ?

BERTHE

Mais sans doute,
Je le désire aussi, parlez, je vous écoute.

MADAME DE PRÉVAL

Vous avez toujours eu l'imagination
Romanesque et portée à l'exaltation ;
La folle du logis, il faut qu'on le confesse,
Chez vous de la maison est souvent la maîtresse.

BERTHE

Bon, cela se traduit tout amicalement
Que je passe à vos yeux pour folle assurément.

MADAME DE PRÉVAL

Non pas, mais que votre âme, impressionnable et vive,
Poétise aussitôt tout ce qui la captive,
Très merveilleusement, avec facilité.

Vous avez l'incroyable et belle faculté
De juger bien souvent avec trop d'optimisme
A travers les couleurs brillantes de ce prisme.
La mise négligée et les airs singuliers,
Le sans-gêne, un jargon pris dans les ateliers
Ne font pas que l'on soit grand artiste et j'atteste
Que ce n'est qu'un vernis aussi, lequel, du reste,
Recouvre bien souvent la même nullité
Et surtout, croyez-moi, non moins de vanité.

BERTHE

Nous ne nous entendrons jamais, je le suppose,
Là-dessus ; vous plait-il de parler d'autre chose ?

MADAME DE PRÉVAL

Un dernier mot encor : nous nous sommes promis
En toute liberté, comme on fait entre amis,
Et réciproquement de pouvoir nous reprendre,
Nous donner des conseils, comme on en doit attendre
D'une amitié sincère, avec calme et douceur,
Suis-je pas votre amie et presque votre sœur ?

BERTHE

Mais sans doute. (à part) Oh ! mon dieu, si pourtant, et j'en tremble,
Elle savait...

MADAME DE PRÉVAL

  Et bien, chère Berthe, il me semble
Que vous chantez très bien et je crois, en effet,
Que de votre talent Nerville est satisfait.
Vous le charmez, sans prendre encor la peine extrême...

BERTHE

Oh ! ce n'est pas pour lui.

MADAME DE PRÉVAL

  Comment ?

BERTHE

    C'est pour moi-même
Que je veux acquérir plus de perfection.

MADAME DE PRÉVAL

En ce cas faites-moi cette concession,
Bien légère après tout, et vous-même peut-être
Allez en convenir, prenez un autre maître,
Car mon frère aurait peine à souffrir les façons
Du jeune homme qui doit vous donner des leçons,
Qu'on voit, faute de tact, avec un aplomb rare,
Oublier la distance enfin qui vous sépare.
Vous savez si Nerville a pour vous de l'amour.

BERTHE

Mais vous me permettrez de trouver en ce jour
Votre prétention étrange et peu civile ;
Je suis libre, je pense, et monsieur de Nerville...

MADAME DE PRÉVAL

Achevez.

BERTHE

Il n'a pas plus qu'un autre le droit
De contrôle, après tout, sur mes actes, je croi.

MADAME DE PRÉVAL

Pas plus qu'un autre, ah ! Berthe ! Eh ! quoi, de qui nous aime
La tendre affection à vos yeux n'est pas même
A quelque complaisance un titre saint et doux ?
Ne va-t-il pas bientôt devenir votre époux ?

BERTHE

Qui sait ?

MADAME DE PRÉVAL

Vous m'effrayez, je n'ose vous comprendre,
Son cœur serait percé s'il pouvait vous entendre.
Mais ce n'est pas le vôtre, amie, en ce moment
Qui parle, je le sais ; ce n'est qu'un mouvement
D'impatience auquel vous cédez de la sorte,
Que vous regretterez bientôt et qui vous porte
A dire beaucoup plus que vous ne voudriez.

BERTHE

Eh ! bien, vous vous trompez, non, madame, croyez,
Loin d'aller au-delà de ma pensée entière,
Qu'en deçà mes discours sont restés, au contraire.

MADAME DE PRÉVAL

Que dites-vous ?

BERTHE

Je dis que suis désormais
Moins décidée à cette union que jamais,
Que vos prétentions et votre malveillance
Me font peu soupirer après votre alliance.

MADAME DE PRÉVAL

Qu'entends-je ? Assurément ce n'est pas sérieux,
Voyons, c'est impossible. Il serait curieux
De nous fâcher pourtant à ce propos ensemble
De ce petit monsieur mal appris, il me semble.

BERTHE

Pardon de vous laisser, madame, en vérité,
L'imagination et la vivacité
Me pourraient emporter presque aussi loin peut-être
Que l'obligeance ici que vous faites paraître.

SCÈNE IV

MADAME DE PRÉVAL, *seule*

Non, je n'y comprends rien ; que veut dire cela ?
Quel étrange caprice est-ce que celui-là ? —
Car enfin je ne dois et pas un instant même
Je ne puis supposer que ce jeune bohème
Sur elle ait par hasard fait quelqu'impression. —

Pourtant elle eut toujours l'imagination
Romanesque et portée à l'extraordinaire ;
Son cœur est excellent, son esprit, au contraire,
Trop vif, n'a pas toujours été bien dirigé.
— Que mon frère serait maintenant affligé
S'il pensait qu'un rival... et quel rival encore !
Car je suis inquiète, et lui, lui qui l'adore,
A plus forte raison le serait-il aussi. —
Mais non, non, je suis folle en m'alarmant ainsi,
Je connais Berthe, elle est un peu capricieuse,
Elle a ses nerfs ce soir. — Ah ! je suis curieuse
D'en avoir cependant le cœur net s'il se peut. (*Elle sonne*)
Et si, par un malheur que je redoute peu,
Mes craintes se trouvaient avoir quelque justesse,
Ah ! je dois arracher cette pauvre comtesse
Au danger qu'elle court et m'efforcer aussi
Que Nerville à jamais ignore tout ceci.

SCÈNE V

MADAME DE PRÉVAL, JULIE

JULIE

Madame m'a sonnée... ah ! pardon.

MADAME DE PRÉVAL

Oui, Julie,
C'est moi qui vous appelle, écoutez, je vous prie :
Qui donc, le savez-vous, est venu présenter
A madame un monsieur qui vient de nous quitter ?

JULIE

Qui ? monsieur Frantz, madame, un artiste, un jeune homme ?

MADAME DE PRÉVAL

Justement, oui, je crois, c'est ainsi qu'il se nomme.

JULIE

Mais il s'est présenté lui-même.

MADAME DE PRÉVAL

Oui dà, comment ?

JULIE

Oh ! de façon fort drôle et très burlesquement.
Madame ne vous l'a pas contée ?

MADAME DE PRÉVAL

Au contraire,
Si fait, mais trop en gros et pas d'une manière
Détaillée, et c'est là ce que j'aurais voulu,
L'histoire m'a paru fort bizarre et m'a plu.
Et ce sont les détails que de vous je réclame,
Ils devront m'amuser.

JULIE

Il paraît que madame
Chantait de monsieur Frantz la romance au moment
Où sous cette fenêtre il passait justement ;
Je fermais les volets et lui, qui de la rue
Levait pour écouter la tête alors, m'a vue.
Soudain il a tiré de sa poche un gros sou
Qu'à travers le salon il jeta tout à coup.

MADAME DE PRÉVAL

L'insolent !

JULIE

Justement, c'est là ce que madame
S'est écriée aussi, comprenant l'épigramme.
Mais, pour montrer combien son approbation
Importait peu céans, sans hésitation
Elle a repris son air et, du plus fort je pense
Qu'elle a pu, s'est remise à chanter sa romance.

MADAME DE PRÉVAL

Comment ? mais c'était donc vouloir en vérité
Le provoquer ?

JULIE

Aussi, madame, il est monté,
Afin de nous montrer, officieux critique,
Comment il entendait qu'on chantât sa musique.

MADAME DE PRÉVAL

Fort bien, ce monsieur-là ne manque pas d'aplomb.
Et comment sur le champ madame de Beaumont.
Ne l'a-t-elle donc pas fait jeter à la porte ?

JULIE

Ce n'était point aisé, madame, et de la sorte
Nous n'avons jamais pu, malgré tous nos efforts,
Nous en débarrasser et le mettre dehors.
Madame en sa présence a d'abord su me dire
De prendre une lumière et de le reconduire.
Vous croyez qu'il se l'est tenu sitôt pour dit
Et qu'il s'en est allé, confus, tout interdit,
Comme un autre à coup sûr à sa place eût pu faire ?
Ah ! bien oui, pas du tout. Il a bon caractère.
Après ce camouflet, il a voulu d'abord
Mettre le piano de madame d'accord.
Sa besogne finie, il s'est, ne vous déplaise,
Mis à tout regarder ici tout à son aise,
Les objets d'étagère ainsi que les tableaux,
Prenant pour les mieux voir ceux qui lui semblaient beaux ;
Il a même brisé certaine statuette.
Puis, il a dans ses doigts fait une cigarette,
Qu'il a fumée.

MADAME DE PRÉVAL

Ah ! ça c'est donc un vrai goujat
Que ce monsieur ; d'ailleurs, je m'en doutais déjà.

JULIE

Je ne sais, mais, madame, il mêlait à vrai dire,
Tout cela de propos si plaisants, que de rire
On était obligée au lieu de se fâcher
Et que je ne savais comment l'en empêcher,
Ni comment m'en défaire. Ah ! c'est que ces artistes,
En général au moins, ne sont pas des gens tristes.
L'originalité de ses distractions
Me désarmait ainsi que ses réflexions.

MADAME DE PRÉVAL

Vous aimez, je le vois, les artistes, Julie.

JULIE

Il est vrai, car chez eux point de mélancolie,
Ils m'ont toujours paru d'une charmante humeur
Tous ceux que j'ai connus, gens d'esprit et de cœur.
Et vous voyez aussi que madame eût beau faire
Elle n'a contre un d'eux pu tenir sa colère
Et qu'il fallut, malgré l'amour-propre irrité,
Lui pardonner enfin son excentricité.

MADAME DE PRÉVAL

Celui-ci vous a plu.

JULIE

Beaucoup, oui.

MADAME DE PRÉVAL

Je parie
Qu'il vous a débité quelque galanterie.

JULIE

Ce n'est pas pour cela, madame.

MADAME DE PRÉVAL

Oh ! je crois bien
Et je n'en doute pas un instant ; mais enfin
Ne vous a-t-il pas dit qu'il vous trouvait jolie ?

JULIE

Il est vrai, je l'avoue.

MADAME DE PRÉVAL

Eh ! je comprends Julie,
Que l'on ait sans ennui pu l'écouter un peu
Et qu'il ait pu rester.

JULIE

Oh ! ces gens-là, mon dieu,
Disent tout ce qui vient leur passer par la tête.

MADAME DE PRÉVAL

Vous me faites l'effet d'avoir fait sa conquête,
Savez-vous bien, Julie ?

JULIE

Oh ! madame, je voi,
Veut plaisanter.

MADAME DE PRÉVAL

Mais non, pas du tout ; et pourquoi,
Si vous l'avez charmé, puisqu'il a su vous plaire ?...

JULIE

Pas pour mari.

MADAME DE PRÉVAL

Pourquoi !

JULIE

Je veux un militaire.

MADAME DE PRÉVAL

C'est différent *(à part)*. Allons, j'ai mon projet, c'est bien.
(Haut). Près de mon frère il faut que je retourne enfin,
Je vais auparavant aller embrasser Berthe.

SCÈNE VI

JULIE, FRANTZ

FRANTZ

C'est encor moi.

JULIE

Comment encor vous ? ah ! mais certe
Vous abusez, monsieur.

FRANTZ

Je le sais parbleu bien
Que j'abuse.

JULIE

Oh ! vraiment vous ne doutez de rien ;
Mais, pour cette fois-ci, madame, je vous jure,
Ne vous recevra pas.

FRANTZ

Le crois-tu ?

JULIE

J'en suis sûre.

FRANTZ

Tu me recevras, toi.

JULIE

Si cela vous suffit...

FRANTZ, *à part*

Mettons l'occasion que je trouve à profit
Pour gagner la soubrette. (*Haut*) On pourrait, je le pense,
Se contenter à moins et cela me compense.

JULIE

Ah ! — Vous m'obligerez infiniment pourtant
En veuillant bien d'ici repartir à l'instant ;
Madame en vous voyant en ces lieux pourrait croire...

FRANTZ

Que ta société me plaît. C'est bien notoire,
Quel grand mal qu'on le croie !

JULIE

Il se peut que ce soit
Votre avis...

FRANTZ

Mais sans doute et, comme artiste, moi,
Toute perfection, toute beauté m'attire.

JULIE

Au moins vous n'êtes pas revenu pour me dire
Ces choses-là, monsieur, j'espère.

FRANTZ

Et pourquoi pas ?

JULIE

Vous auriez eu grand tort de perdre ainsi vos pas.
Et pourriez sur le champ retourner, je suppose ;
Je n'en crois pas un mot.

FRANTZ

Bon ; parlons d'autre chose.
Cette dame, la sœur du monsieur au cheval,
Qui tout à l'heure ici....

JULIE

Madame de Préval.

FRANTZ

Justement ; j'ai grand peur qu'elle ait, je le confesse,
Voulu me démolir auprès de la maîtresse.

JULIE

Ce n'est pas impossible.

FRANTZ

Ah ! tu vois bien, il faut
Que je me reconstruise à présent à nouveau.

JULIE

Madame de Préval est encore ici.

FRANTZ

Diable,
Je dois être assez bien arrangé.

JULIE

C'est probable.

FRANTZ

Et depuis tout ce temps, elle doit être, ô ciel !
Sur ma ruine en train de répandre du sel.

JULIE

Je le crois, vous pouvez repartir.

FRANTZ

Au contraire.

JULIE

Madame de Préval, monsieur, est assez fière
Et pourrait bien, pour prix de votre entêtement,
En vous voyant, vous faire un mauvais compliment.

FRANTZ

Bah ! je ne pense pas et d'ailleurs je m'en moque,
Car tu verras qu'ici c'est moi qui l'interloque,
Avec un peu d'aplomb.

JULIE

Et vous n'en manquez pas.

FRANTZ

Car n'est-il pas honteux, après avoir hélas !
Définitivement pénétré dans la place
A force de valeur, de souffrir qu'on m'en chasse
Par quelque noir complot ou quelque trahison ?

JULIE

Affaire d'amour-propre.

FRANTZ

Eh ! non, cette maison
Me plaît ; c'est bien meublé, c'est coquet ; je peux dire
Que c'est même très chic. Il semble qu'on respire
De tous côtés ici comme un parfum charmant
D'aristocratie et... de pacthouli.

JULIE

Vraiment ?

FRANTZ

Et puis de ce logis la maîtresse est charmante.

JULIE

Vous trouvez ?

FRANTZ

Et de plus, charmante est la suivante.

(*Frantz prend Julie par la taille pour l'embrasser. Au même moment paraît Madame de Préval, Julie se sauve*).

JULIE

Madame de Préval.

FRANTZ

Il s'agit d'être fort.

SCÈNE VII

MADAME DE PRÉVAL, FRANTZ

MADAME DE PRÉVAL

Je suis charmée ici de vous trouver encor.

FRANTZ

Vraiment, madame ? Et bien je craignais le contraire,
Il faut que je l'avoue avec franchise entière.

MADAME DE PRÉVAL

Et pourquoi? Vous croyez que je vous juge mal
Pour votre caractère assez original ;
Parce qu'on m'a conté votre bizarre entrée
Et tous les incidents enfin de la soirée?

FRANTZ

Quoi, vous savez?...

MADAME DE PRÉVAL

    De tout on m'a fait le récit.
Savez-vous bien, monsieur, que votre entrée ici,
A ne vous point flatter, fût très impertinente?

FRANTZ

Je sais...

MADAME DE PRÉVAL

  Votre insistance assez inconvenante.

FRANTZ

Il est vrai, j'ai montré de l'obstination.

MADAME DE PRÉVAL

Et que votre conduite en cette occasion
Fût tout à fait grossière.

FRANTZ

    Oh ! je vous l'abandonne.
Cependant je n'ai pas l'habitude...

MADAME DE PRÉVAL

      Que donne
La fréquentation, l'usage apparemment
D'un monde qui n'est pas le vôtre assurément.
C'est vrai ; ne croyez pas aussi que je refuse
D'admettre la valeur de cette double excuse
Que pour être insensé vous avez à nos yeux,
D'être artiste d'abord et puis d'être amoureux.

FRANTZ

Oui, je vois qu'en effet vous savez tout, madame.
Je suis bien désolé que l'objet de ma flamme
Ne puisse pas avoir votre approbation.

MADAME DE PRÉVAL

Pourquoi ? mais, au contraire, en cette occasion,
Si j'ai sur cet objet quelque peu d'influence,
A l'employer pour vous je m'engage d'avance.

FRANTZ

Se peut-il ? — Ah ! parbleu je n'y comprends plus rien.

MADAME DE PRÉVAL

N'êtes-vous pas artiste ? Oui je conçois très bien
Que ces distinctions de classes sociales
Sont du monde à vos yeux conventions banales.
Dans la sphère élevée où plane votre esprit
De ces distinctions absurdes on se rit ;
Les préjugés étroits sur vous ont peu de prise
Et votre âme d'élite à coup sûr les méprise.

FRANTZ

Vraiment vous me flattez.

MADAME DE PRÉVAL

         N'ai-je pas en effet
Rendu votre pensée à cet égard ?

FRANTZ

                Si fait ;
Et de caste, et de rang les barrières fragiles
Ne sont bonnes qu'à faire obstacle aux imbéciles ;
L'homme fort les franchit ou les brise aisément.

MADAME DE PRÉVAL

Certes c'est penser là très... artistiquement,
Comme étant généreux à vous je l'apprécie,
Le talent n'est-il pas une aristocratie,
Et qui vaut bien une autre ?

FRANTZ

      Ah ! veuillez ménager
Ma modestie, elle est dans le plus grand danger.

MADAME DE PRÉVAL

Je ne m'engage à rien. Jusqu'ici, je l'avoue,
Je vous connaissais comme un artiste qu'on loue,
Mais de vous mieux connaître à présent bien m'en prit
Et comme homme du monde, et comme homme d'esprit.

FRANTZ, *à part*

Je l'aurai fascinée aussi, c'est incroyable.
(*Haut*). Le jugement peut-être est un peu favorable
Et je dois convenir, qu'à vrai dire, aujourd'hui,
La façon dont ici je me suis introduit...

MADAME DE PRÉVAL

Elle est originale, il est vrai, mais est-elle
Impossible, après tout ? non, toute naturelle.
Votre oreille est choquée et vos yeux à la fois
Sont frappés de l'éclat d'un séduisant minois,
Deux motifs suffisants d'entrer pour un artiste
Qu'attire la beauté, que l'ignorance attriste ;
Non, d'après l'étiquette au moins si vous jugez,
Mais vous ne devez pas avoir de préjugés ?

FRANTZ

Oh ! je vous en réponds.

MADAME DE PRÉVAL

      Vous voyez, quoi qu'on fasse,
Du plus heureux succès couronner votre audace,
A la porte à l'instant vous n'êtes pas jeté.
Il n'en faut quelquefois pas plus en vérité
Pour décider soudain du bonheur de la vie.

FRANTZ

Il est bien vrai, madame, et je vous remercie,
De ne pas mettre au mien d'obstacles aujourd'hui.

MADAME DE PRÉVAL

Moi ? mais pourquoi, bon dieu, vous aurais-je donc nui ?

FRANTZ

Je croirais volontiers que monsieur votre frère
Pourra bien ne pas voir de la même manière.

MADAME DE PRÉVAL

Lui ? je suis bien tranquille et réponds au total
Que cela lui sera parfaitement égal.

FRANTZ

C'est différent. (*A part*) Parbleu la charge est assez bonne.
(*Haut*) Vous ne doutez donc pas que sans peine il nous donne
Son approbation ?

MADAME DE PRÉVAL

Oh ! l'on peut s'en passer,
Mais je vous la promets.

FRANTZ

Je commence à penser
Que la chute qu'il fit, dont je le plains au reste,
N'aura pour sa santé nulle suite funeste.

MADAME DE PRÉVAL

Oh ! je n'en doute pas non plus assurément.
Veuillez être assez bon pour m'attendre un moment.

SCÈNE VIII

FRANTZ, BERTHE

BERTHE

Encore ici, monsieur ?

FRANTZ

Ah ! ma foi jusqu'ici
Mon indiscrétion m'a si bien réussi...

BERTHE

Oh ! je ne voudrais pas que dans cette soirée
Madame de Préval fût par vous rencontrée
Une seconde fois.

FRANTZ

Cela se trouve au mieux,
Je viens au même instant de la voir en ces lieux.

BERTHE

Ciel ! pas un mot surtout, car il faut qu'elle ignore
Tout ce qui s'est passé. Je n'ose pas encore...

FRANTZ

Je n'y suis plus du tout, cependant je crois bien
Qu'elle sait tout.

BERTHE

Non, non, dis-je, elle ne sait rien.
Pas un mot devant elle au moins, je vous en prie,
Car elle aurait le droit de mon étourderie
De me faire reproche et j'aurais mérité...

FRANTZ

Mais non, bien mieux, cela paraît en vérité
L'arranger tout à fait.

BERTHE

C'est assez peu probable.

FRANTZ

Le vrai peut quelquefois n'être pas vraisemblable.

BERTHE

Silence, la voici.

SCÈNE IX

BERTHE, FRANTZ, MADAME DE PRÉVAL

MADAME DE PRÉVAL
Ne boudons plus, allons,
Vous savez que j'ai fait ce soir de vos salons
Les honneurs à monsieur que j'ai, ma chère amie,
Prié de nous tenir un instant compagnie.
BERTHE
Vous ?
FRANTZ
Que vous ai-je dit ? vous voyez à présent.
MADAME DE PRÉVAL
Mais oui, décidément je le trouve amusant.
BERTHE
L'idée est singulière.
MADAME DE PRÉVAL
Eh ! qu'importe, elle est bonne,
Nous sommes entre nous et n'attendons personne.
A la condition qu'il nous dira pourtant
Les mystères piquants, à ce que l'on prétend,
De la vie artistique. Ah ! c'est être fâcheuses,
Nous sommes, voyez-vous, femmes et curieuses.
FRANTZ
Comme notre mère Eve.
MADAME DE PRÉVAL
Oui, monsieur, justement.
Or nous ne vous voyons habituellement
Que de loin, à travers le double mur de verre,
De nos jumelles, mais il pourrait bien se faire
Que nous y gagnassions à vous voir de plus près.

BERTHE

Je ne vous comprends pas.

MADAME DE PRÉVAL

Oh ! mais je gagerais
Que monsieur, qui d'esprit se pique, m'a comprise.

FRANTZ

Fort bien : vous désirez que je vous introduise
Dans la coulisse.

MADAME DE PRÉVAL

Eh ! oui, c'est cela. Contez-nous,
Monsieur Frantz, votre histoire aujourd'hui, voulez-vous ?

BERTHE

Le dernier numéro du journal *Le Caprice*
Contient sur monsieur Frantz une longue notice
Et vous y trouverez, si vous voulez le voir,
Ce que vous paraissez désirer tant savoir.

MADAME DE PRÉVAL

Ce n'est pas celle-là non plus que je désire,
Car je l'ai parcourue et cela, je dois dire,
M'a paru très banal et très niais, ma foi.

BERTHE

Je l'ai trouvée assez touchante, quant à moi.

FRANTZ

C'est d'un de mes amis.

MADAME DE PRÉVAL

Elle n'est pas mal faite ;
Mais je demande, moi, la vraie et la complète.
Ce que dit cet article on l'a pu voir, je crois,
Partout ; j'ai, pour ma part, lu cela mille fois.
Un pauvre pâtre, enfant de la simple nature,
Ame à la fois sauvage et poétique et pure,
Entraîné malgré lui par la vocation ;
Que le recueillement, la contemplation

Des montagnes, du ciel et de toutes les choses
Qu'il voit autour de lui belles et grandioses,
Ont instruit ; et qui voit ravie à son amour,
Quand de bonheur pour lui se levait un beau jour,
Sa douce fiancée, — inévitable épreuve
D'une infortune hélas ! touchante, mais peu neuve. —
Un peu d'idylle, un peu de roman feuilleton,
Un peu de drame aussi. Comment appelle-t-on,
Dans votre langue heureuse en tropes pittoresques,
Tout ce bel attirail de moyens romanesques
Dont l'éternel emploi sur le bon public fait,
Depuis que l'on s'en sert, toujours le même effet ?
Vous nommez tout cela dans vos laboratoires ?

FRANTZ

Des ficelles, madame, ou mieux, des balançoires.

BERTHE, *à part*

Qu'entends-je ?

MADAME DE PRÉVAL

On vous a fait Breton, mais, je sais bien,
Du faubourg Saint-Denis vous êtes Parisien.

FRANTZ

Du faubourg Saint-Martin, madame, je vous prie.

MADAME DE PRÉVAL

Franchement, j'aime mieux pour vous cette patrie.
C'est un triste pays la Bretagne, entre nous.

FRANTZ

Je ne la connais pas, je m'en rapporte à vous.

BERTHE

Quoi, vous n'avez jamais vu la vieille Armorique ?

FRANTZ, *à part*

Corbleu ! je suis bête. (*haut*) Ah ! pardon, je m'explique...

MADAME DE PRÉVAL

Ne vous défendez pas, il n'en est pas besoin,
Vous fîtes aussi bien, cette contrée est loin
De valoir son renom, elle est fort ennuyeuse.
Vous aimez de Paris l'existence joyeuse.

BERTHE

Ah ! monsieur Frantz, madame, avant de parvenir,
Eût de rudes combats, je crois, à soutenir,
Il eût à supporter des épreuves sans nombre.

MADAME DE PRÉVAL

Bon, cette pauvre Berthe, avec son tableau sombre,
En est, je le vois bien, à la notice encor.
Voyez-vous, monsieur Frantz, on vous fait un grand tort
Quand on vous fait passer aux yeux des gens du monde,
Par ces réclames où le larmoyant abonde,
Pour de vrais songe-creux, hâves et fatigués
Par les coups du destin ; on vous montre aussi gais
Qu'un pâle clair de lune et tout repus sans cesse
D'hallucinations ; c'est maladresse,
Ce portrait en grisaille est des plus déplaisants.
Vous êtes, je le pense, un peu plus amusants.

FRANTZ

Oh ! je vous en réponds. Irions-nous, je vous prie,
Aux étoiles rêver, lorque la brasserie
Nous ouvre à deux battants son hospitalité ?
Supporter de la vie avec calme et gaîté
Les inconvénients entre dans nos principes,
Pourvu que nous ayons du tabac pour nos pipes.

BERTHE, *à part*

Quelle chûte, ô mon dieu !

MADAME DE PRÉVAL

Très bien, j'aime bien mieux
Que l'autre ce tableau véridique et joyeux.

BERTHE

Mais dans la vie il est nécessités réelles
Qui doivent quelquefois, monsieur, être cruelles.
N'avez-vous pas souffert?...

FRANTZ

Dans les commencements,
Tous les jours ne sont pas pour nous pleins d'agréments,
Mais alors, en mangeant de la charcuterie,
Que nous aimons du reste et que l'on calomnie,
Nous, nous l'assaisonnons d'un condiment fameux —
L'espoir — et nous rêvons à des jours plus heureux.

BERTHE

A la postérité vous rêvez, à la gloire.

MADAME DE PRÉVAL

C'était bon autrefois cela, j'aime à le croire,
Au temps du romantisme et l'on est devenu
Par bonheur aujourd'hui beaucoup moins saugrenu.
Ces chimères jadis ont amusé l'artiste,
Mieux avisé depuis, il s'est fait réaliste.

FRANTZ

Parbleu, nous rêvons tous un logis élégant
Et des tapis partout; un coupé bien fringant,
Les vins des meilleurs crus servis sur notre table,
Une existence enfin brillante et confortable;
De l'or plein nos goussets, comme les épiciers.

BERTHE, à part

Est-il possible, ô ciel ! que ces instincts grossiers ?
(*Haut*) Mais dans les œuvres d'art, on voit régner sans cesse
Une distinction, une délicatesse,
Les plus beaux sentiments, les plus nobles couleurs,
Qui font notre cœur battre ou s'épandre nos pleurs.
Quels horizons charmants l'artiste nous dévoile,
Soit avec l'harmonie, ou la plume, ou la toile !

D'âmes d'élite il faut que ces productions
Soient pourtant, semble-t-il, des émanations.

MADAME DE PRÉVAL

Oh ! n'allez pas au moins vous mettre dans la tête
Que dans sa fiction se peigne le poète.
L'artiste habile est un prestidigitateur
Souvent, qui sait donner le change au spectateur,
Et parfois ces effets, qui vous semblent magiques,
Viennent de procédés purement mécaniques.
Mais, en écoutant Berthe, on croirait qu'à ses yeux
Vous êtes des niais, prenant au sérieux
De votre esprit fécond chaque brillant caprice,
Défendez-vous, monsieur, qu'on vous rende justice.

FRANTZ

Oh ! non, nous n'avons pas cette naïveté
De confondre la fable et la réalité.

MADAME DE PRÉVAL

Au milieu des ennuis même et de la misère
D'une existence encore incertaine et précaire,
Vous savez, à coup sûr, laissant aux sots les pleurs,
Tout le long du chemin, pour vous, cueillir des fleurs.

FRANTZ

Nous en faisons moisson la plus ample possible.

MADAME DE PRÉVAL

Il n'est plaisir pour vous qui soit inaccessible,
De temps en temps au moins, car il vaut mieux encor
Avoir un peu d'esprit que d'avoir beaucoup d'or.
Sur les sots favoris de l'aveugle fortune
C'est le droit du talent qu'une dîme opportune.

FRANTZ

Aussi prélevons-nous ce tribut, nous savons
Des voluptés du riche user quand nous pouvons,

Et tout en nous moquant de qui nous en défraie,
Nous payons tout cela, nous, de notre monnaie
Lorsque nous amusons les épais parvenus
Pour jouir de leur luxe et de leurs revenus.

MADAME DE PRÉVAL

Votre philosophie a joint le double type
Du fameux Diogène et du sage Aristippe ;
Suivant l'occasion, vous êtes, je le vois,
Cyniques par destin, parasites par choix.
Et je comprends cela du moins ; que l'on me dise
Ce qu'aux martyrs de l'art a valu leur sottise.

BERTHE

La gloire, noble objet de leur ambition.

FRANTZ

On escompte sa gloire en réputation
Aujourd'hui, c'est bien mieux, au moins on en profite.

BERTHE

Mais il n'y faut pas moins de travaux, de mérite,
De longs efforts.

MADAME DE PRÉVAL

    Monsieur, n'est-il pas vrai qu'on peut,
Pour arriver plus tôt, les abréger un peu ?
De Paris à Melun quand on allait à peine
Par le coche autrefois en toute une semaine,
En une heure à présent on s'y trouve conduit,
Car, grâce à la vapeur, on va vite aujourd'hui.

FRANTZ

Le chemin du succès présentement, madame,
A pour l'artiste aussi son railway — la réclame.

BERTHE

Ah ! le talent ainsi...

MADAME DE PRÉVAL
            Se trouve transporté
Par le même convoi que la médiocrité.
            BERTHE, à part
Quelle distance hélas ! du type imaginaire
Que je me figurais à cette âme vulgaire.
(Haut) C'est fort triste, monsieur, et peu récréatif
Tout cela.
            MADAME DE PRÉVAL
        Mais du tout, c'est assez instructif.
Si vous le préférez, monsieur peut, je suppose,
Vous raconter d'ailleurs quelque piquante chose,
De celles qu'on appelle en terme familier,
Si je m'en souviens bien, des charges d'atelier.
            FRANTZ
Oh ! parbleu voulez-vous ? il en est de fameuses,
Seulement quelquefois peut-être un peu scabreuses.
            BERTHE
Nous vous en dispensons en ce cas.
            FRANTZ
                    Nous aurons
La charge militaire avec de gros jurons,
Ou sur les épiciers mainte charge bourgeoise
Que termine gaîment une pointe grivoise.
Prudhomme, le *sargent* ou bien son colonel
De quolibets divers sont un fonds éternel.
Je puis vous imiter, à votre fantaisie,
Un acteur en renom, le chien, le chat, la scie...
            MADAME DE PRÉVAL
Ce doit être fort drôle.
            FRANTZ
        Ah ! je vais vous conter...

BERTHE

Oh ! non, faites-nous grâce.

MADAME DE PRÉVAL

Et pourquoi l'arrêter ?

BERTHE

Pitié pour moi, pitié pour lui, ma chère amie.

FRANTZ, à part

J'aurai décidément conquis, je le parie,
Madame de Préval.

MADAME DE PRÉVAL

Mais de vos piquants traits
Militaire ou bourgeois font donc seuls tous les frais ?

FRANTZ

Ma foi, le plus souvent ; c'est qu'il n'est guère au monde
En types excellents de classe plus féconde.

MADAME DE PRÉVAL

Et puis, je le comprends, vous devez envier
Le brave militaire et l'heureux épicier :
L'un possède la gloire et l'autre la richesse,
Objets de vos désirs ; tous deux se volent sans cesse
Entourés d'une estime et d'un respect aussi
Que vous n'osez prétendre.

FRANTZ

Il se peut bien.

BERTHE, à Madame de Préval

Merci.

FRANTZ

Je puis vous raconter, si vous voulez bien rire...

MADAME DE PRÉVAL

Non, monsieur, il suffit ; nous voulions nous instruire,
C'est fait, vous êtes libre.

BERTHE

     Il faut vous dire encor...
Je renonce aux leçons de chant.

FRANTZ

     Vous auriez tort.
(*A part*). J'aurai probablement par quelque maladresse
Fâché sans m'en douter madame la comtesse.

MADAME DE PRÉVAL

Et désormais, monsieur, quand nous voudrons vous voir,
Nous irons aux concerts où vous chantez le soir.

FRANTZ

Ah! ça mais on dirait qu'on me met à la porte.

MADAME DE PRÉVAL

Précisément.

FRANTZ, *à part*

    Oh! non, je la trouve trop forte
Et je ferai plutôt du scandale, tant pis.
(*Haut*). Madame, oubliez-vous que vous m'avez promis?...

BERTHE

Oh! monsieur, c'en est trop. (*A part*). Je souffre le martyre.

MADAME DE PRÉVAL

Au fait il a raison, je sais ce qu'il veut dire.

FRANTZ

On a daigné tantôt encourager l'amour...

BERTHE

Taisez-vous.

MADAME DE PRÉVAL

    Il est vrai, je vous ai dans ce jour
Promis mon bon office auprès de votre belle,
Faisons-la donc venir afin de savoir d'elle
Tout d'abord son avis. — Voudriez-vous sonner
Julie?

FRANTZ

  Eh! quoi Julie?

MADAME DE PRÉVAL

Oh ! de vous étonner
Vous avez bien le droit, recherche aussi flatteuse
Que la vôtre ne peut que rende glorieuse,
On ne saurait douter de son consentement.

BERTHE, à part

Que dit-elle ? oh ! je crois comprendre maintenant.

MADAME DE PRÉVAL

Cependant, permettez que l'on s'en éclaircisse.

FRANTZ, à part

Bon, l'on me fait poser, c'est un nouveau caprice.

MADAME DE PRÉVAL

Si vous le voulez bien, nous la ferons venir.

FRANTZ, à part

Ma foi j'ai presqu'envie, ici, pour la punir...

MADAME DE PRÉVAL

D'ailleurs, comme à vos yeux les classes sociales
Ne sont que préjugés, conventions banales...

FRANTZ

C'est juste. (A part) A mes dépens on s'amuse ; ah ! parbleu
La comtesse pourrait s'en repentir un peu.
D'ailleurs, cette soubrette est ma foi très jolie
Et je ne serais pas si malheureux...

SCÈNE X

BERTHE, MADAME DE PRÉVAL, FRANTZ, JULIE

MADAME DE PRÉVAL

Julie...

BERTHE, à part

Que va-t-elle donc faire ?

MADAME DE PRÉVAL

     Ecoutez, voulez-vous
Vous marier ? monsieur s'offre pour votre époux.

JULIE

Lui, monsieur Frantz, madame ?

BERTHE

      Eh ! oui.

FRANTZ

         Pauvre petite,
La voilà de plaisir tout à fait interdite. —
Oui, charmante Julie, oui, je viens vous offrir
Un cœur que de beaux yeux ont assez fait souffrir,
Une main qui traça plus d'un piquant ouvrage
Et mes lauriers d'artiste. *(A part)* Oh ! la comtesse enrage.

JULIE

Ah ! ah ! ah ! mais, monsieur, voyez-vous, pour époux,
Avec tous vos lauriers, je ne veux pas de vous.

FRANTZ

Vous refusez ?

BERTHE, *à part*

    Elle est plus que moi raisonnable.

JULIE

Sans doute ; je vous trouve assez drôle, agréable,
Enfin vous m'amusez, à votre égard voilà
Les sentiments que j'ai, pas d'autres que ceux-là.

MADAME DE PRÉVAL

Vous voyez bien, monsieur, que, suivant l'apparence,
Vous vous étiez flatté d'une fausse espérance.

FRANTZ

Il est vrai, je le vois.

MADAME DE PRÉVAL

      Ainsi donc en ces lieux
Rien ne vous retient plus.

FRANTZ

Recevez mes adieux.
Je suis... J'ai bien l'honneur.

JULIE

Faut-il qu'on vous éclaire ?

FRANTZ

Je connais le chemin, ce n'est pas nécessaire. (*Il sort*).

SCÈNE XI

BERTHE, MADAME DE PRÉVAL, JULIE

MADAME DE PRÉVAL

Vous avez été sage, il n'est liens heureux
Que ceux que des égaux ont pu former entr'eux.
Ce mari ne pouvait vous convenir en somme.

JULIE

J'épouse un militaire.

MADAME DE PRÉVAL, *à Berthe*

Et vous ?

BERTHE

Un gentilhomme.

LE CARNAVAL

DU

BARON DE PAPAVER

Scène-Proverbe en Rimailles

PERSONNAGES

Le BARON DE PAPAVER.
FANCHETTE.
TITINE.
Le MAGISTER.
Masques.

LE CARNAVAL DU BARON DE PAPAVER

SCÈNE PREMIÈRE

LE BARON DE PAPAVER *(seul, une lettre à la main).*

Parbleu, c'est évident, il se moque de moi,
    Mon vieil ami, le marquis de Gaudoi.
    Loin d'admirer une sagesse austère
Qui m'a fait délaisser la cour pour cette terre,
    Il voit, raillant mon changement de goût,
Non pas un philosophe en moi, mais un grigou.
L'âge a passé, marquis, sur nos folles ripailles
Et je suis revenu des plaisirs de Versailles.
Cette lettre, pourtant, trouble un peu mon repos,
Car, on a beau se mettre au-dessus des propos,
      On n'aime pas, à juste titre,
Aux yeux des gens d'esprit à passer pour une huître.
Ici, que manque-t-il à mon ambition?
Rien; rien, sinon peut-être à ma distraction
Quelque variété. Parfois, c'est vrai, ma vie
Me semble bien avoir quelque monotonie.
J'allais hier pêcher et je chasse aujourd'hui
Le lièvre ou le canard, mais pas toujours l'ennui.
Du baron Papaver faut-il que l'on suppose
Que dans l'isolement le cerveau s'ankylose?
      Non, morbleu, non, je veux prouver
Que dans son propre fonds, partout, on peut trouver
    Tout ce qu'il faut pour charmer l'existence.
      Qu'ai-je besoin de l'assistance
    D'un tas de fats? Sans eux, dans ce séjour.
Ne puis-je transporter les plaisirs de la cour?
Vraiment, c'est une idée. Il faut que je la mette
En exécution sans plus tarder. — Fauchette?

SCÈNE II

PAPAVER, FANCHETTE.

PAPAVER

Ma fille, écoute ici : nous allons, dès ce soir,
Transformer, vois-tu bien, ce paisible manoir
En un lieu de splendeurs, de joie et de délices.
Cours chez la mère Epi, râfle les pains d'épices,
Chandelles, ratafia, galette, tout enfin,
Ce que dans sa boutique on trouve de plus fin ;
Que Jean monte à cheval pour porter ce message
Au galop, de ma part, à tout le voisinage :
« *Château de Papaver, ce soir, grand festival !* »

FANCHETTE

Mais nous ne sommes pas encore en carnaval.

PAPAVER

N'importe, j'anticipe, il est de toute urgence
Qu'ici l'on rie, on s'amuse et qu'on danse.
Je ne puis t'expliquer tous mes desseins profonds ;
    Mais, autrement, je me morfonds.
    Un jour de plus et c'est fait de ma tête.
    Tu vas aller inviter à la fête,
    Au bal masqué, magique étourdissant...

FANCHETTE

Un bal masqué !

PAPAVER

    Ce sera ravissant.
Le grand bailli, mais il faut qu'il se mette
En blanc pierrot ; et puis aussi, Fanchette,
Le magister en *asinus* dispos,
Et le docteur... tiens, en Parque Atropos.

FANCHETTE

Après, dame, il faudra, je vous le dis sans phrase,
Aux petites maisons vous chercher une case.

PAPAVER

Impertinente ! hélas ! ton rustique cerveau
Ne saurait démêler le subtil écheveau
De ces déductions fines et déliées,
Dans mon esprit orné même assez embrouillées,
Qui m'ont fait adopter ce moyen aujourd'hui
    Contre l'humeur noire et l'ennui.

FANCHETTE

Il ne faut pas, car ce serait fâcheux,
Tant d'esprit, croyez-moi, monsieur, pour être heureux.

PAPAVER

    Mon enfant, ta remarque est juste,
Mais l'esprit délicat et la nature fruste
    Ont des besoins différents pour objet.
Fais ce que je t'ai dit.

FANCHETTE

    J'y cours (J'ai mon projet).

SCÈNE III

PAPAVER, *seul*.

Elle ne manque pas, il faut le reconnaître,
    D'un certain sens, cette fille champêtre.
    Mais ne sait rien, dans son étroit séjour,
      De la ville, ni de la cour.
J'en veux, ce soir, aux bonnes gens candides
    Montrer les agréments splendides.
    Morbleu ! leur éblouissement
    Devra doubler mon divertissement.

SCÈNE IV

PAPAVER, LE MAGISTER

LE MAGISTER

A monsieur le baron, mon humble révérence.

PAPAVER

Ah! c'est vous, magister, on vous a fait, je pense,
Mon message.

LE MAGISTER

Oserai-je, à ce même propos,
Respectueusement, adresser quelques mots,
Que la philosophie à son vassal inspire?

PAPAVER

Que diable voulez-vous donc dire?

LE MAGISTER

L'idée à Papaver de donner un grand bal
Est un dessein original.
Aristote y consent, mais Platon le condamne,
Epicure l'approuve et Zénon...

PAPAVER

Est un âne.
Que me chantez-vous là?

LE MAGISTER

Sans indiscrétion,
Permettez-moi deux mots de dissertation :
Pour passer au concret, sachons d'abord abstraire :
Tout homme veut trouver le bonheur sur la terre,
Mais sachons distinguer, séparons l'objectif
Du pur et simple subjectif.

PAPAVER

Vous m'assommez, allez donc vous faire lanlaire.

LE MAGISTER
Je ne veux pas, monseigneur, vous déplaire.
PAPAVER
Eh bien, laissez-moi donc et que votre objectif
Soit de faire au plus tôt votre préparatif
Pour mon grand bal masqué.
LE MAGISTER
J'ai trop de déférence
Pour commettre envers vous la moindre irrévérence,
Mais, si vous vouliez bien m'accorder un instant...
PAPAVER
Pour me rompre la tête.
LE MAGISTER
Hélas ! j'aurais pourtant,
Au moyen seulement de quelque syllogisme
A l'école emprunté de l'Aristotélisme...
PAPAVER
Assez !
LE MAGISTER
Le voulez-vous soit en baralipton,
Barbara, celarent, ou bien en feiapton ?
PAPAVER
Allez vous promener, ou bien, jour de ma vie !...
LE MAGISTER
J'y cours. — O grand succès de la philosophie !

SCÈNE V

PAPAVER, *puis* TITINE

PAPAVER
Je crois vraiment que ce sot animal
Avait dessein de blâmer mon grand bal.

Allons tout préparer pour... Mais voilà Titine,
La petite fermière ; elle paraît chagrine.
Qu'as-tu donc, mon enfant, quel air embarrassé ?
Explique-toi, voyons, je suis un peu pressé ;
   Vite, dis-moi ce qui t'amène.

     TITINE

Ah ! monsieur le baron, nous sommes dans la peine.

     PAPAVER

   Que vous est-il donc arrivé ?

     TITINE

Ah ! notre vache est morte et le cochon crevé.
 Si vous saviez, notre maître, à cette heure,
 Comme chez nous on se désole, on pleure ;
 Si vous voyiez, couchés sur le côté,
 Ces pauvres animaux, ça vous ferait pitié,
  Les yeux fermés, la bouche ouverte,
  C'est trente beaux écus de perte.

     PAPAVER

Va, je te plains. Pour distraire et chasser
  Ton ennui, viens ce soir danser.

     TITINE

On n'a guère le cœur, par chez nous, à la joie ;
  Ma mère dans les pleurs se noie
Mon père est abattu depuis qu'on a trouvé
  La vache morte et le cochon crevé.
  Si vous voyiez les tristes têtes
  Des pauvres gens, des pauvres bêtes.

     PAPAVER

Pourrais-je, en les voyant, leur rendre la santé
 A tes parents, aux bestiaux la gaîté ?
Egayer les bestiaux, veux-je dire, au contraire,
Et ressusciter... Ah ! tu m'embrouilles l'affaire.

TITINE

Fanchette m'a promis votre compassion.
Et m'a dit...

PAPAVER

Je prends part à votre affliction
Et veux la soulager. Tiens, sans tant de paroles,
Prends, Titine, ces dix pistoles.

TITINE

Merci, merci, notre maître si bon,
Pour papa, pour maman, la vache et le cochon,
Merci, merci.

SCÈNE VI

PAPAVER, puis FANCHETTE

PAPAVER

Vais-je enfin, à loisir
Pouvoir songer à mon plaisir ?
Te voilà de retour, Fanchette.
Bon, ma commission est faite.

FANCHETTE

Tout sera prêt, monsieur, j'ai, chez la mère Epi,
Pris tout le pain d'épice et les pommes d'Api.
Jean est parti porter votre message ;
Vous aurez tout le voisinage,
Si cela peut vous contenter.

PAPAVER

Je crois que je n'aurai plus rien à souhaiter.

FANCHETTE

J'ai rencontré, bien triste et désolée,
La fille à vos fermiers du bas de la vallée.
Si vous aviez pu voir ces braves gens...

PAPAVER

Bon, j'irai leur porter des mots encourageants
    Un autre jour. Les pleurs de la fillette
M'ont un moment troublé, mais c'est affaire faite.
Le mal est réparé, préparons le plaisir.
Tu feras disposer, sans prendre de loisir,
Deux rangs de lampions le long de l'avenue,
Pour éclairer les gens et récréer la vue,
Et tu me sortiras du coffre ces habits
De beau polichinelle à boutons de rubis.
Donne ensuite un coup d'œil à tout, à la cuisine.
Va, fais vite.

FANCHETTE

    Oui, monsieur.

SCÈNE VII

PAPAVER, TITINE

PAPAVER

        Tiens, revoilà Titine.

TITINE

Quel malheur !

PAPAVER

    Je sais bien, tu me l'as déjà dit,
La vache, le cochon.

TITINE

    Oh ! ce n'est pas fini.

PAPAVER

La volaille, à son tour, aurait-elle, ma mie,
Succombé maintenant à cette épidémie ?

TITINE

Ah ! monsieur, c'est bien pis, et le malheur chez nous
A présent est entré tout à fait, voyez-vous.

PAPAVER

Cela tombe bien mal. Allons, conte-moi vite,
Car je suis très pressé, ce que c'est ma petite.

TITINE

Mon bon grand-père, à tout il préférait
Notre vache défunte et le défunt goret.
Il aimait tant et l'une et l'autre bête
Que de leur mort il a perdu la tête.

PAPAVER

Pauvre bonhomme, on sait qu'il contenait
Peu de chose déjà, je crois, sous son bonnet.

TITINE

Et pour se consoler dans une telle peine,
Il s'est mis à vider trois pots sans prendre haleine.

PAPAVER

Quel avaloir ! Mais qu'importe cela ?

TITINE

C'est que, notre maître, voilà,
Qu'après il est tombé, j'en suis toute saisie,
On dit que c'est dans la paralysie.

PAPAVER

Bon, voilà ce que c'est de boire sans raison.

TITINE

Ah ! monsieur, le chagrin est dans notre maison,
Ma mère est folle et mon père
Avec elle se désespère.
Si vous pouviez d'un bon avis...

PAPAVER

Quel contre-temps ! Aujourd'hui je ne puis,

Pourtant votre douleur me touche.
Tiens, écoute, il faut qu'on le couche
Et qu'il boive de l'eau, je le verrai demain.

TITINE

Mais il va nous falloir payer le médecin,
Les sinapismes, la bourrache,
Et nous avons perdu le cochon et la vache.

PAPAVER

Allons ! prends ce ducat. Et d'ailleurs tout espoir
N'est pas perdu. J'irai demain le voir.

TITINE

Oh merci, monsieur le baron,
Pour grand-papa, la vache et le cochon.

SCÈNE VIII

PAPAVER, FANCHETTE

PAPAVER

Rien qu'avec deux ou trois vassaux de cette espèce
Il ne resterait pas grand temps pour la paresse.
Comment être insensible aux maux que l'on entend ?
Avec quelques écus tout s'arrange pourtant.
Allons, à la gaîté ; voyons, si pour ma fête,
Selon mes ordres, tout s'apprête.

FANCHETTE, *apportant le costume de polichinelle.*

Votre costume...

PAPAVER

As-tu repassé le jabot,
Brossé le juste-au-corps, ciré chaque sabot ?

FANCHETTE

J'ai tout mis en état. Mais, auprès de la grille,
J'ai rencontré Titine, pauvre fille !

PAPAVER

C'est bon, elle est venue encore me trouver.

FANCHETTE

Ah ! vous savez alors ce qui vient d'arriver.

PAPAVER

Eh ! oui, te dis-je. — As-tu pris soin qu'on illumine ?

FANCHETTE

Les lampions sont posés. — Cette pauvre Titine !...
Son grand-père...

PAPAVER

Je sais, je sais. — La mère Epi
A-t-elle, dis-moi, tout fourni ?

FANCHETTE

Tout est disposé dans l'office.
Hélas ! ces malheureux, à votre bon service
Depuis un si long temps, qu'ils sont donc éprouvés.

PAPAVER

Je sais les accidents qui leur sont arrivés.
J'y compatis. — Et Jean a-t-il fini ses courses ?

FANCHETTE

Vos invités viendront. — Les voilà sans ressources,
Ils auraient bien besoin de consolation.

PAPAVER

Ah ça ! vas-tu finir ta lamentation ?
Ils auront une vache, un cochon, le bonhomme
Sera soigné, grâce à la somme
Que j'ai fournie ; il n'est plus rien d'urgent.

FANCHETTE

Etes-vous sûr, monsieur, qu'avec un peu d'argent
On satisfasse à tout ?

26

PAPAVER

Eh ! laisse-moi tranquille,
Le temps me manque, il ne m'est pas facile
De faire plus pour le moment ;
Mais il est temps pour tout.

FANCHETTE

Vous dites bien, vraiment.

PAPAVER

Tu vas voir, tout à l'heure, ici, nous allons rire,
Pour dissiper l'ennui rien ne vaut et n'inspire
Comme le bal masqué. Dans chaque masque on voit
Se révéler plus qu'on ne croit
Les penchants et le caractère.
Tel croit faire un contraste et dévoile au contraire
Le fonds de sa nature. En pierrot s'étant mis,
Crois-tu que le bailli figure une Thémis
Différente de celle à qui nous voyons presque
Rendre plus d'un arrêt fol et carnavalesque ?
Crois-tu que le docteur sera mal à propos
Muni des grands ciseaux de la parque Atropos ?
Et quant au magister, sa figure de cuistre
Sans masque est bien assez comiquement sinistre.

FANCHETTE

Oui, ce sera très drôle ; à force de railler,
Nous n'aurons plus le temps peut-être de bâiller.

PAPAVER

J'y compte bien ; allons faire notre toilette ;
L'heure du bal approche, allons, Fanchette.

SCÈNE IX

PAPAVER, FANCHETTE, TITINE

TITINE
Au secours, au secours !
PAPAVER
Comment, encor, toujours !
C'est trop fort.
TITINE
Ah ! monsieur, la ferme anéantie,
Et mon pauvre papa noyé dans l'incendie,
Ma mère brûlant dans le puits.
Au secours !
PAPAVER
Qu'est-ce que tu dis ?
Elle est folle.
TITINE
Au secours, au secours !
PAPAVER
Elle est folle !
FANCHETTE
L'affreuse catastrophe embrouille sa parole.
On comprend qu'à la ferme un feu vient d'éclater.
TITINE
Au secours !
FANCHETTE
Du secours, vite, il faut lui porter.
PAPAVER
Il nous manquait cela. Quelle diable d'affaire !
Mais sa narration n'est pourtant pas bien claire.
Voyons, remets-toi donc, qu'on te comprenne enfin.

TITINE

Comme je revenais, au bout de mon chemin,
J'aperçois tout à coup la flamme
Qui dévorait la ferme. Alors, la mort dans l'âme,
J'accours et l'on m'apprend, qu'en y puisant de l'eau,
Mon père est tombé dans le puits avec son seau ;
Que ma mère, en voulant sauver quelques affaires,
S'est brûlée, et mes petits frères,
On craint, on tremble pour leurs jours.

FANCHETTE

Affreux évènement !

TITINE

Au secours, au secours !

PAPAVER

Courons jeter de l'eau.

TITINE

Ce n'est plus nécessaire,
Tout est fini, détruit.

PAPAVER

Alors, que faire ?
Pourquoi crier tout le temps : au secours !
Puisqu'il n'est plus maintenant de recours ?

FANCHETTE

Ah ! monsieur le baron, il faut que l'on procure
A ces gens un abri, qu'on panse la brûlure
De la femme, qu'on cherche et soigne les petits.
Qu'on retire l'homme du puits.

PAPAVER

C'est juste, allons, que l'on amène vite
Au château tous ces gens sans gîte.
Fais-y pour eux préparer logements,
Nourriture et médicaments.
Je vais aussi m'en occuper moi-même
Et voir ce qu'il en est de ce désastre extrême.

TITINE

Merci de vos bontés. Au secours, au secours !

PAPAVER

Eh bien ! ne vois-tu pas, Titine, que j'y cours ?

FANCHETTE

Puis, on fera reconstruire la ferme.

PAPAVER

Ah ! nous voilà du travail à long terme,
Je n'aurai plus le temps de m'ennuyer.

FANCHETTE

Sans carnaval.

PAPAVER

Bon, j'allais oublier
Ma soirée, au milieu d'une alerte si vive,
Mes invités ; j'entends déjà que l'on arrive.
Comment faire ? A quoi diable aussi fus-je songer ?
En employant son temps, son cœur et sa richesse,
A consoler, à soulager,
Autour de soi, le malheur, la tristesse,
On ne connaît, je le vois aujourd'hui,
Jamais le vide, ni l'ennui.

SCÈNE X

PAPAVER, FANCHETTE, TITINE, LE MAGISTER, MASQUES

LE MAGISTER

C'est, monsieur, ce que, tout à l'heure,
Un syllogisme dont j'ai posé la majeure...

PAPAVER

Assez, venez plutôt nous aider tous au val.

FANCHETTE

Non, monsieur, vous pouvez à votre carnaval
Vous livrer pour ce soir.

PAPAVER

Comment, quand l'incendie...

FANCHETTE

Je dois vous l'avouer, n'est qu'une comédie.
Le grand-papa, la vache, le cochon,
Comme le feu dans la maison,
Tout cela n'était qu'une feinte.
Me pardonnez-vous?

PAPAVER

Sois sans crainte,
Tu m'as rendu service et les yeux m'as ouvert.
Va, c'est le dernier bal masqué de Papaver.

FANCHETTE

Au moins qu'il soit joyeux, puisqu'ici l'on confesse
Qu'il est un temps pour tout, même pour l'allégresse.

TOUS — (Air des *Bossus*).

Convenons-en, chaque chose à son temps
Et chaque temps aussi ses agréments.
Ne mêlons pas l'automne et le printemps,
Sachons, suivant les différents moments,
Prendre ce qui convient à chaque temps.

PAPAVER

A la jeunesse, il faut les ornements,
Plaisirs légers et divertissements ;
Mais l'âge mûr plus sérieusement
Doit réfléchir et ne peut follement
Trouver jamais parfait contentement.

FANCHETTE

A la cour on divertit brillamment,
Quelquefois à la ville méchamment.
A la campagne on sait parfaitement
Se récréer, s'amuser autrement,
Innocemment même et naïvement.

TITINE

Un faux bonheur nous attire, inconstants,
Sa vanité remplit mal nos instants,
Mais, à tout âge, en tous lieux, en tous temps,
La charité, pour nous rendre contents,
Seule, vraiment, a des charmes constants.

LE MAGISTER, au *public*.

Souffrez, messieurs, qu'à ce dernier moment,
Je place enfin un petit argument :
Si la majeure en a quelqu'agrément,
La mineure est un divertissement,
La conséquence est-elle au baillement ?

TABLE DES MATIÈRES

I
	Pages
L'AMOUR ET L'AMOUR-PROPRE (Comédie en vers en un acte)	1

II
QUI A BU BOIRA (Tableau proverbe lyrique).............. 61

III
LES DEUX VEUVES (Opéra comique)................. 109

IV
LES TERREURS DE SYLVIE ET LES FUREURS DE GILLE (Vaudeville-Pantalonnade en un acte)......... 149

V
LE CARNAVAL EN FAMILLE ou CE QUE FEMME VEUT (proverbe)... 201

VI
THÉSÉE (Opérette)...................................... 239

VII
A LA MONACO L'ON CHASSE, L'ON DÉCHASSE (Proverbe en vers, en poudre et en bâtons, mêlé de couplets) 277

VIII
LES ROUERIES DE MAITRE GILLE (Opérette)........ 305

IX
UNE FAUSSE INVITE ou LE PIANO DE BERTHE (Comédie de salon pour faire suite au PIANO DE BERTHE; comédie de Barrière)................... 347

X
LE CARNAVAL DU BARON DE PAPAVER (Scène-Proverbe en rimailles).. 389

ERRATA

Page 42, ligne 7 (au lieu de : *Célimène*), lisez : DORANTE.

Page 74, ligne 2 (au lieu de : *vous n'avez*), lisez : *vous n'ayez*.

Page 85, ligne 6 (au lieu de : *tu peux*), lisez : *tu veux*.

Page 117, ligne 29 (au lieu de : *empêchés*), lisez : *empêchée*.

Page 187, 3ᵉ avant-dernière ligne (au lieu de : *Colombine*), lisez : GILLE.

Page 226, 2ᵉ avant-dernière ligne (au lieu de : *A quo*), lisez : *A quoi*.

Page 300, 4ᵉ avant-dernière ligne (au lieu de : *je cru*), lisez : *j'ai cru*.

Page 325, ligne 17 (au lieu de : *yoyez*), lisez : *voyez*.

Page 372, ligne 19 (au lieu de : *c'est maladresse*), lisez : *c'est une maladresse*.

Avranches. — Imprimerie de Henri Gibert.

www.ingramcontent.com/pod-product-compliance
Lightning Source LLC
Chambersburg PA
CBHW051835230426
43671CB00008B/962